상속의 지혜

평생 쌓아온
공든 탑을 지키는

상속의
지혜

고득성 지음

다산북스

　　얼마 전 자수성가한 한 어르신을 만났다. 그는 매년 1월 1일 자필로 유언장을 고쳐 쓴다고 했다. 해마다 유언장을 작성하는 게 쉬운 일은 아닐 것 같아서 이유를 물었더니, 의외의 대답이 돌아왔다. "그래야 1년에 한 번이라도 온 가족이 한자리에 모일 수 있죠." 그전에는 이런저런 핑계를 대며 명절에도 찾아오지 않던 자식들이 아버지가 유언장을 쓴다는 소식을 듣자 손자, 손녀까지 데려오며 얼굴을 비춘다고 했다.

　　어르신의 이야기를 들으며 나는 남의 일이 아니라고 생각했다. 바쁜 가족을 어떻게 해서든 한 자리에 불러 모으기 위해 애쓰는 부모의 마음이 이해가 되는 한편, 부모에게 밉보여 다른 형제들보다 상속을 적게 받을까 봐 불안해하는 자녀의 마음도 고스란히 전해졌기 때문이다. 그러면서 부모·자식 간에 재산 문제를 속 터놓고 얘기하지 못하는 현실이 안타까웠다.

흔히 상속이라고 하면 돈 많은 자산가의 일이라고 생각한다. 하지만 그렇지 않다. 상속은 누군가가 사망하면서 남긴 자산과 부채를 상속인이 넘겨받는 일로, 우리가 죽음을 피할 수 없듯이 상속도 피할 수 없다. 그렇다면 부모와 자식 사이에 속 터놓고 상속 문제를 이야기할 수 있어야 한다. 부모·자식 간에도 이심전심은 없다. 말하지 않으면 알 수 없다. 이 책 덕분에 비로소 우리나라에 가족 간 상속 문제를 터놓고 얘기할 수 있는 계기가 마련된 것 같아서 기쁘다.

— 김동엽(미래에셋투자와연금센터 상무)

감동적인 소설로 풀어놓은 이 책을 통해 상속은 가족에 대한 최소한의 배려이며 사랑이라는 사실을 알게 되었다. 특히 대한민국 40~60대 독자들이 자녀와 배우자에 대한 정신적, 물질적 상속을 준비하는 데 더없이 좋은 지침서이다.

— 이경은(조선일보 기자)

이 책은 돈을 절대시하지도, 적대시하지도 않는다. '돈을 어떻게 다뤄야 하는가?'에 대한 대답을 가장 흥미롭고 정직하게 들려주는 소설이다.

— 이영표(前 국가대표 축구선수)

자식을 키우는 부모라면
100% 공감하실 가족재산 이야기입니다

『상속의 지혜』는 돈, 그중에서도 가족재산을 주제로 부모의 마음을 전하는 이야기입니다. 소설 속 주인공 김수성의 마음이 바로 제가 아들에게 전하고 싶은 마음이기도 합니다. 자식을 키우는 부모라면 공감하실 겁니다. 자신의 마음을 아이들에게 구구절절 말하거나, 그동안 살면서 보고, 겪고, 느끼며 깨달아 온 것들을 일일이 설명하기가 어렵다는 것을 말입니다. 그러다 보니 자식 앞에서 하소연만 늘어놓다가 정작 본심은 전하지 못한 채 감정이 상해 대화의 문을 닫아버리는 경우도 허다합니다. 더구나 돈 이야기라니, 유쾌하게 소통하기가 여간 어려운 게 아닙니다. 그것이 저라고 다르지는 않지요.

그래서 이제는 장성한 아들에게 직접 꺼내기 어려운 말들을 이야기로 풀어보았습니다. 그러자 신기하게도 아들이 제 마음을 이해하는 놀라운 일이 벌어졌습니다. 이야기의 힘이란 바로 이런 것 같습니다.

부부싸움을 하다가 가장이 흔히 내뱉는 말이 있습니다.

"모두 가족의 행복을 위해 내린 결정이었어!"

"내가 혼자 잘 먹고 잘 살려고 그런 선택을 한 것 같아?"

자신을 공감해달라는 가장의 염원이 담긴 외침이지만, 애석하게도 가족들에게는 마냥 변명으로 들린다고 합니다. 가장의 변명이 공감을 얻기 위해서는 주인공 김수성이 깨우친 것을 기억해야 한다고 생각합니다. 김수성이 50년에 걸쳐 깨달은 인생 교훈을 말입니다.

"상속을 하기 전에 가족들과의 합의가 있어야 한다는 걸 잊고 있었다. 오로지 나 혼자만 결정하고 가족들에게는 따라주기만을 강요했던 것 같아. 이 돈은 우리 가족의 가치를 위해 쓰이는 건데 나는 그것이 오로지 장학재단을 세우고 뜻있는 일에 쓰는 것이라고 잘못 생각해왔다. 가족들과 합의된 사항이라 믿었는데 오로지 내 생각만 강요했던 게야. 우진이를 먼저 도와주었어야 했는데 벼랑 끝에 몰린 자식을 나 몰라라 했던 내 불찰이 크다네."

가족을 위해 열심히, 분주히, 정신없이 사는 분들이여! 소설 속 김수성의 이야기를 통해 돈과 가족에 대해 진지하게 생각하고, 혼자가 아닌 가족이 힘을 합쳐 복잡한 현실을 함께 헤쳐 나갈 지혜를 얻으셨으면 좋겠습니다.

　노후에 가장 중요한 일 중 하나가 평생 일궈 놓은 재산(그 재산이 비록 집 한 채, 땅 한 평, 몇천만 원의 예금일지라도)을 잘 정리하는 일입니다. '자식을 위해 무엇을 남기고 갈까?'를 고민하는 부모의 마음은 참으로 선하고 아름답지요. 하지만 상속의 마무리가 제대로 되지 않아 공든 탑이 와르르 무너지는 것을 저는 곁에서 많이 경험했습니다. 부모와 자식 간 가족재산을 두고 동상이몽을 했기 때문입니다.

　전문가의 영역에서 상속이란 주로 세 가지 측면에서 다뤄집니다. 첫째, 아름다운 노후와 자녀교육을 위한 상속, 둘째, 지배권(경영권)의 승계를 위한 상속, 셋째, 상속재산의 보존 및 세금의 절세 측면입니다. 모두 성공적인 상속을 위해 고려해야 할 요소입니다. 대부분 상속책들이 둘째, 셋째 영역에 집중하며 상속을 설명하고 있지만, 저는 그보다 더 본질적인 첫째 '아름다운 노후와 자녀교육을 위한 상속'에 집중하며 상속을 이야기하고자 합니다. 이는 이 책이 『돈 걱정 없는 노후 30년』을 읽고 보내주신 평범한 독자들의 수많은 편지에 대한 답장이며, 부자뿐만 아니라 보통 사람들 모두에게 필요한 이야기이기 때문입니다. (지배권의 승계, 절세를 위한 상속에 대해 궁금한 독자들은 제 이메일 kds0925@gmail.com으로 개별 문의를 부탁드립니다. 전문적인 영역이기에 대중을 위한 책보다는 각 상황에 적합한 직접적인 조언이 필요하리라 생각합니다.)

한 번은 100세 가까이 사시면서 다섯 명의 자녀를 훌륭하게 키워낸 K님의 상속 사건을 컨설팅한 적이 있습니다. 살아생전 K님의 가정은 모범적인 모습이었고, K님과 모든 가족 구성원의 관계는 소설 속 김수성의 가족들처럼 화목했습니다. 그런데 K님이 돌아가시자마자 집안은 풍비박산났습니다. K님이 유언장을 준비하지 않아 미리 재산분배를 못한 잘못으로, 상속인들은 사후에 유산 배분을 하며 각자의 이해관계가 첨예하게 대립했고, 가족 간 오해와 추측이 난무하며 끝내 이기적인 모습을 마주해야 했습니다.

겉으로 보이는 것은 재산 배분과 세금의 문제였지만 그것은 호사가들의 이야기일 뿐, 당사자 측면에서 보면 그 집안의 모든 관계가 파투가 났다는 사실이 가장 큰 비극이었습니다.

저는 이때 진정한 '상속'이란 단편적인 상속 기술을 의미하는 게 아닌 아름다운 노후와 상속인들의 준비(대화와 타협, 이해 등)를 가장 중요시 해야 한다는 걸 눈으로 경험했습니다. K님이 자녀들에게 미리 가족재산에 관한 개념을 심어주고, 그들이 오해와 추측으로 관계를 허물어뜨리지 않도록 대화를 통해 합의를 도출했다면 상속이 아름답게 마무리되었을 텐데 하는 아쉬움이 밀려왔습니다. (더불어 상속인들이 합심했다면 상속세도 훨씬 줄이고, 지배권 이슈도 잘 해결했을 것입니다. 가장 중요한 일이 제대로 풀리지 않으니 기술적인 요소에서도 실패한다는 걸 목도한 것입니다.)

이는 제가 상속 기술보다 중요한 '아버지(어머니)'의 마음을 전달하는 상속책을 제대로 써보자 마음먹은 계기입니다. 재산이 꼭 K님처럼 많지 않아도 그 재산에 정신적 가치를 담아 상속이 이루어진다면 상속 재산을 받은 상속인들의 삶은 더욱 윤택해질 것이고, 재산을 남기는 부모 마음도 뿌듯할 것이 분명했습니다.

이 책은 이렇게 세상에 나오게 되었습니다. 부모는 아름다운 노후와 아름다운 상속을 준비하고, 자녀는 아버지의 마음을 알고 가족재산에 걸맞은 준비를 하는 것. 이 책의 목적이 여러분에게도 와닿았으면 좋겠습니다.

그렇다면 어떻게 해야 할까요?

소설을 읽으며 '나의 자녀들은 이 상황에서 어떤 생각과 기대를 할까?'를 생각해보면 좋을 것 같습니다. 김수성의 사위 무성만은 김수성의 돈으로 피트니스센터를 창업할 수 있을지 기대했고, 막내 우진은 벼랑 끝에 내몰렸을 때 아버지가 영화 제작에 투자해주기를 기대했습니다.

"뭔가 우리 몫으로 떼놓은 게 있지 않을까?"

　자녀들은 일부러 말은 꺼내지 않아도 부모의 재산에 대한 기대치가 있습니다. 자신의 노후와 가족의 미래를 준비하는 부모라면 자녀의 기대치를 가늠해 봐야 합니다. 혹시 자녀가 아직 미성년자라면 자녀의 기대치를 미리 관리해주는 것도 좋은 방법입니다. 평생 쌓아온 공든 탑이 무너지지 않으려면 기대치 관리는 필수입니다.

　20년간 수많은 독자의 사연을 이메일과 강연장에서 만났습니다. 사연은 두 가지로 요약되더군요. '돈'과 '자식' 문제였습니다. 자식을 경제적으로 지원해야 하는지 아니면 거절해야 하는지, 어린 자녀의 사교육비부터 성인 자녀의 결혼 비용, 손주들의 양육비까지. 자녀의 요람에서 본인의 무덤까지 온통 돈과 자녀 문제로 씨름하는 분들의 사연이었습니다. 그중에는 자녀들의 '밖에서 만나자'는 말에 가슴이 철렁한다는 부모도 있었습니다. 사업자금 등 자녀들이 행여 어려운 부탁을 할까 봐 걱정된다는 말이었습니다.

　"어머니, 사실 부탁드릴 게 있어요."

　"한번만 믿어주세요."

　"시골 땅 엄마 이름으로 돼 있잖아요? 그거 담보로 대출 좀 받아 지원해주세요."

소설 속 막내 우진처럼 사업이 좌초될 위기에 처해 간곡하게 부탁하는 자식의 얼굴을 보고 흔들리지 않을 부모가 과연 몇이나 될까요?

초고령사회가 펼쳐진 우리나라는 상속 이야기를 듣고 준비할 때가 되었습니다. 『돈 걱정 없는 노후 30년』 시리즈가 출간되고 20년간 노후 준비 열풍이 불었듯이, 이제는 가족재산을 둘러싼 김수성의 상속 이야기에 귀 기울여야 할 때입니다. 이 책은 우리나라 상속 법률을 기초로 하여 만든 대한민국 최초의 가족재산 이야기이자 가장 최신의 노후 이슈를 다루고 있습니다.

1980년, 할머니의 재산이 유언과는 다르게 상속됨으로써 가족에게 다가온 시련(1장), 사랑스러운 정신적 유산을 남기고 돌아가신 어머니와 빚만 남긴 채 용서를 구하며 돌아가신 아버지의 상속 이야기(2장), 부모와 자식의 가족재산 동상이몽(3장), 유언장 파기와 대화를 통한 가정의 회복(4장)이 한 편의 드라마처럼 전개됩니다. 주인공 김수성의 스무 살 무렵부터 손자를 볼 때까지 근 50년의 세월을 따라가다 보면 상속과 얽혀 벌어지는 거의 모든 문제를 간접적으로 체험할 수 있으리라 생각합니다.

서문을 시작하면서도 말씀드렸듯이 이 책은 내가 없는 세상을 살아갈 아들에게 전하는 김수성의 마음이자, 제가 우리 아들에게 건네는 이야기이기도 합니다. 소설에서 마음가짐을 얻으시고, 현실적 조언은 특별부록을 참고해주시면 좋을 것 같습니다. 자녀를 위해 무엇을 남겨야 할지와 상속 법률의 세부 내용까지 부록에 실어 참고할 수 있게 했습니다. (상속 전문가인 저자가 쓴 만큼 이 책의 모든 이야기에는 현재 우리나라의 상속 법률이 적용되었습니다. 이 소설을 잘 읽으면 기본적인 상속 법률 상식 정도는 마스터할 수 있으리라 생각합니다. 특히 『돈에서 자유로워지는 시간』을 읽은 독자라면 복습하는 마음으로 속독하실 수 있을 겁니다.)

이 책을 완성하기까지 도움을 주신 분들이 참 많습니다. 내용 구성에 아이디어와 사례를 보내주신 『돈 걱정 없는 노후 30년』 독자분들과 공인회계사업을 수행하며 만난 상속 고객들의 도움이 없었다면 이 책은 세상에 나오지 못했을 겁니다. 그만큼 이 책은 현실에 바탕을 둔 우리 시대의 가족 소설입니다. 이 책의 시작부터 끝까지 함께해준 다산북스에도 감사의 인사를 보냅니다. 또한 상속 법률적 검토를 해준 차한나 변호사께도 감사의 인사를 드립니다.

언제나 저에게 가장 큰 힘과 원천이 되어준 건 가족입니다. 아내 현숙과 재현, 상현 두 아들은 나의 든든한 버팀목이며 내 재산의 공유자입니다. 마지막으로 늘 무한한 지혜와 앞을 내다보는 통찰력을 허락하신 하나님 아버지께 감사드립니다.

아무쪼록 이 책을 통해 모든 독자의 가정이 명가(名家)로 거듭나기를 간절히 소망해 봅니다.

– 고득성

김수성

1958년생. 20대 초반에 할머니가 돌아가시면서 상속의 역풍을 맞는다. 어머니, 여동생과 함께 집안에서 쫓겨나지만, 살아생전 할머니의 배려로 인해 간신히 대학 졸업 후 사업에 성공한다. 하지만 45세에 아버지가 돌아가시며 또 한 번 상속 문제에 휘말린다. 두 번의 뼈아픈 경험으로 본인의 자녀에게만큼은 상속을 성공적으로 해주고 싶어 한다.

박순영

김수성의 어머니. 남편 김대로의 외도에도 불구하고 시어머니 진불비를 봉양하며 자녀를 잘 키운 조강지처 스타일. '사업이 위태로우니 서류상 이혼을 하자'는 김대로의 말을 따르다가 봉변을 당한다.

김대로

김수성의 아버지. 젊은 시절 조강지처 박순영을 버리고 외도하며 어머니 진불비의 재산을 야금야금 빼돌려 가구사업을 한다. 일흔이 되기까지 가족을 버리고 살다가 느지막이 사업이 부도나고 죽기 전 김수성을 찾는다.

진불비

김수성의 친할머니. 자신 명의의 집에서 집 나간 아들 김대로가 돌아오기만을 바라며 며느리, 손주들과 함께 살다가 자신의 재산을 며느리 박순영에게 물려주겠다고 선언한다.

김정희

김수성의 여동생. 아버지가 뒤늦게 찾아왔다는 사실을 알고 갈등한다.

김직진

김수성의 이복동생. 김대로가 재혼해서 낳은 아들이다. 술집에서 웨이터로 일하며, 김대로가 죽자 아버지 통장에서 5천만 원을 빼돌려 할리데이비슨 오토바이를 산다.

최정자

장남 서진을 낳다가 사별한 전처에 이어 김수성과 재혼한 아내. 김서진을 친자식처럼 보살피며 수진과 우진을 낳았다. 수진과 우진에게 마음이 더 향하는 자신을 발견하며, 급기야 남편 몰래 우진의 매니지먼트 사업에 투자한다.

김서진

김수성의 장남. 천성이 착하고 아버지를 존경하며 새어머니, 이복동생들과 화목하게 잘 지낸다. 금융권에서 자신의 커리어를 쌓으며 가족이 어려울 때 과감히 상속을 포기할 정도로 욕심이 없다.

김수진

김수성의 둘째 딸. 아버지가 오빠에게는 교육비를 많이 지원해주고, 동생이 결혼할 때는 자신과 달리 집을 장만해줬다는 사실에 원망감을 갖고 있다.

김우진

김수성의 막내아들. 모델로 활동하던 이소연과 결혼해 매니지먼트 사업을 하다가 영화까지 찍는다. 우연히 김수성의 유언장을 발견하고, 자신 몫의 유산이 적다는 사실에 발끈하며 유언장을 파기한다.

무성만

김수진의 남편이자 김수성의 사위. 넉살 좋게 처가살이를 한다. 공무원을 하다가 피트니스센터를 차려 사장이 되고자 하는 욕심이 있다. 김우진이 유언장을 찢는 것을 목격한다.

이소연

김우진의 부인이자 김수성의 며느리. 남편과 함께 사업을 벌리다가 자금이 메마른 위기에 봉착하여 시부모에게 돈을 구한다. 남편을 집안에서 찬밥대우라고 조롱한다.

주인성

변호사. 김수성이 20대, 40대, 60대 때 겪는 상속 사건들에 공감하며, 김수성을 지원하는 진정한 친구다.

고은준

다산은행에서 김수성의 자산을 관리하는 금융자산관리 팀장. 상속금융의 대가다.

목차

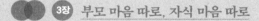

유난히 추웠던 1980년 어느 겨울

초인종이 울렸다. 누가 왔는지 확인하러 나갔던 정희가 황급히 다시 들어왔다. 그런데 눈빛이 심상치 않았다.

"엄마, 큰일 났어. 밖에 좀 나가 봐."

여동생 정희의 떨리는 목소리에 깜짝 놀란 수성은 수저를 놓고 밖으로 나갔다. 대문 앞에는 양복을 잘 차려 입은 남자와 여자가 대여섯 살 쯤 되어 보이는 사내아이의 손을 잡고 서 있었다.

"아직 이 집에 있으면 어쩌겠다는 거야?"

수성을 본 남자는 다짜고짜 소리부터 질렀다. 험악한 말투에다 잔뜩 인상까지 쓴 그는 대문을 발로 쾅 차면서 집으로 들어섰다.

"내 분명 월요일까지 집을 비우라고 일렀는데 도대체 내 말을 귓구멍으로 들은 거야? 콧구멍으로 들은 거야?"

거리낌 없이 구둣발로 마루를 성큼 올라선 그는 손에 잡히는 대로 물건을 집어 던졌다. 벽에 걸려 있던 액자며 마루에 있던 화분들은 물론 방금 전까지 가족들이 밥을 먹던 상까지 가차 없이 날아갔다. 순식간에 집은 쑥대밭이 되었다. 마당에는 밥그릇과 반찬그릇들이 나뒹굴었다.

수성의 어머니 순영은 남자의 바짓가랑이를 잡고 매달렸다.

"그만해요, 제발……."

"이거 놔!"

육중한 몸을 한 남자는 가차 없이 순영의 어깨를 밀쳐냈다.

"이것 보세요. 아줌마. 나가라고 한 지가 언젠데, 여직 이렇게 버티고 있으면 어쩌겠다는 거예요? 뭘 사람이 이렇게 미련스럽대."

함께 온 젊은 여자가 눈을 치켜뜨며 따지듯 말하자 옆에 있던 사내아이가 빽 하고 울음을 터뜨렸다.

"여보, 날도 추운데 직진이 데리고 차에 가 있어, 애가 놀랐잖아."

험악하게 굴었던 남자는 아이를 감싸안으며 부드럽게 달랬다.

그 광경을 지켜보고 있는 수성은 피가 거꾸로 솟는 기분이었다. 온몸이 부르르 떨렸다. 달려가 멱살잡이라도 하고 싶었다. 당장 집에서 나가라고 고함을 지르고 싶었다. 하지만 그럴 수 없었다. 인정하고 싶지 않았지만 그는 수성의 아버지였다.

아이가 나가자 수성의 아버지 김대로는 다시 소리치기 시작했다.

"아저씨, 거기 뭐해요. 빨리 들어와서 짐 나르지 않고."

김대로가 부르는 소리에 용달기사는 쭈볏거리며 다가왔다.

순영은 맥없이 마당에 주저앉았다.

순영 옆에서 울고 있는 정희를 본 김대로가 혀를 차며 말했다.

"딸년이나 어미나 청승 맞게 뭐하는 거야? 내 집에서 나가라는데 뭐가 억울하다고 우는 거야? 그냥 나가라는 것도 아니고 월세보증금은 준다잖아. 에잇, 동네 창피하게."

한바탕 소란으로 모여든 동네 사람들이 담벼락에 붙어서 수군거렸다. 사람들의 눈을 의식한 김대로는 집 안으로 쌩하니 들어가 버렸다.

"결국 수성이 아버지가 집을 팔았나 보지."

"아이고! 수성이 할머니 죽어서도 눈 못 감겠네. 그래."

"저런 돼 먹지 못한 인간 같으니라고. 처자식 다 버리고 나가더니 집에서 쫓아내기까지 하네."

사람들이 점점 더 모여들수록 김대로는 주위 시선을 의식하며 인부들을 재촉해서 물건들을 급히 용달차로 날랐다.

김대로는 순영에게 봉투 하나를 내밀었다.

"여기에 죽치고 있을 생각은 말고 지금 당장 집 알아봐."

"여보, 애들을 봐서라도 이러시면 안 돼요. 어떻게……."

김대로는 순영의 말에 대구도 하지 않은 채 뒤도 돌아보지 않고 골목길을 빠져나갔다. 이미 대문은 굳게 닫혀 있었다.

남편의 뒷모습을 황망히 바라보던 순영은 다시 주저앉았다.

수성은 아버지가 원망스러웠지만 가엾은 어머니 때문에 속으로 눈물을 삼켰다.

'어머니와 정희에게 나약한 모습을 보여선 안 돼.'

세 사람 모두 아무 말도 하지 않고 멍하니 서 있었다.

"자, 아주머니. 빨리 차에 타세요."

용달차 기사가 클랙슨을 누르며 가족들을 재촉했다.

평소와 다름없이 아침밥을 먹던 가족들은 불과 한 시간도 안 되어 집에서 쫓겨난 것이다. 이렇게 집을 떠나면 돌아오는 것은 영원히 불가능할지도 모른다. 수성은 지금 이 순간 얼마 전 돌아가신 할머니의 얼굴이 떠올랐다.

'할머니……'

대문 밖에서 집을 바라보자 우뚝 솟은 감나무 세 그루가 한눈에 들어왔다. 겨울이라 앙상한 가지만 남았지만 해마다 가을이면 주황빛 감들이 탐스럽게 열렸다. 수성이 장대를 들고 나무에 올

라가서 감을 따면 할머니가 그 감을 깎고 말려서 곶감을 만들었
다. 곶감 만들기는 온 가족이 해마다 하는 계절 행사였다. 겨울이
되면 할머니는 수성을 불러서 입에다 하나씩 쏙 넣어주곤 했다.
그때 맛보는 곶감 맛은 꿀맛이었다. 손자 입안에 맛난 음식 넣어
주는 재미로 산다던 할머니의 웃음 띤 목소리가 아직도 생생하
다. 그런데 그런 할머니는 없고 그 기억마저 조금씩 희미해져 갔
다. 수성은 할머니에게 마지막 인사를 했다.

　'할머니 우리 이제 여길 떠나야 돼요. 지금 우리 모습 보고 계
세요?'

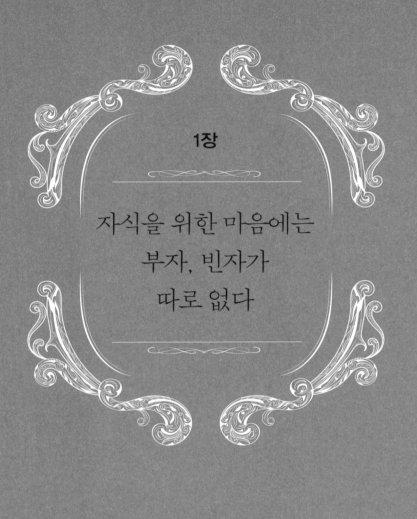

1장

자식을 위한 마음에는
부자, 빈자가
따로 없다

아버지의 부재

대입 시험을 앞둔 수성은 학교에서 공부하다 밤이 늦어 집으로 들어오는 길이었다. 집에 들어서자 여동생인 정희가 눈을 찡긋하고는 수성의 팔을 잡아끌고 방으로 들어갔다.

"왜? 무슨 일 있어?"

"쉿!"

수성은 영문을 모르겠다는 표정으로 동생을 쳐다보았다. 하지만 이내 그 이유를 알 수 있었다. 문 너머로 아버지의 목소리가 크게 들려왔다. 집안의 분위기가 심상치 않았다.

"어머니 저 좀 살려주신다 생각하고 그 땅 좀 팔아주세요. 어차피 저한테 주실 거 아닙니까! 이렇게 사업이 어려울 때 주셔야지 나중에 주시면 소용없어요."

아버지의 목소리를 듣자 수성은 가슴이 답답해져 왔다. 할머니와 어머니의 한숨소리가 옆방까지 전해오는 듯했다.

김대로는 몇 달 만에 불쑥 찾아와서는 무턱대고 돈 이야기를 꺼냈다. 하루이틀 일이 아니었다. 집안에 남아 있던 땅을 조금씩 팔아서 사업 밑천으로 삼았는데, 조금 남아 있는 땅마저 팔자고 하는 중이었다.

수성은 스무 살이 다 되어가는 지금까지 아버지와 제대로 대화를 나눠본 적이 없었다. 아버지 얼굴을 보는 것은 고작 1년에 한두 번이었다. 그렇기 때문에 수성에게 아버지는 늘 어려운 존재였다. 돈이 궁해지면 그제야 집에 와서 할머니, 어머니에게 돈 이야기만 하고 나가버리는 아버지였다. 아버지에 대한 생각으로 머리가 복잡해지는 순간 방문 열리는 소리가 났다.

"그럼 어머니, 전 이만 가보겠습니다."

"애비야! 수성이 이제 곧 시험 보는데 잘 하라는 말이라도 해주렴."

"대학 가면 돈 더 들어요. 어머니."

김대로는 수성을 힐끗 보고는 문을 열고 나가버렸다.

아들에게 한마디 말도 없이 나가버리는 김대로의 행동에 수성보다 가족들이 더 머쓱해했다.

그런 가족들에게 수성은 아무렇지도 않다는 듯한 표정을 지어 보였다. 할머니와 어머니 역시 수성에게 엷은 미소를 띠며 수성의 어깨를 토닥여주었다. 아버지가 다녀가고 나서 할머니는 텔레비전을 보는 듯 했지만 얼굴에는 수심이 가득했다.

∩∩∩

수성의 집 담장 너머로 웃음소리가 퍼져 나갔다. 수성의 대학 합격 소식을 전해 들은 할머니와 어머니는 누가 먼저랄 것도 없이 '장하다'를 외치며 수성을 축하해주었다.

집안에는 동네 사람들이 하나둘씩 모여들었다. 수성의 합격에 이웃들을 초대했는데 그것이 동네잔치가 되어버렸다.

"아휴, 우리 수성이가 큰일을 했어요. 우리 장남 때문에 내가 산다니까요."

수성의 할머니 진불비는 사람들 사이를 다니며 손자 칭찬하기에 여념이 없었다.

"우리 수성이가 글쎄……."

진불비는 오늘만큼은 손자 자랑을 원없이 하고 싶었다. 아버지 사랑을 못 받고 자라 늘 마음 한 켠이 애듯했는데, 이렇게 떡하니 대학까지 붙은 손자가 자랑스러운 건 당연했다.

그런 할머니와 어머니의 모습을 보는 수성 역시 더없이 기뻤다. 하지만 등록금을 생각하면 마냥 기뻐할 일이 아니었다. 아버지는 집에 안 들어온 지가 오래고 어머니가 남의 집살이를 하면서 근근이 살아가고 있는 형편이라 여유가 없었다. 그래도 수성은 가족들 앞에서는 내색하지 않고 웃는 모습을 보였다.

다음날 아침 수성은 급히 집을 나섰다. 수성은 대로변의 한 가구매장 앞에서 멈칫거리고 있었다.

주소 하나 달랑 들고 아버지 가게를 찾아간 수성은 적잖이 당황했다. 가게는 수성이 생각했던 것보다 훨씬 컸다. 고개를 갸우뚱거리며 수성은 용기를 내어 매장 안으로 들어갔다. 매장 안에는 종업원들과 손님들이 제법 있었다.

"어서 오세요."

김수성은 어정쩡한 자세로 인사를 받으며 기어들어가는 목소리로 말했다.

"저……. 혹시 여기 사장님이 김대로 씨인가요?"

"네 그렇습니다만, 무슨 일로 오셨죠?"

종업원은 수성을 아래위로 훑어보며 물었다.

"사장님 좀 뵈러 왔는데요."

"사장님 지금 외출하셨는데……."

수성은 순간 멈칫거리며 말했다.

"김대로 사장님이 제 아버지이신데요."

"네? 사장님한테 이렇게 큰아들이 있다는 얘기 못 들었는데……."

못미더운 눈으로 수성을 이리저리 훑어보더니 종업원은 금세 말을 낮췄다.

"학생 뭔가 착각한 거 아냐? 지금 바쁘니까 나중에 와."

수성은 순간 얼굴이 화끈거렸다. 부리나케 매장을 빠져 나왔다.

뭔가 이상해도 한참 이상했다. 불과 한 달 전에도 집에 와서는 사업이 위태롭다느니 하면서 땅을 팔자고 할머니를 조르던 아버지였다. 그런데 이렇게 번듯한 가구매장을 운영하는 것이 미심쩍었다.

'아무래도 이상해. 뭔가 수상해.'

수성은 이대로 집으로 돌아갈 수가 없었다. 어떻게 된 일인지 확인하고 돌아가야지 결심하고는 가게 건물 모퉁이에서 아버지를 기다렸다. 얼마나 기다렸을까. 오후가 되자 승용차 한 대가 미끄러지듯 다가와 멈췄다. 김대로와 한 여자가 함께 웃으며 차에서 내렸다. 수성은 아버지를 보고는 재빨리 차 앞으로 뛰어갔다.

"아버지."

"어, 네가 여기 어떻게 왔냐?"

김대로는 아들을 보고는 놀라 뒤로 한 발짝 물러섰다.

"아버지, 여기가 아버지 가게예요?"

"음음……."

김대로는 대답 대신 헛기침을 했다.

"아버지 가게가 이렇게 큰 줄 몰랐어요. 그런데 왜 집에는 안 들어오시는 거예요?"

"이 녀석이 버릇없이. 넌 어른들 일에 끼어들지 말고 네 할 일 이나 열심히 해."

"얘가 당신 아들이에요?"

수성과 대로 사이를 끼어들며 여자가 말했다.

수성이 보기에 여자는 꽤 젊어보였다. 수성은 아버지의 팔짱 을 끼고 서 있는 여자를 보자 감정이 더 격해져 울분이 치솟았다.

"이 사람은 누구예요?"

"너 내가 누군지 알고 함부로 말하는 거니?"

갑자기 대화를 가로막은 여자 때문에 수성이 어리둥절해하고 있는데, 김대로가 말했다.

"그래. 이번 기회에 제대로 인사해라. 네 새엄마다."

"네? 아버지, 그게 무슨 소리예요? 새엄마라뇨?"

수성은 영문을 모르겠다는 얼굴로 김대로를 쳐다보았다.

"당신 이혼한 거 아직 말 안 했어요?"

"당신은 먼저 들어가 있어. 내 곧 따라갈 테니까."

김대로는 여자의 등을 떠밀었다.

수성의 머릿속은 수많은 생각들이 복잡하게 엉켰다.

"아버지, 무슨 말씀이에요? 어머니랑 이혼하셨다고요? 어머니는 그런 내색도 비치지 않으셨어요."

"넌 어른들 일에 참견 말아라. 그런데 여기는 어떻게 온 거야?"

말문을 막아버리는 김대로의 말에 수성은 차마 대학에 합격했다는 말이 입 밖으로 나오지 않았다. 하지만 번듯한 가게를 운영하고 있는 아버지가 자식 등록금 정도는 주지 않을까 하는 일말의 기대로 다시 용기를 냈다.

"저 대학에 합격했어요."

"결국 돈 얘기하러 여기 온 거냐? 지금 사업이 어려우니 나중에 얘기하자. 오늘 봤다는 건 네 할머니나 엄마한테 말하지 말고. 내가 너 대학 가라고 한 것도 아닌데, 왜 내가 네 등록금을 줘야 돼? 그럴 돈 없으니 헛물켜지 마라. 그리고 다신 회사에 얼씬거리지도 마."

김대로는 한심하다는 표정으로 수성을 보더니 가게 안으로 쌩하니 들어가버렸다.

손재주가 좋았던 수성의 아버지 김대로는 아버지로부터 물려받은 철공소를 잘 운영하리라 다짐했다. 하지만 처음의 결심과는 달리 사업수완을 발휘하지 못했다. 기울어가는 철공소를 살릴 욕심에 여기저기에서 빚을 끌어다 쓰더니 결국 문을 닫고 말았다. 아버지에게 물려받은 철공소가 망하고 나서 여러 사업을 벌였지만 그것마저 잘 안 되어 마지막으로 선택한 것이 가구사업이었다. 해외에서 가구를 싼 값에 들여오기 위해 돈을 끌어 모았다. 그러는 과정에서 집안의 재산을 조금씩 조금씩 까먹고 있었다. 지난달 김대로는 시골에 남은 땅 때문에 집을 찾았던 것이다. 진불비와 박순영은 밤낮으로 아들과 남편의 사업이 잘 되기를 기도했다. 두 사람 모두 사업이 안정되면 김대로가 집으로 들어오리라 굳게 믿고 있었다.

∽∽∽

　수성은 아버지에 대한 원망과 분노가 치밀었다. 순간 어머니한테까지 화가 미쳤다. 식구들한테 한마디도 하지 않은 어머니를 이해할 수 없었다. 일방적으로 이혼을 당하고도 묵묵히 견디고 있는 어머니의 모습을 떠올리니 더 화가 났다. 수성은 곧바로 집으로 갈 수 없었다. 걷고 또 걸으며 아버지를 생각했다. 밤이 늦어서야 터벅터벅 걸어 집에 도착했다.

"하루 종일 어딜 갔다 이제 오는 거니?"

아들이 들어오기만을 목 놓고 기다린 순영은 수성을 데리고 부엌으로 급히 갔다.

"오늘 네 등록금 준비해놓고 기다렸는데, 왜 이제야 들어와."

순영은 신문지로 싸놓은 돈을 가방에서 꺼내 보였다.

"어머니, 이렇게 큰돈을 어디서 구하셨어요?"

"우리 아들 대학 보내려고 모아두었지."

수성의 눈에는 눈물이 그렁그렁 맺혔다.

"아니, 얘가 왜 이런다니? 무슨 일이야?"

눈물을 흘리는 아들의 모습에 순영은 당황했다.

수성은 얼른 눈물을 닦았다.

"오늘 아버지 가게를 찾아갔어요."

"거길 어떻게 찾아간 거야? 아버지도 네 합격 소식에 좋아하시지?"

"……."

수성은 한참을 망설이다 다시 말을 꺼냈다.

"아버지가 그러시던데, 이혼하셨다면서요. 그게 사실이에요?"

순영은 순간 멈칫했다.

그때 수성의 할머니 진불비가 부엌으로 들어왔다.

"뭐? 그게 무슨 말이야?"

우연찮게 며느리와 손자의 말을 들은 진불비는 새파랗게 질린 얼굴로 순영을 다그쳤다. 순영은 고개를 푹 숙였다.

"어멈아! 숨 넘어가겠다. 빨리 말해 보거라."

"어머니 죄송합니다. 실은 이혼하려고 한 건 아니었어요. 지난봄에 아범이 회사가 곧 부도 날 거라고 찾아왔어요. 왜 아시잖아요. 그전에 회사 어려워서 산도 팔았잖아요. 회사가 부도가 나면 채무가 다 저한테 넘어온다고 일단 이혼을 해야 한다는 거예요. 그래서 우선 형식적인 이혼을 했는데……. 아범이 설마 우리를 버리겠어요. 어머니 놀라실까 봐 말씀 못 드렸어요. 죄송해요."

진불비는 며느리 이야기에 한숨부터 나왔다.

"그런 일이 있으면 나한테 한번쯤은 상의를 했어야지. 너는 그렇게 이때껏 말 한마디 없이……. 아범이 사업상의 문제로 잠시 그러자고 했다니 별일이야 있겠니."

진불비는 이마에 손을 짚고는 겨우 안방으로 들어갔다.

수성은 기가 막혔다.

"어머니, 아버지한테 속으신 거예요. 제가 오늘 아버지 회사에 갔는데 아버지 가게도 잘 돼서 종업원들도 많고 장사도 제법 되는 것 같았어요. 어머니한테도 사기 친 거나 다름없다고요. 그리고, 그리고……."

"너, 아버지한테 그게 무슨 말버릇이니? 아버지가 그렇게 한 건 다 뜻이 있어서 그랬을 거다."

순영은 오히려 남편을 두둔하며 수성을 나무랐다.

수성은 그런 어머니에게 아버지가 젊은 부인까지 두고 있더라는 말은 차마 할 수 없었다.

그날 밤 수성은 잠을 이루지 못했다. 낮에 본 아버지와 낯선 여자의 모습이 눈을 감아도 계속해서 떠올랐다. 밤새 잠을 못 자고 뒤척이고 있는데 마루에서 인기척이 들려왔다. 할머니와 어머니가 함께 새벽기도를 가는 모양이었다. 누군가 수성의 방문을 열어보고는 다시 닫았다. 수성은 눈을 감고 자는 척했다. 대문소리가 삐걱 나더니 다시 잠잠해졌다. 할머니와 어머니의 따뜻한 마음이 수성의 가슴 속으로 밀려들었다. 수성의 마음속 엉킨 실타래가 조금씩 풀리는 듯했다. 어려서부터 지금까지 수성에게 아버지는 없는 존재나 마찬가지였다.

수성은 다시 마음을 다잡았다.

'아버지 없이도 가족들은 서로를 믿고 사랑하고 잘 살아왔지 않은가. 이제부터 내가 이 집의 가장이라는 생각으로 할머니와 어머니, 정희를 지켜주는 듬직한 가장이 되어야지. 우리 가족들은 이제 내가 책임진다.'

앞으로도 지금처럼 행복하게 살 수 있다는 생각에 미치자 수성은 마음이 평온해졌다.

할머니의 간절한 바람

아침부터 집안은 분주했다. 진불비의 생일을 맞아 음식을 준비하는 순영 옆에서 정희는 잔심부름을 하고 있었고 수성도 분주히 움직이고 있었다. 곧 손님들이 들이닥칠 시간이었다.

"수성아, 상 좀 펴놓아."

순영의 말에 수성은 부리나케 움직였다. 그런 손자들을 진불비는 흐뭇하게 바라보고 있었다. 군대를 제대하고 복학준비를 하고 있는 수성과 사범대를 다니고 있는 정희는 집안의 자랑이었다. 제대로 된 뒷바라지도 해주지 못했는데 착하고 똑똑하게 커 준 손자들을 보니, 할머니로서 그 모습이 고맙고 대견스러웠다. 진불비는 이 모든 것이 며느리인 순영의 공이라고 생각했다. 며느리 혼자서 아이들을 키우고 집안을 이끌어온 거나 마찬가지였다. 사업한다며 집에는 코빼기도 보이지 않는 아들 몫까지 며느리가 톡톡히 해냈다. 진불비는 손자, 손녀 시집, 장가보내는 것까지는 보고 죽어야지 하고 생각하고 있었다.

'내가 살아있어야 언젠가는 아범도 다시 집으로 돌아올 수 있어. 대로가 아이들에게 똑바로 아비 노릇할 수 있으려면 내가 그때까지 이 집에서 살아있어야지.'

"할머니, 왜 그러세요?"

정희가 눈이 동그래져서 할머니를 빤히 쳐다보았다.

"기뻐서 그러지. 너희들 웃는 거만 봐도 좋다."

순영은 어머니를 모시고 안방으로 들어갔다. 곧 초인종이 울리고 친척들이 하나 둘 모여들었다. 값비싸고 진귀한 음식은 아닐지라도 정성스럽게 차린 먹음직스러운 음식들이 상에 올라와 있었다.

식사가 끝나갈 무렵 진불비가 사람들을 향해 말했다.

"제가 오늘 하고 싶은 말이 있어요."

진불비의 말에 시끌벅적하던 방안은 조용해졌다. 수성 역시 할머니의 말씀에 귀를 기울였다.

"모두 잘 아시겠지만, 수성 어미가 아이들을 키우느라 정말 고생을 많이 했어요. 남의 집 일을 다니면서도 집안의 대소사도 하나도 빠짐없이 챙긴 사람이에요. 수성이나 정희도 이렇게 번듯하게 잘 자란 것을 보면 이 모든 것이 어멈이 집안을 위해 노력하고 헌신한 덕이라고 생각해요. 그래서 제가 가진 거라곤 이 집과 통장에 있는 얼마의 돈이 전부지만, 내가 죽으면 며느리와 손자들한테 다 주려고 해요."

"엄마, 그게 무슨 소리에요?"

수성의 고모가 발끈해져 소리쳤다.

"아니, 오빠나 나를 놔두고 며느리만 챙기시는 게 말이 돼요? 사실 언니는 오빠와 이혼했으니 서류상으로는 남이나 다름없잖아요."

수성은 할머니의 발표도 갑작스러웠지만 고모의 앙칼진 목소리에 더욱 놀랐다.

"남이라니, 내가 너희들이 이럴까 봐 더 수성 어미에게 얼마 되지도 않는 재산이라도 물려주려는 거야."

진불비의 얼굴은 더없이 수척해보였다.

"내가 이 집을 애들에게 물려줘야 내가 죽고 나서도 대로가 돌아올 곳이 있지 않겠니?"

"어머니, 그게 무슨 말씀이세요. 아직 정정하신데……."

순영은 안절부절못했다.

"그래, 언니가 엄마 앞에서 그렇게 착하디 착한 얼굴을 하고 있는 이유를 이제야 알겠네. 다 그렇지 뭐. 돈 보고 그런 거 아니유?"

"너 그만하지 못해!"

"며느리만도 못한 딸한테 뭘 이래라 저래라 하세요? 엄마 마음 다 알았어요. 근데 저도 가만 보고만 있지는 않을 거예요."

수성의 고모는 분을 못 참고는 자리를 박차고 나가버렸다. 찬물을 끼얹은 듯한 분위기에 친척들도 하나둘씩 자리를 떴다. 수성과 정희는 사람들이 가고 난 다음 상을 치우며 안방에서 들려오는 목소리에 귀 기울였다.

"어미야, 난 아직 괜찮다. 수성이랑 정희랑 결혼시키기 전에 눈 못 감는다. 하지만 이렇게라도 얘기하고 나니 마음이 한결 편하구나."

진불비는 며느리의 손을 꼭 붙잡고 말했다.

수성은 오늘 벌어진 일을 보며 돈과 가족들에 대해서 다시 생각해보는 계기가 되었다. 돈 때문에 사랑하는 가족도 한순간에 남이 될 수 있겠구나 하는 생각에 덜컥 겁이 났다. 고모는 할머니에게 원망 섞인 분노를 쏟아내고 마치 다시는 오지 않을 것처럼 나가버렸다. 아버지 역시 돈이 떨어져 궁핍해지면 그제야 집에 들어오곤 했다. 단지 돈 때문이었다. 부모와 자식 사이에 돈 때문에 서로를 원망하며 돌아섰다. 그러고 보면 늘 집안에 큰소리가 나고 시끄러웠던 건 돈 문제였다.

◯◯◯

대문을 나선 수성은 매섭게 불어오는 칼바람에 몸이 움츠러들었다. 새벽부터 내린 눈으로 길은 빙판길이었다. 수성은 미끄러지지 않으려고 조심스럽게 자전거를 굴렸다. 자전거 뒤에 가득 실려 있던 우유는 이제 절반 정도 남았다. 수성은 자신의 손에 끼워진 장갑을 보며 씩 웃었다. 할머니가 대학입학 선물로 손수 떠 준 벙어리장갑이었다. 수성이 어렸을 때 입던 조끼를 풀어서 다시 장갑을 뜬 것이다. 장갑을 보면 어릴 적 입던 조끼와 그때가 떠올라서 절로 미소가 지어졌다. 하지만 웃는 것도 잠시 할머니 생각에 마음이 심란해졌다.

한 달 전 식사를 제대로 못하겠다며 자리에 누운 진불비는 자꾸만 가슴이 답답하다고 하소연했다. 심상치 않음을 느낀 수성은 당장 할머니를 모시고 병원에 갔는데 급성 심근경색이라는 진단을 받았다. 그 이후로 불안한 하루 하루를 보내더니 이내 다시 쓰러지셨다. 병원에서는 가족들에게 마음의 준비를 하라고 했다. 진불비는 오히려 근심 어린 표정을 하고 있는 가족들에게 걱정 말라고 위로를 했다. 수성은 할머니가 곧 돌아가신다는 사실이 믿어지지 않았다. 수성은 다시 차가운 바람을 가르며 언덕을 향해 힘껏 자전거 페달을 밟았다.

"다녀왔습니다."

우유배달을 마친 수성이 보급소 문을 열고 들어갔다.

"수성 학생, 무슨 일인지 모르지만, 빨리 병원으로 오라고 동생이 찾아왔었어. 어여 가봐."

수성은 순간 올 것이 왔구나 싶은 생각에 보급소 문을 열고 무작정 달렸다. 병실에 들어선 순간 수성은 눈물이 왈칵 쏟아졌다.

"내가 좀더 살아서 너희들 결혼도 시키고 잘 사는 걸 봐야 마음 편히 눈을 감는데…… 이제 그건 틀린 것 같구나."

"할머니 왜 그런 말씀을 하세요. 흑흑."

할머니의 손을 잡고 가족들은 모두 흐느꼈다.

"수성아, 아버지를 미워하면 안 된다. 언젠가는 다시 너희들을 찾아올 거야. 아버지도 자기가 얼마나 잘못했는지 뉘우치는 날이 꼭 있을 거다. 수성아, 정희야, 아버지 돌아오면 용서해줘야 한다……"

진불비는 겨우겨우 말을 이어나가면서도 끝까지 가족들에게 아버지를 용서하라는 말을 잊지 않았다. 그리고 그것이 마지막이었다.

병실은 눈물바다가 되었다. 조금 전까지만 해도 넷이었던 가족은 이제 셋이 되었다. 할머니가 빠져나간 빈자리는 더없이 크고 넓었다. 그들 가족에게 할머니는 온갖 바람과 폭풍을 다 막아주는 방패 같은 존재였다. 수성과 정희를 부둥켜안은 순영은 조용히 눈물을 흘렸다.

약속만으론 가족을 지킬 수 없다

장례식을 무사히 치르고 돌아온 수성의 가족들을 기다리는 것은 아버지 김대로와 수성의 고모였다. 안방은 도둑이라도 든 것처럼 장롱이며 문갑 서랍들이 다 열려 있었고 방바닥에는 옷가지들이 널려 있었다.

"긴 말할 필요도 없어. 이 집 팔아서 사업자금으로 써야겠으니 이 달 말까지 비워."

3년 만에 집을 찾은 김대로는 귀찮다는 듯 순영을 향해 말을 내뱉었다. 옆에 있던 수성의 고모가 끼어들었다.

"엄마 통장은 내가 찾았으니 가지고 가요. 오빠가 집을 가진다 하니, 난 통장에 든 몇 푼이라도 챙겨야겠어요. 그러니 언니도 이러고 있지 말고 빨리 살길 찾아봐요."

순영은 남편과 시누이의 일방적인 통보에 아무 말도 못하고 서 있었다. 수성도 정희도 너무 기가 막혀 아무 말도 나오지 않았다.

"여보, 그럼 우리는 어떡해요. 전 이 집 못 떠나요. 아니 절대로 못 나가요. 고모도 들으셨잖아요? 어머님이 저희들한테 이 집 주신다고 하신 말씀. 우리집 두고 어디 가서 살란 말이에요?"

"그걸 왜 나한테 물어? 집은 오늘 복덕방에 내 놨으니까 곧 비워야 할 거야. 또 미련하게 버티지 말고 빨리 사글세라도 알아봐."

김대로는 더 이상 묻지 말라는 듯 손을 휘휘 저으며 수성의 고모와 함께 황급히 나갔다.

"엄마, 이제 어떡해."

정희는 엄마를 부축해 안방으로 들어갔다.

할머니의 임종을 지키지도 못한 사람이 집으로 찾아와 행패를 부리는 것이 납득이 되지 않았다. 수성은 그런 사람이 아버지라는 게 부끄러웠다. 할머니의 마지막 간곡한 유언이 떠올랐지만 수성은 아버지에 대한 증오로 다시 휩싸였다. 수성은 주먹을 불끈 쥐었다.

이대로 집을 뺏길 순 없었다.

집에서 맥없이 쫓겨난 가족이 짐을 푼 곳은 집에서 조금 떨어진 변두리 동네의 슬레이트 집 문간에 있는 단칸방이었다. 옷가지와 책, 이불을 풀어놓으니 겨우 세 식구가 함께 누울 수 있을 정도의 공간이 남았다. 장롱이나 큰 가구들은 챙겨오지도 못했지만 가지고 왔더라도 둘 곳도 없었다. 바깥에는 바람막이 천막으로 간신히 만든 부엌이 딸려 있었다. 김대로가 준 돈만으로는 세 식구가 살 만한 곳을 찾는 것이 쉽지 않았다. 집주인에게 사정을 하며 겨우 얻은 집이었다.

오래 비어 있어서 그런지 방은 냉골이었다. 박순영은 아궁이 앞에 앉아 연탄불을 피우고 있었고 정희는 너덜너덜한 문에 씌울 비닐과 문풍지를 사러 갔다. 순영은 이미 집에 대해서는 체념한 듯 얘기도 꺼내지 않았다. 수성은 지금 어머니의 마음이 어떨지 헤아릴 수도 없었다. 또 하루아침에 바뀌어버린 상황과 낯선 환경을 받아들이기 힘들었다.

'앞으로는 어떻게 하지? 학교를 그만둬야 하나? 이제 곧 졸업반이 되는데. 나는 잠깐 쉬더라도 정희는 꼭 다녀야 하는데…….'

하지만 지금 당장은 먹고 살 일이 급했다. 학교는 두 번째 문제였다. 방세도 내고 가족들을 부양해야 하는 책임이 이제 자신의 두 어깨에 달려 있었다.

'아니야, 뭔가 방법이 있을 거야. 정말 이대로 우리가 그 집을 포기해야 하는 걸까. 분명히 할머니는 집을 우리에게 주신다고 약속하셨고 여러 차례 사람들 앞에서 말씀하신 적도 있으니까 증인들도 많아. 그러면 할머니의 유언대로 상속되어야 하는 게 마땅하잖아. 할머니가 바랐던 건 우리 가족들이 화목하게 살아가기 위해서 재산을 쓰는 거였잖아. 분명히 방법이 있을 거야. 할머니의 유언대로 가족들이 집을 되찾아서 살 수 있는 방법이 있을 거야.'

수성은 도움을 요청해야겠다는 생각에 차분히 정신을 가다듬었다. 가장 먼저 떠오른 사람은 친구 주인성이었다. 인성은 수성의 가장 친한 친구이기도 하지만 지금 고시공부를 하고 있는 만큼 해답을 알려줄 수 있을지도 몰랐다. 이 시간에 친구가 있을 곳은 학교 중앙도서관이었다. 거기까지 생각이 미치자 수성은 한시가 급했다. 허둥지둥 급하게 나가는 수성을 보고 순영이 불렀지만 오직 한 가지 생각에만 빠져 있는 수성의 귀에는 아무 소리도 들리지 않았다.

∽∽∽

주인성은 곧 시험을 앞두고 있어 며칠째 집에도 가지 않고 책에 얼굴을 파묻고 있었다. 수성이 어깨를 두드리자 인성은 꺼칠해진 얼굴로 애써 웃으며 함께 나갔다. 수성은 인성에게 자초지종을 털어놓으며 조언을 구했다.

"이거 문제가 심각한데. 정말 너희 아버지 너무 하신 것 아냐? 부모와 자식 다 버리고 돈만 갖겠다는 속셈이잖아."

수성은 친구 인성에게 부끄러워 고개를 떨구었다.

"그럼 할머니는 정말 유언장이나 서류 같은 문서로 된 유언을 전혀 안 남기신 거야?"

"어, 그런 것 같아……."

"그렇다면 좀 힘들 것 같다. 할머니가 아무리 주위 사람들에게 유산은 며느리와 손자 손녀에게 주겠다고 말씀하셨어도 구두로 된 약속은 실제 효력이 없어. 설사 증인이 아무리 많다고 해도 말이지. 더욱이 제대로 된 유언장이 없을 경우 상속재산은 협의분할을 해야 하는데 이때 협의분할 대상자는 그 배우자와 자녀들이 된단 말이야. 너희 할머니의 경우 배우자는 없고 자식이 둘이니까, 자식 둘이서 협의분할을 하게 되는 거지. 실제로 할머니의 재산상속과 관련해서 너희 어머니는 법적으로 권리가 없는 셈이야. 아무리 오랜 세월 함께 살아온 가족이라 하더라도."

"그렇다면 나와 내 동생은 상속인에 포함되어야 하는 거 아냐?"

"글쎄……. 내가 공부한 바로는 수성이 아버지가 살아계셔서 후순위로 밀리는데……. 그렇다고 알고 있지만 자세한 판례나 다른 사항에 대해선 전문가의 소견을 들어보는 게 좋을 것 같다."

주인성은 조언을 구할 사람을 떠올려봤다.

"우리 교수님께 한번 물어보자. 내가 지난번에 교수님 변호사 사무실에서 일을 도와드린 적이 있거든. 내가 말한 적 있지? 작년에 우리 과 외부강사로 강의하셨던 박지만 교수님이라고. 작년 여름방학 때 일을 도와드리면서 좀 친해졌어. 지금 여기서 이러지 말고 한번 가 보자. 아직 퇴근 안 하셨을 것 같은데."

수성은 인성의 팔에 이끌려 한 시간 정도 떨어진 곳에 위치한 법대 교수의 사무실로 찾아갔다. 박지만은 늦은 시간까지 책상 위에 수북이 쌓인 서류들을 읽고 있었다.

"어, 인성이 너 잘 왔다. 온 김에 이것 좀 도와주고 가라."

박지만은 인성의 얼굴을 보자 지원군을 만난 것처럼 반겼다.

"교수님 오늘은 일 못 도와드려요. 다음에 배로 도와드릴 테니까 오늘은 법률상담 좀 해주세요."

"오랜만에 와서는……. 그래 뭔 일인데?"

박지만은 그제야 의자에 앉으라고 권하고 자신도 가까이 와서 앉았다. 인성은 수성을 인사시키고는 친구의 처지를 들려주었다.

"교수님의 도움이 필요해요. 지금 이 친구, 마른하늘에 날벼락

맞았다고요."

수성의 사정을 들은 박지만은 미간에 잔뜩 인상을 쓰고는 말했다.

"자네 사정이 참 딱하네, 그래. 그런데 인성이한테 들어서 알겠지만 이 상속이라는 것이 꽤 까다롭다고. 화목했던 가정도 상속으로 분쟁이 생기게 되면 서로 한 치도 물러서지 않으려고 가족들 간에 칼을 들이대는 것이 상속 문제란 말이지. 그 과정에서 돈 문제뿐만 아니라 가족들 간의 신뢰도 금이 가고 돌이킬 수 없는 상처만 서로에게 남기고는 돌아서는 경우가 부지기수야. 실제로 법적인 소송으로 이어지면 유산상속이 끝나도 평생 원수처럼 지내는 사람들이 많아. 그래서 미리 유언장을 작성해놓는 게 중요하지. 피상속인이 죽고 난 후에 남은 가족들 간의 분쟁이 생기지 않게 하려면 이 방법이 가장 확실하다고 볼 수 있어. 그런데 자네 집안처럼 유언장을 남기지 않은 경우에는 살아생전에 할머니의 재산처분 의사는 제한을 받게 되는 셈이지."

"사실 딱히 재산이라고 할 것도 없어요. 단지 집 한 채와 할머니 통장에 있던 조금의 돈이 다인걸요. 유언장을 쓰는 건 돈이 많은 부자들이나 하는 것 아니에요?"

"그런 생각 때문에 지금도 도처에서 상속 분쟁이 끊이지 않는 걸세. 평범한 사람들에게는 유언장이라는 게 좀 동떨어진 얘기라고 생각하겠지만 절대 그렇지 않아. 사람들은 액수에 상관없이 돈 문제라면 굉장히 민감하거든. 자신이 죽고 나서 그 돈 때문에도 자녀들이 싸우고 평생 원수가 되어 갈라진다는 걸 알면 당장이라도 유언장을 쓸 텐데 말이야. 하지만 가족들을 믿고 있는 거지. 설마 우리 가족이 돈 때문에 그렇게 무자비한 전쟁을 치르기야 하겠어 하고 말이지. 그런데 그건 잘 모르고 하는 소리야. 아무리 재산이 적어도 인간의 욕심이란 끝이 없는 법이지."

박지만의 말을 잠자코 듣고 있던 수성은 다그쳐 물었다.

"그럼 저희 할머니처럼 유언장을 남기지 않은 경우엔 어떻게 되죠?"

"인성이한테 들었겠지만, 법정상속인들에게만 유산이 상속돼. 가장 먼저 최근친 직계비속인 할머니의 자식들에게만 재산이 배분되게 돼 있어."

"그렇다면 아버지와 고모가 상속권자가 되는 거네요. 혹시 손자와 손녀인 저와 제 여동생에게는 조금도 상속권이 없는 건가요?"

"안타깝지만, 자네와 여동생의 경우는 할머니의 손주로 직계비속이지만 더 최근친 직계비속인 자녀 아버지와 고모가 있으니 상속권이 없어."

분명 방법이 있을 거라고 기대했던 수성은 가슴이 쿵 내려앉았다.

"자네에게 도움을 주지 못해 아쉽네만, 실제로 상속절차를 잘 몰라 분쟁이 나는 게 비일비재하다네. 일반적으로 사람들은 유언장 쓰는 것에 대한 선입견을 갖고 있고, 더 큰 문제는 자신이 평소에 구두로 남긴 유언이 지켜지리라 믿는 것이지. 상속에는 법적인 요건에 맞춰서 작성한 유언장이 꼭 필요해."

"그럼 저희 가족은 정말 방법이 없는 건가요?"

"물론 아버지의 무책임한 행동에 대해 다른 법률에 호소하는 방안을 생각해볼 수 있겠지만, 유산상속과 관련해서는 별 다른 해결책을 제시하기가 어렵군, 그래."

박지만은 머리를 긁적이며 안타까운 표정으로 말했다.

인성은 수성의 어두운 얼굴을 보고는 씩씩거리며 주먹으로 탁자를 내리쳤다.

"교수님, 무슨 법이 이래요? 약자의 편에 있어야 할 법이 도리어 힘없고 불쌍한 사람들을 내몰고 있잖아요."

"야, 이 녀석아. 탁자 부서지겠다."

"친구 상황이 너무 억울하잖아요."

"유언장은 정말 중요해. 유언장은 나이 들어서 아플 때나 쓰는 것이 아니야. 언제 어떤 사고가 닥칠지 모르잖아. 유언장은 사후를 준비하는 것이니까 사전에 꼭 마련해 두어야 하는 거야. 한번 쓴 유언장은 언제든지 수정할 수 있으니까 너무 부담 갖지 말고 시험 삼아서라도 써보는 것이 중요하지. 단, 형식에는 맞춰서 써야지. 유언장 쓰는 데에는 이유가 따로 없어. 나이와 재산을 막론하고 꼭 준비해두어야 하는 거야."

주인성은 고개를 갸우뚱하더니 뭔가 골똘히 생각했다.

"우리 아버지도 유언장 작성해놓으셨을까? 갑자기 궁금해지네."

"왜 이 녀석아! 젊은 놈이 벌써부터 아버지 재산 탐내는 거냐?"

"그냥 궁금해서 그랬죠, 아이쿠 교수님, 생사람 잡지 마세요."

"우리나라는 대부분 부모가 죽으면 재산을 자식에게 물려주기 때문에 자식들은 그게 당연하다고 생각해. 근데 그것도 문제지. 부모의 재산도 내 것이겠거니 하고 생각하는 자식도 많아. 그러니까 조금 더 일찍 받아쓰는 것도 큰 문제 될 게 없다고 생각하기도 하고. 살아있을 때 대접 받으려면 죽기 전에는 절대로 자식들한테 재산을 물려주지 말라는 얘기가 있잖아. 그것도 틀린 말은 아니지만 살아있을 때뿐 아니라 죽어서도 대접 받으려면 유언장을 작성하고 그 내용을 자식들에게 미리 알려주는 것도 꽤 괜찮은 방법이야. 재산을 어떤 방식으로 배분하든지, 기부를 한다고 하더라도 말이야. 늘 가족들이 모일 때마다 내가 죽고 난 후

재산은 이렇게 쓰여질 것이라는 본인의 의지를 밝혀둬야 해. 자식들도 부모의 뜻을 알고 받아들이는 시간이 필요하단 말이지. 그래야 사망 후에도 피상속인의 뜻에 따라 상속을 진행할 수 있거든. 본인 뜻대로만 된다면 아무 문제가 없지. 가족들 간의 합의가 이미 부모님이 살아계실 때 확실하게 이루어졌기 때문에 부모님이 돌아가셨다고 해도 크게 달라지는 건 없단 말이지."

고개를 끄덕이면서도 수성은 여러 가지 생각들로 머릿속이 복잡해졌다. 돌아가신 할머니 역시 가족들을 믿고 유언장을 작성하는 것까지는 생각도 하지 않았을 것이 분명했다. 이제 집을 되찾기는 어려워보였다.

"도움을 주지 못해 미안하네."

"아닙니다. 충분히 도움이 됐습니다. 바쁘실 텐데 이렇게 시간 내주셔서 고맙습니다."

수성과 인성은 인사를 하며 일어섰다.

"인성아! 다음에 일손 필요하면 부를 테니, 그때 와서 좀 도와줄 수 있지?"

"그럼요, 교수님. 오늘 정말 고맙습니다."

다시 도서관으로 돌아간 인성과 헤어진 수성은 나아질 게 전혀 없는 지금 상황에서 할 수 있는 일을 생각했다. 이제는 정말 가진 것 하나 없이 세 식구만 남았다. 어머니는 지금 하시는 일만으로도 벅차고 정희는 이제 2학년이 되는데 아르바이트를 한다고 해도 학비를 다 벌 수는 없을 것이다.

대문 앞에 다다른 수성은 정신이 번쩍 들었다. 대문은 굳게 닫혀 있었다. 자신도 모르는 사이에 집을 찾는 발걸음이 수성을 또 옛날 집으로 데리고 왔다. 항상 이 시간이면 환하게 불이 켜져 있었는데 담장 너머로 보이는 집은 유난히 캄캄했다. 담벼락에 서서 집을 쳐다보는 수성은 더욱 괴로운 심정이었다. 하지만 수성은 감상에 젖어가는 자신을 추스르며 어떻게든 집을 되찾겠다는 각오를 다졌다. 할머니가 남겨주신 소중한 유산을 쉽게 포기할 수는 없었다. 다시 돌아오겠다고 굳게 다짐하며 수성은 발길을 돌렸다.

벼랑 끝 가족을 살려낸 구원수,
보험

저녁식사를 마친 수성의 가족은 밤이 늦도록 의견을 좁히지 못하고 있었다. 이유는 엄마 때문이었다. 순영이 입주가정부로 들어가겠다고 하자 수성과 정희는 질색을 했다. 지금도 일이 많은 엄마를 안쓰러워하는 자식들 입장에서 반대하는 것은 당연했다. 하지만 순영 처지에서는 입주가정부로 들어가면 아이들이 좀더 편하게 지내고 또 돈도 더 벌 수 있어서 더없이 좋은 기회였다. 며칠 전 아이들이 서로 휴학을 하겠다는 것을 듣고 내린 결정이었다. 정희는 오빠가 학교를 마칠 때까지 자신이 뒷바라지를 하겠다고 나섰고 수성은 도리어 자신이 일해서 여동생 학비를 대겠다고 고집을 부렸다. 둘의 다툼을 지켜보던 순영은 미안하다는 말밖에 할 말이 없다며 조용히 바닥만 쳐다보고 있었다. 그리고 몇 날 며칠 고민 끝에 내린 결정이었다.

"그 집에 중풍에 걸린 할머니가 계셔서 월급을 간병인 월급까지 쳐서 준다는구나. 그 돈이면 너희들 학비는 댈 수 있겠어. 이런 기회도 흔치 않다. 너희들이 걱정하는 마음은 알지만 우리 몇 년만 고생하자. 내가 정희 졸업할 때까지 일할 테니까 너희들은 아무 걱정 말고 그냥 공부만 열심히 해. 학비는 내가 어떻게든 벌어볼 테니까. 대신 너희들 생활비는 각자 아르바이트를 해서 해결하고 우리 이렇게 몇 년만 더 고생하자. 응?"

순영은 아이들을 설득하고 나섰다.

"엄마, 그 일도 해본 사람이 하는 거예요. 엄마처럼 몸도 약하신 분이 어떻게 하시려고요. 안 돼요. 아이 정말 속상해."

정희는 이야기를 하다가 이불을 뒤집어쓰고는 발을 동동 굴렀다.

"어머니, 이제 제가 이 집 가장이에요. 어머니 지금 일도 힘든데, 더 힘든 일은 절대 안 돼요. 그냥 저를 좀 믿어주세요. 네?"

집안의 가장 역할을 자처하고 나선 수성은 어머니를 생활전선의 끝으로 내몰고 싶지 않았다. 하지만 순영의 결심 역시 확고했다.

"걱정 마라. 이 엄마한테 이깟 건 고생도 아니야. 지금 당장은 힘들어도 예전처럼 우리가 또 잘 극복하면 좋은 날이 오지 않겠니? 수성아, 정희야. 너희들이 대학을 졸업하고 취직하고 또 가정을 이루고 얼마나 많은 일들이 남아 있니? 할머니가 너희들 시집, 장가가고 행복한 가정을 이루는 걸 보는 게 소원이라고 늘 말씀하셨는데……."

말끝을 흐리며 순영은 눈시울을 붉혔다.

"할머니의 마지막 말씀 너희도 기억하잖니? 너희들이 잘 되어야 나중에 하늘나라에서 할머니를 만나도 부끄럽지 않아. 내일 오후에 그 집으로 들어갈 생각이다. 더는 말릴 생각 마라."

순영은 아이들의 얼굴을 보며 단호하게 못을 박았다.

정희는 속이 상해 이불을 뒤집어쓰고 벽 쪽으로 돌아누웠고 순영은 부엌에 나가 찬장을 정리했다. 수성은 어머니의 결심을 돌릴 수 없음을 알았다.

불을 끄고 누웠지만 세 식구 모두 쉽게 잠들 수 없었다. 어머니와 함께 이렇게 있는 것도 이제 몇 년 간은 사치스러운 일이 될 것이다.

〇〇〇

"수성 엄마, 수성 엄마."

옷가지를 챙겨 짐을 싸던 순영은 이른 아침부터 대문을 두드리는 소리에 밖으로 나갔다.

문 밖에는 예기치 못한 손님이 서 있었다.

"아이고 이 집이 맞구나."

같은 동네 살다가 작년에 수원으로 이사 간 황 여사였다. 한 동네에서 살면서 유독 진불비와 언니동생하며 친하게 지냈던 황 여사는 수성의 식구들에게는 이웃이라기보다는 친척이나 다를 바 없었다.

"황 여사님, 어떻게 여길 알고 오셨어요? 추운데 어서 들어오세요."

황 여사는 방안으로 들어서자 혀를 찼다.

"이 사람아! 어떻게 이런 데 사나, 그래. 어쩌다가 이 좁은 데서, 아이고 수성아, 정희야! 너희들이 어쩌다가……. 할머니가 아시면 하늘에서 통곡을 하시겠구면……."

황 여사는 순영의 손을 꼭 잡고 놓지 못했다.

"이모님께 이런 모습 보여서 부끄럽네요."

"자네는 사람이 너무 순해서 탈이야. 나가란다고 그 집에서 나오면 어떡해. 애들 생각해서라도 어떻게든 버텼어야지. 내가 아까 집으로 찾아갔다가 얼마나 놀랬는지. 그래, 수성 아비가 돈이라도 좀 주던가?"

가족들은 아무 말 없이 허공만 쳐다보았다.

"이 천벌을 받을 인간 같으니라고. 어떻게 돈도 안 쥐어주고 제 자식들과 마누라를 이런 데다 내팽개칠 수가 있어. 하늘도 무심하시지."

황 여사의 입에서는 한숨이 그칠 줄 몰랐다.

"언니가 그래도 손자들 살길은 마련해놓고 가셨구먼."

"네? 그게 무슨 말씀이세요."

순영은 영문을 모르겠다는 눈빛으로 황 여사를 쳐다보았다.

"내가 오늘 자네를 찾아온 것도 다 보험금 때문이야."

"보험금이라고요?"

"자네는 알고 있을 줄 알았는데 정말 몰랐나? 언니가 귀띔도 안 해주시던가?"

수성과 정희는 긴장된 눈빛으로 황 여사만 바라보았다.

"어머님이 보험을 들어놓으셨단 말이세요?"

"그래, 하루는 언니가 나를 집으로 불러서 말하더라고. 자신이 죽고 나면 자네와 아이들이 어떻게 살지 걱정이라고. 수성 아범이 집에 충실한 것도 아니고 하는 사업마다 실패해서 제 몸 하나 건사하기도 힘든데 누가 아이들을 돌보겠냐고. 본인이 죽고 난 다음에 애들이 어떻게 살지 걱정이라고. 그래서 보험이라도 하나 들어놓으면 조금은 근심이 덜 되겠다고 그랬지. 그때 마침 괜찮은 상품이 나와서 사망보험금을 탈 수 있는 상품으로 권했지."

"네?"

황 여사의 말을 듣던 가족들은 눈이 휘둥그레졌다.

"정말이세요?"

"그럼, 내가 계약서도 다 챙겨 왔어."

황 여사가 가방 속에서 주섬주섬 꺼낸 것은 빛바랜 보험증서와 청약서 사본이었다. 해져 보이는 서류에는 오래 전에 진불비가 삐뚤삐뚤한 글씨로 작성한 인적사항과 수익자란에 쓴 박순영의 이름이 보였다. 그리고 몇 가지 첨부된 서류들도 함께 있었다. 가족들은 뜻밖의 사실에 놀라면서도 흥분된 마음을 감출 수 없었다.

"와, 정말이네? 엄마 죽으라는 법은 없나 봐."

정희가 눈으로 계약서를 확인하고는 너무 좋은 나머지 순영을 껴안으며 소리를 질렀다. 순영은 아직도 뭐가 뭔지 모르겠다는 듯 어리둥절한 표정이었다.

"하지만 제가 알아보니까 할머니의 재산은 아버지와 고모가 상속자이기 때문에 저희가 받을 수 없는 걸로 알고 있어요. 그래서 집과 할머니의 돈도 아버지와 고모가 나눠서 갖지만 저희는 어쩔 수 없었고요. 법적으로 따지면 저희에게는 아무런 권한이 없다고 하더라고요."

불안한 기색으로 수성은 황 여사에게 말했다.

"아이고. 걱정 마라, 수성아. 보험금은 상속권과는 상관이 없어. 수익자를 누구로 지정하느냐에 따라서 보험금을 받는 사람이 결정되는 거야. 보험금은 상속되는 재산이 아니기 때문에 계약자가 지정해놓은 수익자가 받을 수 있는 거야. 쉽게 생각하면 상속권자라도 함부로 요구할 수 없는 수익자의 재산이라고 보면 돼. 그래서 수익자에게 지정된 보험금은 유언에 따른 유산상속과 별개로 독립적으로 진행되는 거야. 결국 보험금을 받는 수익자를 지정해놓는 것은 일종의 유언이라고도 볼 수 있어. 만약에 보험의 수익자를 지정하지 않았을 때는 법정상속권자가 보험금을 받게 되지만 수익자를 분명히 서류상에 명시해놓았을 때는 그 수익자가 보험금을 받게 되는 거란다. 너희 할머니의 경우에도 보험을 들 때 분명히 보험금을 받을 수익자를 며느리인 박순영으로 지정해놓았거든. 이 서류를 한번 봐라. 이 서류가 할머니의 유언장을 대신하는 거라고 할 수 있어. 아버지와 고모가 어떻게 할 수 없는 명백한 증거니까."

"그게 정말이에요?"

"그렇다니까, 수성아 내가 누구니? 보험 일 하다 보면, 이런 쪽으로는 하도 많이 봐서 내가 도사라니까. 수성이 너 그동안 마음고생이 많았나 보구나."

황 여사는 수성의 어깨를 툭툭 두드려주었다.

"보험은 상속과는 별도로 진행되는 거니까 염려 말고 할머니가 남겨주신 유산이라 생각하고 받으면 돼. 너희들이 이렇게 고생하게 될 줄 어떻게 알고 미리 준비하셨는지, 참⋯⋯."

"어머님 아니었으면 저희가 어떻게 살아왔겠어요. 또 앞으로 어떻게 살아갈 수 있겠어요. 정말 어머님 생각만 하면⋯⋯."

말끝을 흐리며 순영은 또 다시 고개를 돌렸다.

"이제 자네가 기운 내고 아이들 잘 보살펴야지. 눈물은 그치고 이 돈으로 빨리 전셋집이라도 다시 알아보게나. 아니, 우선은 필요한 서류들을 좀 떼 와야겠어. 이 서류들을 회사에 제출해야 보험금이 나오거든. 여기 보험금지급 청구서를 작성하고 사망진단서와 호적등본, 인감증명서를 떼면 되네. 그리고 자네 신분증도 준비해놓고, 오늘 당장 준비해서 온 김에 내가 가지고 가서 회사에 제출해야겠어. 그래야 하루라도 빨리 나오지."

"엄마, 오빠랑 내가 빨리 가서 서류들 떼 올 테니까 서류 작성하고 계세요."

정희가 벌떡 일어나 코트를 입으며 문을 열었다.

"오빠 뭐해? 빨리 일어나. 나랑 빨리 갔다 오자."

수성은 얼떨떨한 채 잠바를 입고 정희를 뒤쫓아 나갔다.

수성과 정희가 나가고 나서야 순영은 속마음을 털어놓았다.

"어머님 돌아가시고 나서 모든 게 급작스럽게 일어나서……."

순영은 결국 참았던 눈물을 쏟아냈다.

"왜 아니겠나. 자네처럼 순한 사람이 이렇게 모진 일들을 겪다니, 어쩌면 이런 일들을 못 보고 돌아가신 게 천만다행이라는 생각이 드네."

"네, 그럼요. 그래도 저는 수성이와 정희만 보면 기운이 나요. 아버지 사랑 많이 못 받고 자라게 해서 아이들한테 많이 미안하지만 제가 두 배로 아이들에게 잘하려고요. 수성 아버지도 자식들에게 그렇게 모질게 대한 걸 가슴으로 후회할 날이 있을 거라고 생각해요."

"이제 그 돈으로 전세도 얻고 아이들 학비도 댈 수 있을 거야. 자네 수성이가 졸업하고 취직할 때까지만 좀더 고생하게나. 수성이가 얼마나 자네를 끔찍히 여기는가. 자네, 아이들 하나는 정말 잘 키웠어."

"웬걸요. 제가 키웠나요, 다 알아서 커 주었죠."

순영은 오랜만에 웃으며 말할 수 있었다. 어려운 상황에서도 마음을 터놓을 수 있는 사람을 만난 것이 기쁘고 고마웠다. 추운 겨울 좁은 단칸방 안에서 순영과 황 여사는 아이들이 돌아올 때까지 울며 웃으며 이야기꽃을 피웠다.

수성의 가족은 다시 이삿짐을 쌌다. 이번에는 눈물의 이삿짐이 아니라 희망을 품은 이삿짐이었다.

보험금으로 전셋집부터 구했다. 예전의 집보다는 훨씬 못했지만 그래도 조그만 방이 두 개라 수성과 정희가 한 방을 쓰지 않아도 되고 작긴 해도 마당이 있는 집이었다. 무엇보다 다시 그 동네로 돌아갈 수 있다는 사실에 가족들은 기뻤다. 막상 짐을 싸려고 보니 아직 풀지도 않은 짐이 더 많았다.

"얘들아, 짐은 대충 다 쌌으니까 이리 좀 앉아봐라."

순영은 아이들을 불러 자리에 앉혔다.

수성과 정희는 짐을 싸다 말고 와서 방에 둘러앉았다.

"너희들 그동안 정말 고생이 많았다. 할머니 돌아가시고, 힘든 일도 많았는데 내색도 않고 함께 여기까지 와 준 너희들이 정말로 고맙고 자랑스럽다. 더구나 서로를 걱정해서 학교를 그만두겠다고 하는 걸 보면서 마음이 아팠지만, 내가 자식을 잘못 키우지는 않았구나 싶어 너희들이 얼마나 대견했는지 몰라. 앞으로도 돈 때문에 싸우는 일 절대 없어야 한다. 이번 일로 세상에서 가장 중요한 것은 믿고 의지할 수 있는 가족들뿐이라는 것을 다시 한 번 깨닫지 않았니? 할머니가 마지막까지도 바라셨던 건 그런 걸 거야. 엄마 말 무슨 말인지 잘 알지?"

순영의 따뜻한 말 한마디 한마디에는 부모의 깊은 뜻이 담겨 있었다.

"어머니, 앞으로는 더 큰 일이 닥친다고 해도 함께 이겨낼 수 있어요."

"엄마, 이제 우리도 다 컸으니까 아무런 걱정 마세요. 나만 믿어, 엄마."

"어휴, 넌 아직 어리잖아."

"어머 무슨 말이야. 대학생이면 성인이지."

"얘들이 또 이런다. 사이좋게 지내라는 말이 끝나기 무섭게. 자, 이제 짐도 다 쌌으니 그만 일어서자."

"네! 이사 개시!"

정희와 수성은 입가에 미소를 가득 띠고 밖으로 나갔다.

세 식구가 리어카로 부지런히 짐을 나르고 끈으로 단단히 동여맸다.

"제가 앞에서 끌 테니까 뒤에서 밀어주세요. 자 출발합니다."

이틀 전에 내린 눈으로 길은 미끄러웠지만 리어카를 끄는 수성의 마음은 기분 좋게 들떠 있었다.

"오빠, 요즘 운동 안 하는구나. 좀더 세게 끌어 봐."

수성과 가족들은 모두 들뜬 기분으로 이야기를 나누며 입김을

후후 불었다. 이제 매섭던 추위도 한풀 꺾이고 조금씩 봄기운이 느껴졌다.

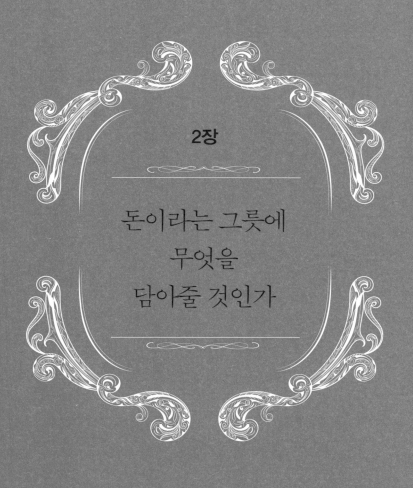

2장

돈이라는 그릇에
무엇을
담아줄 것인가

뒤늦은 용서를 구하다

"사장님, 생산라인은 별 문제 없습니다. 한 일주일 동안 야근하면 물량은 맞출 수 있을 것 같습니다. 직원들에게도 다 일러두었고요."

"공장장이 책임지고 기한까지 물량을 꼭 맞추세요. 이번 건은 우리 회사가 앞으로 나아가는 큰 발판이 될 겁니다. 그런 만큼 사활을 걸고 해주세요."

"네, 사장님. 걱정 마십시오."

김수성은 목소리에 힘을 주어 말하며 공장장의 어깨를 두드렸다. 바쁘게 돌아가는 공장과 열심히 일하는 직원들을 바라보는 수성의 눈빛에는 그 어느 때보다 힘이 실려 있었다.

공장을 시찰하고 회사로 돌아오는 차 안에서 수성은 여러 가지 생각에 잠겼다. 이번 일은 회사가 미국으로 진출하느냐 마느냐가 달린 중대한 거래였다. 해외수출은 처음이었다. 여러 차례 수출 가능성을 타진해보던 중에 미국의 한 회사로부터 제의를 받았다. 다행히 미국 쪽에서 좋은 조건을 제시하여 수성의 회사가 물건을 납품하기로 한 것이다. 꿈의 수출을 위해 수성은 계약서에 도장을 찍을 때까지 한 치의 오차 없이 일을 진행시키기 위해 뛰어 다니고 있었다.

김수성이 회사를 설립한 것은 지금으로부터 10년 전의 일이었다. 지금의 회사를 설립할 수 있었던 것은 그의 머릿속에서 나온 아이디어가 큰 역할을 했기 때문이었다. 수성도 할아버지와 아버지를 닮아 손재주가 많았다. 처음에 회사를 차려놓고 사장이라는 직함은 걸었지만 늘 혼자서 발로 뛰어다녔다. 처음하는 사업인만큼 막다른 골목에서 혼자 쓴 눈물을 삼킨 적이 한두 번이 아니었다. 어머니의 격려와 아내의 내조가 없었다면 여기까지 오기 쉽지 않았을 것이다. 가족들은 회사 옆에 마련한 방에서 동고동락하며 고생을 마다 않았다. 처음 사업 얘기를 꺼낼 때 가족들이 반대하지 않고 자신을 따라준 생각을 하면 고마운 마음부터 들었다.

어머니는 할머니가 돌아가시고 어려운 일을 겪으면서 완전히 다른 사람이 되었다. 늘 부드럽고 할머니 말씀에 순종하던 어머니는 철의 여인이 되었다 해도 과언이 아닐 정도로 곧고 강인한 사람이 되었다. 세월의 풍파가 어머니를 그렇게 만든 것이다. 어떻게 해서라도 아들과 딸을 보듬어주고 뒷바라지하기 위해서 남의 집살이는 물론 화장품 판매 등 안 해본 일이 없었다. 수성이 첫 직장에 들어갔을 때 양복을 한 벌 사놓고 하염없이 눈물을 흘리시던 어머니의 모습을 수성은 잊을 수 없었다. 어머니는 벽에다 양복을 걸어놓고는 그것이 아들인 양 자랑스러운 눈빛으로 바라보고 또 바라보았다. 와이셔츠 하나를 다려도 얼마나 공들여 정성스럽게 하는지 수성이 보기 미안할 정도였다. 양복을 입고 출근하는 수성의 뒷모습이 멀어질 때까지 등 뒤에서 손 흔들어주던 어머니. 어머니는 그렇게 늘 수성의 든든한 버팀목이 되어주었다.

사업을 시작하고 첫 번째 부도 위기가 왔을 때도 순영은 보험 해약에 필요한 서류를 준비해와서 슬며시 내밀었다.

"수성아. 이거 해약해봤자 몇 푼 안 나오겠지만……."

순영은 차곡차곡 쌓아온 보험을 내놓았다. 하지만 수성은 받을 수 없었다. 집에서 쫓겨났을 때 할머니의 보험이 없었다면 지금처럼 사는 것도 힘들었다는 것을 누구보다 잘 알고 있는 수성은 절대 그럴 수 없다며 어머니를 만류했다. 보험은 궁지에 몰린 수성의 가족을 지켜주었던 유일한 대비책이었다.

"어머니, 어머니 뜻은 말씀하지 않으셔도 제가 잘 알아요. 하지만 어머니께서 얼마나 알뜰하게 모아서 어떻게 유지해온 건데, 제가 그걸 어떻게 써요. 그리고 나중에 더 힘든 일이 언제, 어떻게 닥칠지 몰라요. 그때를 대비해서라도 잘 두는 게 좋을 것 같아요."

아들의 뜻은 누구보다 잘 알지만 순영은 나중까지 생각할 겨를이 어디 있냐며 눈물을 쏟았다.

그렇게라도 오직 아들을 위해 자신의 몸을 아끼지 않는 어머니를 보며 수성은 여기서 주저앉을 수 없다고 다짐했다.

그때 순영은 아들의 손을 꼭 잡고 당부했다.

"이곳이 바닥인 것 같아도 누구나 시작은 여기서 한다. 네 말처럼 지금은 힘이 들어도 이 고비만 잘 넘기면 곧 괜찮아질 거야. 더 힘든 일도 겪었잖니? 이 어미도 너를 믿는다."

수성은 어머니 생각에 눈가가 축축하게 젖어 들어갔다.

∽∽∽

회사에 도착한 수성은 차에서 내려 입구로 들어서고 있었다.

"아이구. 이제 좀 가시라니까요. 벌써 몇 시간째입니까? 여기서 이러고 계시면 안 돼요. 할아버지."

"잠깐이면 돼요. 사장님 좀 만나게 해주세요."

수성이 돌아보자 회사 입구에서 경비원과 한 노인이 실랑이를 벌이고 있었다.

"거기 뭔가."

"앗, 사장님. 이분이 자꾸 사장님을 뵙겠다고."

수성이 가까이 다가가도 노인은 고개를 들지 않았다. 잠시 뒤에 중절모를 벗어든 노인의 얼굴을 보고는 소스라치게 놀라 더 이상 말을 잇지 못했다. 수성의 눈앞에 있는 사람은 바로 아버지였다. 검버섯이 피어 병색이 완연한 얼굴에 비쩍 말라 알아보기 힘들었지만 분명 아버지였다.

"수성아."

수성은 무슨 말을 해야 하는지 아무 생각도 나지 않았다.

"사장님 아시는 분이세요?"

수성은 가까스로 정신을 가다듬고 경비원에게 말했다.

"조금 있다가 이 분 사장실로 모시고 오세요."

김수성은 혼자서 뚜벅뚜벅 걸어 사장실로 올라갔다. 다시 아버지와 마주할 생각을 하니 용기가 나지 않았다. 꼭 20년 만이었다. 하지만 옛날 가족들에게 매몰차게 대했던 아버지의 모습은 온 데 간 데 없었다. 수성은 소파에 앉아서 물을 마시며 떨리는 가슴을 진정시켰다.

잠시 뒤 고개를 푹 숙인 김대로가 사장실로 들어와 맞은편에 앉았다. 비록 머리에 기름도 발라 반듯하게 빗어 넘기고 양복도 차려 입었지만 예전의 그 얼굴이 아니었다.

"수성아, 미안하다. 갑자기 찾아와서 많이 놀랐지?"

"여긴 어떻게 알고 오셨어요?"

"동네 사람들한테 물어봐서 알았다. 혹시나 해서 옛날 집을 찾아갔더니, 네가 성공했다고 동네 사람들 칭찬이 대단하더라."

수성은 아버지와 말은 나누고 있었지만 눈은 먼 산을 쳐다보며 무심하게 내뱉었다.

"그런데 갑자기 무슨 일로 오셨어요?"

"입이 열 개라도 할 말이 없는 사람이라는 건 나도 잘 안다. 내가 죽일 놈이지. 내가 천벌 받아 마땅하지. 조강지처와 자식 다 버리고 이제 와서 너한테 무슨 낯짝으로 찾아왔는지…….."

"그런 말씀하시려거든 가세요. 전 드릴 말씀 없습니다."

"그래도 내가 죽기 전에는 자식한테 용서를 구하고 눈을 감아야 할 것 같아서 이렇게 용기 내서 찾아왔다. 내 나이 벌써 칠십이 넘었는데, 언제 죽을지도 모르고 지난 잘못 때문에 자식 얼굴한 번 못 보고 죽으면 죽어서도 한이 될 것 같아 염치 불구하고 찾아왔다. 이 못난 아비가 이제야 이렇게 후회를 하는구나."

김대로는 결국 흐느낌을 참지 못하고 눈물을 훔쳤다.

그런 모습을 지켜보던 수성도 참담한 기분이 든 건 마찬가지였다. 하지만 아버지를 용서하기에는 지난날의 고통과 앙금이 너무 깊게 뿌리 박혀 갑자기 찾아온 '아버지'라는 현실을 인정하기 어려웠다. 사실 '아버지'라는 말도 입 밖으로 잘 나오지 않았다.

"젊은 날의 나를 용서해라, 수성아! 그리고 너희 엄마에게도 너무 늦었지만 죽기 전에 용서를 구하고 싶구나."

수성은 아버지 입에서 어머니 이야기가 나오는 걸 듣고는 한참을 망설이다 말문을 열었다.

"용서라고요? 어머니 돌아가시고 이제 와 그게 무슨 소용이에요."

김대로는 아들의 말에 순간 멈칫했다.

"무슨 말이야? 그게 정말이냐? 몹쓸 사람 같으니, 고생만 하다가 그렇게 일찍 갔구나."

"벌써 2년 전이에요."

"어떻게……?"

"교통사고였어요."

김대로는 남처럼 무심하게 대하는 수성의 반응에 더 괴로웠다.

"평소에 별 말씀 없으시던 어머니가 이상하게도 돌아가시기 전에 아버지 안부를 부쩍 궁금해하셔서 제가 여기저기 알아봤는데……."

"아니야. 난 정말 몰랐다."

김대로는 아들의 말을 듣고는 손을 내저었다.

수성은 그때가 떠올라 다시 화가 치밀어 올랐다.

어머니가 돌아가시기 한 달 전쯤 자꾸만 아버지가 꿈에 나온다며 걱정을 하여 수성은 아버지 안부를 수소문했다. 아버지의 예전 회사로 찾아도 가보고 했지만 연락이 닿지 않았다. 아버지 친구에게도 전화번호를 남겼지만 아무 소식이 없었다. 사고로 돌아가신 어머니가 자신의 죽음을 미리 알고 아버지를 찾았던 건 아닌가 생각되어 수성은 더 마음 아팠다.

"내가 죄가 많은 사람이다. 죽기 전에 너희 엄마한테도 꼭 용서를 빌고 싶었는데……."

아들의 말을 들은 김대로는 목이 메어 말을 잘 잇지 못했지만, 다시 가다듬고 어렵게 말을 꺼냈다.

"하지만 자식들에게는 지금이라도 꼭 용서를 빌고 싶다."

"제발, 그만하세요. 이젠 소용없어요. 어머니가 살아계셨다면 용서하셨겠죠. 어머니는 충분히 그럴 수 있는 분이시니까요. 하지만 전 아니에요. 이제 와서 어떻게 아버지를 받아들이겠어요. 할머니 돌아가시고 집에서 쫓겨난 이후 제게 아버지는 없는 존재나 마찬가지였어요. 가족들을 속이고 그 추운 겨울에 집에서 내쫓기까지 한 아버지를 어떻게 제가 용서하겠어요."

수성의 목소리는 조금씩 떨리며 격앙되어 갔다.

"어머니가 살아계셨더라면 어머니의 뜻에 따라야 했겠지만 이제는 어머니도 돌아가셨으니 다 소용없어요. 그러니 이만 돌아가세요."

다 소용없다는 아들의 말에 김대로는 눈물을 훔치며 옷 속에서 주섬주섬 뭔가를 꺼냈다.

"너에게 이거라도 전해주고 싶었다."

꼬깃꼬깃 접힌 봉투 안에서 김대로가 꺼낸 것은 돈이었다.

수성은 돈을 꺼내 든 아버지 모습을 보고는 당황했다.

"이게 뭡니까?"

"오래 전에 네 할머니께 받았던 고향 땅에 도청이 들어선다는구나. 그래서 몇 달 전에 토지보상금을 좀 받았어. 그걸 받고 나니 네 할머니 생각도 나고 너희들 생각이 더 간절해지더라. 자식 노릇, 남편 노릇, 아비 노릇 못한 거 가슴에 한이 돼서 밤마다 후회했다. 늦었지만 이 돈이라도 너한테 꼭 주고 싶다. 이 돈은 네 돈이야."

수성은 만감이 교차하는 얼굴로 봉투를 노려보았다.

"이제 와서 이러면 마음이 편해지세요? 이까짓 돈으로 지금까지 못했던 아버지 노릇이 다 만회가 된다고 생각하세요? 전 그 돈 못 받습니다. 아니, 안 받습니다."

"내가 이대로 죽으면 죽어서도 눈 못 감는다. 이렇게라도 너희들에게 사죄하고 싶어 그래. 이제 살날도 얼마 남지 않았고 자꾸만 너와 정희 모습이 어른거려 요즘 통 잠을 이룰 수가 없구나. 마지막으로 너와 정희 얼굴 한 번이라도 보고 싶어서……."

수성은 아무 말 없이 가만있었다. 20년이 지난 지금에야 찾아와서 돈을 내밀며 용서를 구하는 아버지를 도저히 받아들일 수 없었다. 이제 자신도 아이를 셋 둔 아버지 처지에서 아버지를 이해하려 했지만 마음이 움직이지 않았다.

"수성아, 내가 죽으면서 이 세상에 남기고 가는 건 오로지 자식 셋뿐이다. 그런데 너와 정희 얼굴 못 본 지가 20년이 넘었고 늘그막에 얻은 자식은 아직 철없고 어려서 저걸 두고 내가 눈이나 감을 수 있을지 모르겠구나. 다 늙어서 인생을 잘못 산 대가를 혹독하게 치르고 있구나. 그래서 내가 가진 거라고는 이것뿐이니, 이거라도 너에게 주고 싶다. 눈 감기 전에 너와 정희에게 용서도 빌고 싶고."

김대로는 애타는 눈으로 아들을 바라보았다.

"아버지가 이제 와 이렇게 말씀하셔도 달라지는 건 없어요. 그냥 살아왔던 대로 살면 돼요. 지금에 와서 다시 가족이 되어 살아갈 수 있다고 생각하시는 거예요? 마음속에 증오와 원망을 가득

안고 우리가 다시 가족이라는 이름으로 뭉칠 수 있겠어요? 전 불가능하다고 생각해요. 갑자기 찾아와서 왜 이러시는지 모르겠네요. 돌아가세요. 그리고 다시는 나타나지 마세요."

평소의 온화한 모습과는 달리 수성은 거침없이 냉정한 말을 쏟아냈다. 수십 년을 수성의 가슴 속에서 맺혀 있던 말들이 비수처럼 날아가 김대로의 가슴을 후벼 팠다.

"그래, 네 심정을 충분히 이해한다. 나라도 그랬을 거야. 하지만 이렇게라도 네 얼굴을 보고 나니 마음만은 좀 후련해지는구나. 더 이상은 귀찮게 하지 않으마. 그래도 이 돈은 네 몫이다. 못난 아버지의 마지막 마음이라고 생각하고 받아줄 수 없겠니?"

김대로는 돈봉투를 탁자 위에 두고 그대로 일어섰다.

"왜 이러세요. 정말. 이거 가져가세요."

수성은 봉투를 들고 우격다짐으로 아버지의 양복 주머니에 넣었다.

김대로는 힘없이 쓸쓸한 미소를 지어 보였다.

"알겠다. 이제부터라도 너를 위해서 속죄하는 마음으로 살아가마. 이렇게 잘 살아줘서 정말 고맙다."

김대로는 쓸쓸한 뒷모습을 보이며 사무실을 나갔다.

20년 만에 찾아온 아버지를 만난 수성은 사무실에 늦게까지 남아 생각에 잠겼다. 할머니 얼굴이 어른거렸다.

'아버지를 용서하고 받아들였어야 했을까? 이제는 힘없고 불쌍한 노인일 뿐인데.'

하지만 오랜 세월 키워온 증오와 원망은 수성을 놓아주지 않았다. 지난날 아버지 회사 앞에서 모욕을 당한 일과 집에서 쫓겨나던 날의 설움이 지금까지도 각인되어 있었다. 얼마나 모멸감에 떨었나. 얼마나 울었나. 절대로 지워지지 않는 그 기억들이 어제 일처럼 수성의 머릿속을 스치고 지나갔다.

하지만 어머니도 늘 할머니처럼 당부의 말을 잊지 않았다. 언젠가 아버지가 돌아오면 용서하고 받아들이라고 했지만 수성은 아버지가 다시 돌아올 일도 없을뿐더러 돌아온다 하더라도 절대 용서할 수 없다고 생각했다. 아버지가 가족이라는 생각은 이미 지워버린 지 오래였다.

어머니의 마지막 유산

"아빠! 다녀오셨어요."

현관문을 열고 들어가자 세 아이들이 주루룩 서서 인사를 했다.

"아니, 아직까지 안 자고 있었어?"

김수성은 나란히 서 있는 아이들을 보니 절로 웃음이 나왔다.

"많이 늦었네요. 식사는 했어요?"

"응. 먹었어."

수성은 아내와 아이들의 얼굴을 보자 근심이 싹 가셨다. 수성에게 아이들은 여느 아버지처럼 이 세상을 살아가는 힘이었다. 아버지가 있어도 없는 것이나 마찬가지였던 성장기를 보낸 수성은 자식들에게만큼은 항상 곁에서 돌봐주는 울타리가 되어주겠다고 굳게 마음먹었다. 아이들이 크는 걸 볼 때마다 수성은 어머니가 좀더 살아계셨더라면 하는 생각에 마음 한구석이 허전했다.

아내한테 아직 아버지 이야기를 꺼내지 않은 수성은 잠이 오지 않아 뒤척이다가 마당으로 나갔다. 지난봄에 아내와 아이들이 심어놓은 붉은 장미가 제법 무성하게 피었다. 마당에는 예전부터 있던 감나무 세 그루 외에도 다시 집으로 돌아온 후에 심은 모과나무, 자두나무가 한 그루씩 있었다. 그리고 한 귀퉁이에는 텃밭이 있어 아내가 직접 기른 상추며 각종 채소가 상에 올라오곤 했다.

수성은 자신이 어릴 적부터 살아온 이 집에서 아이들이 자라는 것이 무엇보다 기뻤다. 수성은 차곡차곡 모은 돈으로 이 집부터 샀다. 그리고 3년 전 회사가 어느 정도 자리를 잡았을 무렵 구옥을 허물고 다시 2층짜리 양옥으로 지었다. 집을 새로 짓고 나자 동네 사람들이 모두 부러워하는 멋진 집으로 변신했다. 아내는 할머니와 어머니가 그랬던 것처럼 마당에 화단을 만들고 꽃을 가꾸기에 여념이 없었다. 수성은 자신이 바라던 삶을 사는 것에 만족했다. 그런데 오늘 아버지의 갑작스러운 방문은 또 다시 수성을 몹쓸 고통과 고민 속으로 밀어 넣었다.

사실 수성이 여기까지 오는 데에는 우여곡절이 많았다. 여동생 정희가 소개해준 첫 번째 아내와의 결혼생활이 채 1년도 되기 전에 아내는 아들 서진이를 낳다가 병원에서 죽고 말았다. 핏덩이를 안고 어머니는 우유를 먹여가며 눈물로 손자를 키웠다. 그 이후로도 3년간 어머니는 혼자서 서진이를 기르고 수성을 뒷바라지 하느라 갖은 고생을 다하셨다.

수성 역시도 아내를 그렇게 떠나 보내고 나서 순탄치 못한 자신의 인생을 자책하며 방황하는 시간을 보냈다. 그 가운데서도 엄마 잃은 것도 모르고 쑥쑥 자라는 서진을 보며 차츰 용기를 얻고 새로운 삶을 시작할 수 있었다. 지금의 아내와 재혼을 한 수성은 어떻게 해서든 다시는 불행의 소용돌이에 휘말리지 않겠다고 굳은 결심을 한 터였다. 다행히도 지금의 아내 최정자는 서진이를 제 자식처럼 키우면서 아래로 딸 수진과 막내아들 우진이 남매를 낳고 집안을 살뜰히 꾸려나갔다. 그렇게 여섯 가족은 함께 행복한 시간을 보냈다.

수성은 어머니가 돌아가시던 그날을 떠올렸다.

∽∽∽

아이들의 운동회 준비로 아침부터 집안은 분주했다. 수성은 가족과 함께 점심을 먹고 회사에 출근할 요량으로 새벽부터 김

밥을 싸는 아내를 거들었다. 나들이라도 가는 것처럼 다들 들뜬 마음이었다. 아내는 세 아이 준비물을 챙겨주러 먼저 집을 나섰다. 어머니가 올 시간에 맞춰 수성은 교문 앞으로 나갔다. 며칠 전 의정부에 간 어머니는 이모님을 뵙고 바로 학교로 오시기로 했다. 잔뜩 찌푸린 날씨로 비가 오지나 않을까 걱정하면서 수성이 한참을 기다렸는데도 어머니는 오지 않았다. 교문 앞을 노란 체육복을 입은 병아리 같은 아이들이 무리지어 통과했고 학부형들도 손에 잔뜩 뭔가를 들고 부지런히 몰려왔다. 출발하기 전 전화한 시간을 봐서는 도착해도 벌써 도착했을 시간이었다. 이제 운동회가 시작하려는지 운동장에서는 행진음악이 울려 퍼지고 있었다. 수성은 자꾸 불길한 생각이 들었다.

점심시간이 될 때까지도 어머니는 나타나지 않았다. 아내와 아이들에게 먼저 점심을 먹으라고 얘기하고 수성은 큰길 정류장으로 나갔다. 한참을 서성였지만 어머니의 모습은 보이지 않았다. 집으로 돌아와 어머니가 갈 만한 곳을 수소문해보는 중에 전화가 걸려왔다.

수성은 눈앞이 캄캄해졌다. 허겁지겁 택시를 타고 병원으로 향했다. 택시 안에서 수성은 마음속으로 빌고 또 빌었다.

'제발 어머니, 어머니. 안 돼요, 어머니.'

사고를 당한 순영은 겨우 의식을 차리고 있었다. 아들 수성을 알아보고는 뭐라고 입을 달싹였다. 수성은 숨을 죽이고 어머니의 입가에 귀를 댔다. 수성은 큰소리로 말했다.

"어머니. 저 수성이 왔어요."

순영의 목소리는 점점 잦아들었다.

"난……. 괜찮다……."

아들의 울부짖음에 순영은 가까스로 손을 움직여 수성의 손을 잡았다. 그리고 자신의 손가락에 끼어 있는 옥반지를 겨우 빼서 수성의 손에 건넸다. 시어머니로부터 물려받은 반지였다. 이내 의식을 잃었는데 그것이 마지막이었다.

"어머니, 이렇게 가시면 어떡해요. 안 돼요. 어머니, 그렇게 평생 고생만 하시다가 이제 효도 좀 해보려고 하는데, 이렇게 가시다니요. 안 됩니다. 어머니, 어머니."

수성은 오열하다 그대로 쓰러졌다. 옆에서 어머니의 임종을 지켜보던 최정자도 이내 주저앉았다.

장례식을 치르고 난 뒤 며칠이 지나서 수성은 혼자서 어머니의 방에 들어갔다. 어머니의 유품들을 정리하고 어머니를 완전히 떠나보내야 했다. 수성은 어머니가 쓰시던 물건 하나하나를 박스에 넣고 간직할 것들은 따로 모았다. 평생을 정갈하게 살아오신 어머니처럼 남은 물건들도 마치 검소한 어머니를 보는 듯했다.

서랍을 열자 몇 권의 노트가 보였다. 그것은 어머니의 일기장이었다. 수성은 펼쳐지는 대로 읽어보았다. 짧게 몇 줄로 하루 일과를 요약해 놓은 일기들 사이에서 가장 많이 눈에 띄는 것은 '오늘 하루도 가족들 모두 건강하고 무탈하다. 감사하다'라는 글귀였다. 일기장의 절반 이상이 '가족들에 대한 근심과 사랑'이 묻어나는 글이었다. 평소에도 늘 감사하며 자족하는 삶을 살았던 어머니의 모습이 눈앞에 선해 수성은 코끝이 찡해왔다.

198×년 5월 20일
수성이 처가 죽은 지 세 달이 지났다. 서진이 이 어린 것이 엄마가 없는 줄도 모르고 예쁘게 잘 웃는다. 수성이가 한동안 마음을 못 붙이더니 어린 자식을 보고 조금씩 용기를 얻는 것 같다. 이제 수성이도 부모가 된다는 게 어떤 건지 알 것이다. 내 몸이 부서지는 한이 있어도 수성이와 서진이를 위해서 다시 시작한다는 생각으로 뒷바라지를 해야 한다. 어서 수성이가 다시 일어설 수 있도록 용기를 북돋아야 한다. 내일은 서진이를 업고라도 공장에 나가봐야겠다. 공장에 나가 본 지 너무 오래 되었다.

199×년 1월 8일

날씨가 춥다. 수성이가 어제 저녁에 식구들을 호텔 식당에 데리고 갔다. 이번에 큰 계약이 성사되었다며 데리고 갔지만 아직은 때가 아닌 것 같아 아들을 크게 꾸짖었다. 직원들 월급 주기도 빠듯한 처지에 그렇게 흥청망청 돈을 쓰면서 앞으로 어떻게 사업을 하려고 그러는지 걱정이다. 수성이 마음을 모르는 건 아니지만 애들을 데리고 다시 집으로 돌아와서 밥을 먹었다. 식구들에게 좋은 밥 사주고 싶고 좋은 곳에 데리고 가고 싶은 심정이야 충분히 알지만 그건 나중에 해도 늦지 않다. 밥을 먹으면서 나중에 우리 정말 좋은 곳에 놀러 가고 좋은 일도 하자고 말했다. 지금은 앞만 보며 열심히 해야 할 시기다. 그래야 더 좋은 가장, 좋은 사업가가 될 수 있다.

199×년 5월 2일

내일은 의정부 언니네 갔다가 한 밤 자고 다음날 서진이 운동회에 가야 된다. 언니가 아파 누웠는데 가 보지도 못하고 해서 약 지어서 간다. 아프지 말아야지. 내가 아프면 자식들이 고생하니까 나는 아프지 말아야지. 우리 가족들은 모두 건강하고 무탈하다. 감사하다.

이것이 어머니의 마지막 일기였다. 수성은 일기장을 보며 하루 온종일 어머니의 방에서 숨 죽여 울었다.

∩∩∩

수성은 그날을 생각하면 참을 수 없이 괴로웠다. 살아계셨더라면 이제는 손자들 보고 웃으며 옛날 얘기도 하고 편안한 여생을 보낼 수 있었는데 고생만 하다가 그렇게 갑자기 돌아가신 어머니가 수성에게는 가슴 속에서 영원히 마르지 않는 눈물이었다. 어머니를 떠올리니 낮에 찾아온 아버지 생각에 마음이 편치 않았다. 어머니가 살아계셨다면 이런 자신을 꾸짖고 나무라셨을 것이다.

수성은 서랍 속에서 상자를 하나 꺼냈다. 상자 속에는 어머니가 남기신 옥반지가 들어 있었다. 오랜 세월 어머니의 손에 끼워져 있던 가락지는 세월만큼이나 투박하고 낡아 있었다. 하지만 가락지는 묘하게도 어머니와 닮아 있었다. 수성은 가락지를 계속해서 만지작거렸다. 동그란 원을 천천히 따라가며 지난 세월을 생각했다. 수성이 힘들고 어려운 시간을 극복할 수 있었던 힘에 대해 생각했다. 역시 가족이었다. 가족이라는 울타리 안에서 어떤 역경도 헤쳐 나갈 수 있는 힘이 생겨났던 것이다.

‘어머니가 살아계셨더라면’ 하는 생각에 미치자 수성은 지금 할 수 있는 일에 대한 분명한 답이 나왔다. 어머니에게 못 다한 효도를 하기 위해서라도 어머니의 뜻을 거스르는 일은 하지 말아야 했다.

‘그래, 아버지를 만나야겠다.’

끝내 지키지 못한 약속

이른 새벽 전화벨 소리가 요란하게 울렸다.

"이 시간에 누구지?"

최정자는 더듬더듬 전화기를 찾아 집어 들었다.

"여보세요? 네? 잠시만요. 여보 전화 좀 받아봐요."

잠에서 깬 수성은 미국에 보낸 제품에 클레임이 생긴 건 아닌가 싶어 덜컥 염려스러운 마음으로 전화를 받았다.

"저……. 혹시 김대로 씨 아시죠?"

수성은 수화기 너머로 아버지 이름을 듣자 정신이 번쩍 들었다.

"저는 김대로 씨 아들 김직진이라고 합니다. 아버지가 무슨 일이 생기면 이쪽으로 연락을 하라고 하셔서요. 지금 병원으로 와주셔야 할 것 같아요."

수성은 정신이 아득해졌다.

'아버지가 돌아가셨다니……'

이렇게 빨리 돌아가실 줄은 정말 몰랐다. 수성은 겨우 병원의 위치를 묻고는 전화를 끊었다.

병원 영안실에 도착한 수성은 곧장 아버지의 빈소로 달려갔다. 빈소 안에는 이십대로 보이는 청년 혼자 자리를 지키고 있었다.

"혹시 김직진 씨?"

"네, 김직진입니다."

"어찌 된 건가?"

"아버지 암이셨는데 말씀 안 하셨나 보죠?"

직진은 대수롭지 않다는 듯 말을 하고는 밖으로 휙 나가버렸다.

수성은 아버지의 영정 사진 앞에 주저앉았다. 만감이 교차하며 설움이 복받쳤다.

"아버지, 저 왔어요. 수성이 왔습니다. 어떻게 아버지는 끝까지 저한테 이렇게 모질게 구세요. 아버지를 용서하려고 마음먹었는데 저한테 기회도 안 주시고 이렇게 떠나시다니요. 저한테 해준게 없으면 자식 된 도리라도 하게 해주셔야지요. 이제 아버지를 용서하고 어머니와 한 약속도 지키려고 마음먹었는데……."

수성은 비통한 마음을 감추지 못하고 눈물을 흘렸다.

텅 빈 빈소 안에서 수성은 흐느끼며 마음속으로 아버지를 애타게 불렀다. 오랫동안 불러보지 못한 아버지라는 이름을 한꺼번에 쏟아내기라도 하듯 울먹이며 연이어 아버지를 불렀다. 수성이 고개를 숙이고 눈물을 흘리는 사이에 동생 정희가 달려왔다. 정희도 놀란 얼굴로 허둥지둥 달려와 낯선 아버지의 사진 앞에 엎드려 울음을 터뜨렸다.

"아버지, 아버지, 아버지…….. 죄송해요. 조금만 더 일찍 오시지 그러셨어요. 이렇게 아버지 가실 줄 알았으면 더 빨리 아버지를 찾는 거였는데……. 아버지, 조금만 더 사시지 그랬어요. 아이고, 아버지. 어떻게 돌아가시기 전에 찾아와 자식 가슴에 피멍이 들게 하세요? 진즉 찾아오셔서 어머니도 만나고 손자들 한번 안아보기라도 하고 돌아가셨으면 제가 이렇게 가슴이 아프지는 않잖아요. 네? 아버지."

아버지가 돌아가시기 며칠 전 결심을 굳힌 수성은 동생에게 집으로 오라고 해서 아버지 얘기를 꺼냈다. 정희는 뜻밖의 얘기를 듣고는 고개를 저으며 절대로 안 된다고 성화였다. 처음에 수성이 느꼈던 감정과 같았다. 하지만 수성은 아버지의 모습을 보고 나면 동생도 마음을 돌릴 것이라고 생각했다. 그리고 어머니의 기일에 아버지를 집으로 초대하겠노라고 정희와 아내에게 말해버렸다. 정희는 꼭 그렇게까지 해야 하냐고 했지만 결국 수성의 뜻에 따르겠노라고 말했다. 사실 정희도 내심 아버지가 보고 싶은 눈치였다.

그런 정희도 막상 아버지가 돌아가시자 사무치게 후회가 되는지 영정 앞에 엎드려 울음을 터뜨렸다.

"아이구…… 아버지, 이제 곧 아버지 만날 줄 알고 있었는데 이게 어쩐 일이에요. 이렇게 가실 줄도 모르고……"

수성은 울고 있는 정희의 어깨를 붙잡고 함께 흐느꼈다. 아내 최정자도 머뭇거리며 다가와 두 사람의 어깨를 어루만졌다.

〰〰〰

수성은 어머니가 계시는 공원묘지에 아버지를 묻어드렸다. 합장을 하지는 않았지만 바로 옆에 나란히 묘를 만들었다.

"어머니, 이제 아버지 옆에 계시니까 걱정 마세요. 우리 엄마 내색은 안 해도 만날 아버지 걱정하시더니 이제야 시름 더셨네."

정희가 눈물을 찍어내며 혼잣말을 했다.

어머니의 장례식이 있던 날처럼 티 없이 맑고 청명한 가을이었다. 세 아이들은 할머니의 무덤가를 빙빙 돌며 술래잡기를 하고 있었다. 수성은 아버지의 무덤에 붉은 흙을 보며 혼잣말로 중

얼거렸다.

"어서 어서 흙이 마르고 풀이 자라 어머니 무덤처럼 보기 좋게
돼서 아버지도 힘들었던 이 세상 일 다 잊으시고 어머니와 함께
편안하세요."

수성은 기도하는 심정으로 무덤가의 흙을 자꾸만 위로 쓸었다.

"이만 내려가죠. 저, 저녁에 일도 해야 되는데……."

멀찍이 떨어져 서 있던 배다른 동생 직진이 식구들에게 재촉
했다.

서울로 올라가는 길은 휴일이라 그런지 도로가 꽉 막혔다. 늦
은 오후인데다 양수리 쪽으로 나들이 갔던 차량들이 한꺼번에
서울로 향하고 있어 정체가 더 심했다.

"이러다 늦겠네. 더 빨리 나올걸."

직진은 연신 시계를 보며 조바심을 냈다.

"자네 휴일인데도 출근해야 되나 보지."

"나이트클럽에 휴일이 어디 있어요."

"어?"

"술집에서 일하고 있어요."

"아버지도 돌아가셨는데, 오늘 하루는 쉬는 게 어떻겠나?"

"에이, 하루 팁이 얼만데요. 그걸 왜 쉬어요."

직진은 어림없다는 말투로 창밖을 보며 말했다. 수성은 아버지가 찾아왔을 때 철없는 아들을 두고 눈 감기가 두렵다고 했던 말이 불현듯 떠올랐다.

"자네, 어머니는 어떻게 되셨나?"

"몰라요."

"언제 헤어지셨는데?"

"오래 됐어요. 아버지 사업 망하고 나서 집 나가서서 재혼했단 얘기만 들었어요. 뭐 저야, 이제 신경도 안 써요."

직진은 관심 없다는 듯 무심하게 말했다.

수성은 직진의 태도가 탐탁지 않았지만 한편으론 아버지가 걱정하셨던 마음이 이해가 가기도 했다. 수성 역시 아버지로부터 외면받았던 시절에 세상에 대한 적대감에 사로잡혀 있었던 사실이 떠올랐다.

"자네 그러지 말고 어디 제대로 된 곳에 취직하는 게 낫지 않겠어?"

"취직요?"

"젊은 사람이 제대로 된 직장을 다녀야지. 가족도 꾸리고 하려면."

"어디 취직하는 게 말처럼 쉽나요?"

"일단 이리로 한번 찾아오게."

수성은 직진에게 명함을 내밀었다.

수성이 건넨 명함을 보고는 호들갑을 떨며 직진은 말했다.

"우와! 형님, 사장님이세요?"

"아버지가 돌아가시기 전에 나를 찾아 온 적이 있네. 그때 자네 걱정을 많이 하셨어. 아직 나이도 어린 자네를 두고 떠날 생각에 안심이 안 되셨겠지. 자네도 알겠지만 아버지가 부모, 자식 다 버리고 나가신 분이야. 그래도 죽기 전에 날 찾아오신 걸 보면 자식 걱정이 많으셨던 거야. 우리에게도 미안하고 또 자네 걱정도 되고."

순간 직진은 멈칫했지만 곧 대수롭지 않게 말했다.

"에잇, 아버지는 꼭 그렇게 사람 짜증나게 한다니까. 언제는 뭐 돈 펑펑 쓰게 해주고 살았나."

수성은 직진의 말 한마디 한마디가 거슬렸지만 꾹 참아 눌렀다. 방금 장례를 치른 아버지를 생각하며 참아냈다.

"저기 횡단보도 앞에 좀 세워주세요."

"자네 일하는 곳은 어딘가?"

"저기 골목 안에 있어요."

"그럼 조만간 꼭 한 번 찾아오게."

"네 생각 좀 해보고요. 제가 어디 매여서 지내는 체질은 아니라서요. 그럼 안녕히 가세요."

직진은 차문을 닫고 부리나케 골목 안으로 달려갔다.

수성은 이제 막 어둠이 깔리는 도로를 달리며 아버지에 대한 연민에 잠겼다. 철없는 어린 동생을 보고 나니 생각했던 것보다 아버지의 삶이 순탄치 않았으리라는 생각에 휩싸였다. 하지만 이 모든 일은 아버지 자신의 선택이었다. 아버지뿐만 아니라 가족 모두 고통스런 시간을 보내야 했다. 아버지의 잘못된 선택이 가족들, 나아가 자신마저 모두 지울 수 없는 상처의 세월 속으로 떨어뜨릴 줄은 몰랐을 것이다. 세월이 흘러 후회한들 소용없는 일이었다.

수성의 인생에서 떠나보낸 사람들이 하나둘 스쳐갔다. 할머니, 어머니, 첫 번째 아내 그리고 아버지. 아버지의 칠십 평생이 파노라마처럼 그려지면서 노년에 불행으로 점철된 삶을 살았다는 생각을 지울 수 없었다. 수성은 죽음에도 분명히 다른 격이 있다고 느꼈다. 언제 어디서 어떻게 죽든 죽음은 인생을 마무리하는 마지막 관문이었고 그곳에 이르기 전까지의 삶이 그의 뒷모습을 결정지었다. 어머니가 돌아가시기 전 남긴 일기장의 마지막 문구는 '감사하다'였다. 하지만 아무리 생각해도 아버지는 불행한 사람의 회한이 담긴 뒷모습으로만 기억될 듯 싶었다. 수성은 문득 자신의 뒷모습을 생각해보았다. 수성은 적어도 아버지처럼 후회하는 삶은 살지 않으리라 다짐했다. 가족들이 자신의 뒷모습을 보고 슬퍼할지언정 가엾게 여기지는 않기를 바라고 또 기도했다.

아버지가 남긴 뜻밖의 상속

김수성은 겨우 숨을 돌리고 책상 앞에 앉았다. 미국에 수출한 제품들이 조금씩 반응을 보이자 벌써 여기저기서 주문이 들어오기 시작했다. 수성은 이번 기회에 좀더 공장을 확장하는 방안을 생각 중이었다. 하지만 언제까지 호황이 이어질지 가늠하기 힘들었다. 더구나 중동 쪽의 석유파동이 시작되어 예상보다 수익이 많지 않은 상황이었다. 수성은 직원들을 격려하기 위해서 아침부터 공장에 다녀왔다가 밀려 있는 결재를 하려고 막 책상에 앉은 참이었다.

"여기 사장 어디 있어?"

갑자기 복도에서 웅성거리는 소리가 들려왔다.

"사장 나오라고 해."

놀란 수성이 문을 열고 나가자 낯선 사람들이 몰려들었다.

"무슨 일로 오셨죠?"

"당신 아버지가 김대로 맞지?"

"네, 그렇습니다만 무슨 일이십니까?"

"아들이면 돈을 갚아야 할 거 아니야."

"네? 돈이라뇨?"

"시치미 떼지 말고. 아버지가 죽었으니 자식이라도 갚아야지."

"아버지가 돈을 빌렸단 말입니까?"

"여기서 이러지 말고 경찰서로 가자고, 말해봐야 입만 아프고.
아비처럼 몰래 도망갈 수 있으니 그냥 경찰서 가서 해결하자고."

몰려온 사람 중 하나가 핏대를 세우며 수성의 멱살을 잡았다.

밖에서 이를 지켜보던 직원들이 달려와 남자를 말리며 수성과
떼어 놓았다. 수성은 갑자기 현기증이 났다. 갑자기 들이닥친 불
청객들은 큰 소리를 내며 수성을 다그쳤다.

"도대체 아버지가 빌린 돈이 얼맙니까?"

"여기 온 사람들 다 몇 천씩은 되고, 이자까지 모두 합치면 오
육억 원은 되지?"

누군가 같이 온 일행을 보고는 물었다.

수성은 눈앞이 캄캄해졌다.

"빚도 상속된다는 거 모르나? 자네 아버지 죽었으니까 이제 자네가 갚아야지."

"회사가 이만한데 그 돈도 없겠어."

"아니 없다고 해도 회사를 팔아서라도 갚아야지."

"생떼 같은 우리 돈 떼먹고 잘 살 줄 알았냐. 천하에 나쁜 것들."

"돈 주기 전에는 한 발짝도 못 움직여."

어느새 자리를 차지하고 앉은 사람들은 험한 욕설을 내뱉으며 수성을 노려보고 있었다.

일단은 저 사람들을 돌려보내고 나서 자초지종을 알아보고 해결책을 찾아야 했다. 수성은 사람들을 향해 말했다.

"어찌된 사정인지 모르지만 저는 전혀 몰랐던 일입니다."

"몰랐던 일이든 알았던 일이든 당신이 김대로 아들이라는 건 변하지 않는 사실이잖아."

수성의 말에 아랑곳없이 사람들은 신경질적으로 말했다.

"네, 그렇습니다. 저는 김대로 씨 아들입니다. 아버지가 어머니와 저희 가족을 집에서 쫓아내시고 그후 20년 동안 못 만나긴 했지만 제가 그분의 아들인 건 사실입니다. 저는 이 사실을 회피하거나 부정할 생각은 추호도 없습니다. 다만 너무 갑작스럽게 벌어진 일이라서. 만약 제가 이 일에 대한 책임을 져야 한다면 자세한 채무관계를 알아보고 어떤 식의 절차를 거쳐야 하는지를 상의해야 하지 않겠습니까? 지금 무작정 여기 계신다고 여러분이 원하는 대로 이 자리에서 돈을 바로 내드릴 수는 없습니다. 저에게 조금 시간을 주신다면 제가 방법을 찾아보겠습니다. 다시 한번 부탁드립니다."

꼼짝도 않던 사람들이 조금씩 동요하는 움직임을 보였다.

"우리가 자네를 어떻게 믿고 물러가나. 듣고 보니 자네도 아비 잘못 만나 어지간히 고생한 것 같긴 하네만 그렇다고 우리도 이대로 물러설 순 없지 않나."

"그래 어디 돈이 한두 푼이어야지."

"제가 아버지를 대신해서 진심으로 사과드리겠습니다."

수성은 고개를 숙여 진심으로 사과했다.

"제가 당장 회사 버리고 도망갈 것도 아니니 며칠만 시간을 주십시오. 저에게도 아버지의 재산 여부나 채무관계를 알아볼 시간을 주십시오. 이렇게 부탁드립니다."

수성의 간곡한 부탁에 사람들은 하나둘 자리에서 일어났다.

"그럼 오늘은 자네가 사정을 몰랐다 치고 이만 가겠네. 하지만 다음 주까지 연락이 없으면 다시 올 테니까 그렇게 알게."

"죄송합니다. 정말 죄송합니다. 연락처를 남기시면 제가 알아보고 다시 연락을 드리겠습니다."

사람들은 투덜거리며 한꺼번에 사무실을 빠져나갔다.

수성은 겨우 한숨을 돌리고 의자에 앉았다. 속이 터질 것처럼 답답한 지경이었지만 일단 상황을 파악해야 했다. 수성은 수첩을 뒤져 직진의 집 전화번호를 찾아 걸었지만 연락이 닿지 않았다. 시간이 갈수록 수성의 마음은 더욱 초조해졌다. 일분일초가 아쉬웠다. 집에 없는 것이 분명했다. 수성은 해결책을 빨리 찾아 나서야 했다.

○○○

수성은 차를 타고 지난번 직진을 내려주었던 강남역 쪽으로 향했다. 하지만 직진이 내려서 들어간 골목 안에는 수많은 클럽들이 밀집해 있었다. 수성이 골목으로 들어서자 삐끼들이 우르르 달려와 명함을 건네고 서로 수성의 팔을 잡아끌었다. 수성은 다급한 마음에 자신에게 다가오는 사람마다 직진을 아느냐고 물어보았지만 모른다는 답변뿐이었다. 수성은 혹시라도 직진을 발견할까 싶어 전전긍긍하며 이 골목 저 골목을 찾아 헤맸다.

수성은 나이트클럽 안으로 들어갔다. 마음이 다급했다. 들어가서 직접 찾아보는 것이 밖에 서 있는 것보다 나았다. 세 번째로 들어간 지하 나이트클럽 안을 살펴보던 수성은 과일을 나르고 있는 직진을 마침내 발견했다.

"김직진."

누군가 이름을 부르는 소리에 깜짝 놀란 직진은 토끼 눈을 하고 수성을 쳐다보았다.

"어? 형님. 여긴 웬일이십니까? 놀러 오셨어요?"

"나가서 얘기 좀 하자."

자신의 팔을 잡아끄는 수성의 손을 뿌리치고 직진은 뒤로 물러났다.

"아, 왜 그러세요. 저 지금 일하고 있는 거 안 보이세요."

"급한 일이야. 물어볼 게 있으니까 조용한 데 가서 얘기 좀 하자."

"뭐 팁만 주신다면 따라 나서죠."

수성은 팁 운운하는 소리에 순간 멈칫했지만 어쨌든 지금은 직진과 이야기를 해야 했다.

"그래, 내가 줄게."

"뭐 여기 있으면 더 수입이 좋겠지만 형님이 이렇게 부탁하시니까. 알겠습니다. 밖에서 잠깐만 기다리세요. 옷 갈아입고 나갈 테니까."

수성은 오색 불빛이 번쩍거리는 거리에서 직진을 기다렸다. 휘황찬란한 밤거리와는 달리 수성의 마음은 걷잡을 수 없이 불길한 예감으로 가득했다.

조용한 곳으로 자리를 잡은 수성은 직진에게 오늘 아침에 벌어진 일에 대해서 설명했다. 수성의 이야기를 들은 직진은 예상외로 무덤덤한 반응을 보였다.

"아, 그거요? 신경 쓰지 않으셔도 돼요. 별일 아니에요. 그냥 도망 다니면 돼요."

"그럼 계속 그렇게 살아왔단 말이냐?"

"5년 전에 아버지 사업 망하고 난 다음부터는 쭉 그래왔죠. 아이구, 그 여우 같은 영감들 어떻게 알고 거길 찾아갔지?"

직진은 대수롭지 않게 대답했다.

"이게 네 생각처럼 대수롭지 않은 문제가 아니야. 자세히는 몰라도 내가 알기로는 빚도 아마 상속이 되는 걸로 알고 있어. 그러니까 아버지의 빚이 고스란히 우리한테 상속이 될 거라는 말이야. 아버지의 빚에 대해 더 아는 거 있으면 어서 말해봐."

"그 사람들 다 아버지 사업에 투자했던 사람들이에요. 그거 말고도 캐피탈에서 매달 날아오는 청구서도 있어요. 캐피탈 대출도 몇 억 원 받으신 것 같은데, 이자가 많이 불어났을 걸요. 저도 자세히는 몰라요. 아예 모르는 척 사는 게 편하니까. 신경도 안 써요."

수성은 연거푸 물만 마셨다.

"도망 다닌다고 해결되는 문제가 아니야. 넌 나이도 젊은데 평생을 그렇게 도망 다니며 살겠단 소리냐?"

"해결방법이 없잖아요. 해결방법이. 그럼 나더러 어쩌라고요."

직진은 오히려 수성에게 화를 냈다.

"분명 해결방법이 있을 거다."

"형님은 사장님이면 돈도 많으실 텐데 좀 갚아주시면 안 돼요? 어차피 형님하고 제가 갚아야 한다면 빌려주시는 셈 치고 다 갚아주세요. 제가 잊지 않고 나중에 성공하면 배로 갚을 게요. 제가 이래 봬도 한 인물 하잖아요. 춤도 잘 추고 곧 이쪽에서는 알아주는 디제이가 될 생각이거든요. 그러니까 형님이 지금 좀 도와주시면 제가 나중에 잊지 않고 배로 쳐 드릴게요. 차용증이라도 써 드릴까요?"

직진의 철없는 말에 수성은 더 답답해졌다.

"일단은 내가 방법을 알아볼 테니까 넌 내 전화 잘 받아라. 당분간은 쓸데없는 외출도 하지 말고 몸조심해. 지금 빚쟁이들이 돈 못 받을까 봐 혈안이 되어 있는 상태야. 한 번 잡히면 안 놔줄 것 같더라. 내가 오늘 겨우 돌려보냈으니까 너도 조심 좀 하고. 내가 어떻게든 법적인 문제와 해결방법을 알아볼 테니까. 그렇게 알고 기다려라. 나도 지금은 여유가 없구나. 이제 막 사업이 다시 좀 되려고 하는데 아버지 빚 때문에 여기서 무너질 순 없다."

"어쩌려고요?"

직진은 그런 수성을 측은한 눈빛으로 쳐다보며 말했다.

"하늘이 무너져도 솟아날 구멍이 생긴다는 말이 틀린 말 아니다. 내가 살아보니 그렇더라. 죽을힘을 다해 살려고 발버둥 치니까 되더라. 그러니 너도 벌써부터 포기하지 말고 잘 견디고 노력하면 언젠가는 좋은 날이 올 테니 내 말 명심해라."

직진은 대답 대신 심드렁한 표정을 지어 보였다.

수성도 말은 그렇게 했지만 그만한 자신감이 생기지는 않았다. 또 다시 20년 전처럼 법 앞에서 법의 명령을 따라야 했다. 법의 잣대를 들이대면 자신이 쌓아올렸던 탑이 한순간에 남의 것이 될 수도 있었다. 하지만 지금은 아버지에게 쫓겨나야만 했던 20년 전과는 달랐다. 제대로 싸워보지도 못하고 모든 것을 빼앗겨야만 했던 그때와는 달랐다. 수성 스스로 지켜내야 했다. 회사와 가족들의 삶을 온전히 지켜내야 했다.

직진과 헤어지고 늦은 밤 집으로 돌아오던 수성은 갖가지 의문에 시달렸다. 수성은 할머니가 돌아가시고, 또 아버지가 돌아가시고 난 후에도 남겨진 가족들의 삶이 커다란 소용돌이에 휩싸였다는 사실을 떠올렸다. 이 커다란 소용돌이 속으로 빨려 들어가고 싶지 않았다. 하지만 할머니가 돌아가셨을 때처럼 이번에도 운이 따라줄지 도무지 알 수 없는 일이었다.

'우리가 꺼낼 수 있는 카드가 있을까?'

수성은 아버지가 남긴 빚 문제뿐만 아니라 자꾸만 이런 일에 말려드는 자신의 상황이 마치 발을 디딜수록 푹푹 빠지는 수렁 속으로 걸어 들어가고 있는 것 같아 두려웠다.

선택의 문제,
포기하거나 받아들이거나

다음날 아침 일찍 수성은 주인성의 사무실로 향했다. 인성은 업계에서 꽤 알아주는 변호사가 되어 눈코 뜰 새 없이 바쁜 나날을 보내고 있었다. 인성은 늘 수성의 가장 가까운 친구이자 조력자가 되어 주었다. 수성이 회사를 그만두고 나올 때도, 사업을 시작해서 형편이 어려울 때도 늘 곁에서 아낌없이 조언을 해준 친구였다.

"김 사장! 웬일이야? 아침부터 온다고 전화해서 깜짝 놀랐잖아. 무슨 일 있는 거야?"

주인성은 아침부터 찾아온 수성의 안색을 살피며 커피를 권했다.

"주 변호사! 나 큰일 났다."

"왜 그래? 무슨 일인데 그래?"

수성은 수심이 가득한 얼굴로 주인성에게 그동안 있었던 일을 털어놓았다. 이야기를 다 들은 주인성 역시 기가 막혔다.

"야 너희 아버지 정말 대단하시다. 어떻게 돌아가시면서까지 자식들한테 그런 빚을 떠안기고 가시냐?"

"남아 있는 사람이야 어떻게든 길이 있겠지만, 아버지가 죽어서도 편히 눈 못 감으셨을까 봐 그게 걱정이다."

"그래, 이미 가신 분은 편하게 가셔야지. 또 살아있는 사람은 살 길을 찾아야 되고."

주인성은 친구 수성의 마음을 헤아리는 것이 우선이었다.

"방법이 있겠지? 만일의 경우를 대비해서 보험도 많이 들어놓고 마음속으로 늘 단단히 준비해왔어. 하지만 이런 일이 생길 줄은 꿈에도 생각 못했어. 빚을 상속받게 되다니. 맙소사. 어떻게 예상이나 했겠어. 20년 동안 연락도 없던 아버지가 갑자기 나타나서 마음속으로는 이미 용서했는데 돌아가시고 나니까 빚이 상속되다니. 그것도 한두 푼도 아니고 몇 십 억이나 하는 돈을 말이야. 이제 막 사업이 풀리려는 이 시점에 이런 일이 생기다니. 난 이제 어떡해야 하는 거냐. 정말 모르겠다."

"김 사장, 반드시 상속을 받아야만 되는 것은 아니야. 자네가 아무 행동을 취하지 않는다면 자네 말대로 빚더미를 상속받게 될 테지만 상속권을 포기한다면 상속의 의무도 자연히 없어지는 거야."

주인성은 친구 수성의 걱정이 큰 문제가 아니라며 말을 이어 나갔다.

"20년 전에는 법이 너희 가족에게 가혹했지만 이번에는 그 법으로 아버지의 빚 상속에서 해방될 수 있다고. 그러니까 내 얘기 차근차근 잘 듣고 빈틈없이 실행에 옮기면 아무 문제없이 해결될 거야."

"정말? 방법이 있단 얘기지? 어서 얘기해봐."

수성은 반색을 하며 인성을 재촉했다.

"김 사장도 잘 알겠지만 일단, '상속을 받는다'라는 의미는 '재산만이 아니라 빚까지도 받는다'는 말이야. 그래서 상속을 받을 때는 재산만 파악해서는 안 되고 채무관계까지 모두 파악해야 후회 없는 상속을 마무리 지을 수 있어. 사람들이 법을 잘 몰라서 자칫 잘못하다가는 큰 낭패를 볼 수 있는 것이 바로 이 빚에 대한 상속인데, 간단한 법률상식만 있어도 김 사장과 같은 빚 상속의 문제는 쉽게 해결할 수 있지."

"간단한 법률상식? 도대체 그게 뭔데?"

김수성은 사막에서 오아시스를 발견한 듯 눈을 반짝거리며 주인성의 말에 귀를 기울였다.

"상속에는 세 가지 종류가 있어. 첫 번째는 단순승인, 두 번째
가 한정승인, 세 번째는 상속포기라는 거야. 단순승인은 말 그대
로 돌아가신 분 즉, 피상속인의 모든 권리와 의무를 모두 이어받
는 거야. 통상적으로 우리가 알고 있는 것처럼 적극적 재산과 채
무를 모두 물려받는 것, 이것이 단순승인이지. 보통 빚이 없고 단
순히 유산을 물려받는 경우에 취하는 형태야. 그리고 한정승인은
받은 유산으로 상속된 빚을 갚는 거야. 유산이 많으면 빚을 갚고
남는 돈을 갖는 거고 빚이 더 많으면 받은 유산만큼만 빚을 갚고
끝내는 거지. 마지막으로 상속포기의 방법이 있는데……. 자네처
럼 빚이 더 많은 경우에 보통 취하는 형태지. 받을 재산도 포기하
고 빚도 포기하고 완전히 상속에서 물러나는 거야. 아버지의 유
산과 채무에서 모두 벗어나는 거지. 말 그대로 상속을 포기한다
는 의미야. 무슨 말인지 알겠지?"

"그럼 세 가지 종류의 상속 방법 중 하나를 선택할 수 있다는
말이야? 그럼, 난 상속포기를 하면 되는 건가?"

"그렇지. 김 사장처럼 빚만 잔뜩 상속받은 사람들을 위해서 있
는 법적인 제도가 상속포기니까 자네는 상속포기 신고를 하면
되는 거야."

"아, 그렇구나."

"하지만 몇 가지 더 알아두어야 할 게 있어. 상속이 개시된 사실을 상속인이 안 날로부터 3개월 안에 신고하지 않으면 일반적으로 단순승인으로 처리가 돼. 그러니까 한정승인이나 상속포기를 해야 할 경우에는 꼭 3개월 안에 법원에 신고해야 해. 지금 아버지 돌아가시고 얼마나 지났지?"

"한 달쯤 됐어."

"그럼 두 달 정도 남았구나. 다행히 아직 시간은 여유가 있네."

"그럼 지금이라도 가서 상속포기 신고만 하면 되는 거지?"

"또 여기서 중요한 건 너 혼자 가서 상속포기 신고를 한다고 해서 해결되는 게 아냐. 재산상속을 받을 때와 똑같다고 보면 돼. 재산을 상속받을 때도 배우자와 직계비속 중 최근친인 자녀에게 먼저 1차적인 상속권이 부여되고 1차 상속인이 없을 때는 직계존속인 부모에게 2차 상속권이 돌아가는 것처럼 이 상속포기에서도 이런 식으로 4순위까지 넘어가게 돼. 3순위는 아버지의 형제자매, 그리고 4순위는 방계혈족인 사촌 이내의 모든 사람들에게도 상속권이 부여되는 거야. 그러니까 너만 상속포기를 해서는 안 되고 너와 동생 정희, 그리고 아이들. 집안 어른들께 모두 알리고 사촌 이내의 모든 사람들이 함께 상속포기를 해야 하는 거지."

수성은 이 엄청난 사실에 놀라 눈이 휘둥그레졌다.

"지금 자네 설명대로라면 어느 날 갑자기 친척들의 빚을 떠안을 수도 있다는 말이네."

"그렇지. 한정승인의 경우에는 1순위 상속인이 한정승인 신고를 하면 상속재산으로 채무를 해결하면 되니까 더 이상 2순위, 3순위, 4순위 상속인들은 이 상속 문제와 무관해지지만 상속포기의 경우에는 아무리 1순위 상속인이 상속포기를 했다 하더라도 2순위, 3순위, 4순위 상속인들이 자신이 상속인이 될 것으로 알고 빚이 상속될 것을 알면서도 아무런 조치를 취하지 않는다면 거액의 빚을 떠안는 경우도 있다는 말이야. 굉장히 무서운 거지. 할 수만 있다면 차라리 한정승인을 하는 게 나을 것 같은데 아버지는 정말로 재산이 아예 없으신 거야?"

"아마 없으실 거야. 반지하 셋방도 직진이 앞으로 되어 있고. 아, 지난번에 나를 찾아오셨을 때 토지보상금을 받아서 오셨던 거 같은데……. 아버지 재산에 대해서는 잘 모르겠다."

"아버지 재산상황을 잘 파악하기 힘들고 빚이 더 많은 것이 분명하면 어쩔 수 없이 상속포기로 가야 할 것 같은데……."

"우리 가족들은 상속포기 신고가 쉽겠지만 고모네는 연락을 끊고 산 지가 워낙 오래되어서 찾아보는데 시간이 좀 걸릴 수도 있고, 또 아버지의 사촌들 역시 소식이 끊긴 지가 오래돼서 모두 어떻게 찾아야 할지 막막하다. 할머니가 돌아가시고 난 후에 아버지도 오래 집을 비우셨으니까 우리도 거의 왕래가 없었거든.

이것도 만만찮은 일인데."

연락을 끊고 살아온 친척들을 찾아가는 것도 쉽지 않겠다는 생각에 수성은 걱정이 앞섰다. 하지만 그래도 해야 할 일이라고 다짐했다.

걱정하는 얼굴이 역력한 수성을 보고 주인성은 급히 안심시켰다.

"아니, 그렇다고 네가 일일이 친척 어른들을 찾아다닐 것까지는 없어. 일단 너와 동생 정희, 그리고 이복동생. 또 아이들까지 우선 상속포기신고를 기한 내에 해줘. 그리고 다음 순위로 상속받는 법정상속인들은 상속재산 중에 빚이 더 많다는 사실을 몰라서 단순승인이 되었다 하더라도 중대한 과실 없이 빚이 상속재산보다 더 많다는 사실을 모른 경우에는 그 사실을 안 날로부터 3개월 이내에 신고할 수 있는 법적인 배려가 있으니까 너무 걱정하지 않아도 돼."

주인성의 말을 듣고 나서야 수성은 한숨을 돌렸다. 하지만 친척들은 몰라도 고모 얼굴이 떠올랐다. 아버지를 원망했던 것만큼 고모에 대한 원망도 컸지만 아버지도 돌아가시고 나니 그런 원망도 사라졌다. 아버지 소식도 전해드리면 좋겠고 고모가 어떻게 사시는지 궁금해졌다.

"일단 모두 함께 법원에 가서 상속포기 신고서를 써서 제출해.

한 사람도 빠짐없이. 그것만 확실하게 되면 김 사장이 아버지의 빚을 갚을 필요가 없어. 우리 민법은 모든 개개인을 원칙적으로 권리의무의 독립된 주체로 보기 때문에 아버지의 빚은 아버지가 해결할 것이지, 아들인 김 사장이 물려받을 필요가 전혀 없다고. 상속의 여부를 자식의 선택에 맡기고 있거든. 절차만 거치면 아버지의 빚에서 자유로워지는 거야."

"법이 이번에는 약자의 편을 들어주는구나."

"이제야 김 사장이 법의 진가를 깨달았네. 하하하."

"응, 갑자기 법이 굉장히 고맙게 느껴지는데."

"이제 얼굴에 화색이 돌기 시작하는군. 야, 김 사장이 사무실에 들어올 때 표정을 사진 찍어 놨어야 했는데, 완전히 굳어 가지고 그대로 초상 치르나 했다."

"내가 그 정도였나?"

손으로 얼굴을 문지르던 수성은 마음이 조금은 편안해졌다.

"이대로 정말 회사 문 닫고 식구들과 길거리로 쫓겨날까 봐 얼마나 불안했는지 몰라. 다시 20년 전의 악몽이 재현될까 봐 정말 조마조마했다고. 열심히 살아왔는데 이번에 또 주저앉으면 다시는 일어서기 힘들 거라는 불길한 예감만 들더라고."

"이젠 걱정 마. 상속포기만 하면 문제없을 거야. 이번에 미국 수출도 잘 됐다면서. 사업도 나날이 번창하고 있으니 이제 옛날 일은 홀홀 털고 잊어버려."

"주 변호사! 정말 고맙다."

"고맙긴 뭘, 말로만 고맙다고 하지 말고 상담료 따로 내야 된다."

"좋아, 삼겹살이면 되지? 허허."

"마음 같아서는 오늘 저녁에 당장 상담료를 받고 싶지만 네가 지금 정신없고 어수선할 테니, 이 일 잘 해결되면 바로 한턱 내는 거다, 알았지?"

"그럼. 내가 이 일만 마무리되면 거하게 낼 테니 기대하고 있어라."

수성의 답답했던 마음은 싹 가셨다. 아버지는 없었지만 늘 믿음직한 친구와 도움을 주는 사람들이 옆에 있었다. 수성이 사람에 대한 믿음을 잃지 않을 수 있었던 것도 모두 그들 덕분이었다.

무지로 인해 떠안은 빚

수성의 이마에는 땀이 맺혀 있었다. 언덕배기를 20분 이상 오르던 그는 잠시 걸음을 멈추고 계단에 앉았다. 벌써 세 번째 찾아가는 고모의 집이었다. 할머니 돌아가시고 가족에게 모질게 대했던 고모였지만 아버지 소식도 전해드려야 할 것 같고 또 지난 세월이 무색하게 느껴져 고모를 찾는 중이었다.

고모의 집을 찾는 여정은 고모가 살아온 흔적을 따라가는 셈이었다. 고모는 고모부가 퇴직하고 난 이후에 갑자기 이사가 잦아졌다. 고모부가 다니던 회사에서 알아낸 주소로 찾아갔다가 다시 물어물어 이 동네까지 오게 되었다. 고모부 회사를 찾아간 수성에게 고모부가 사업을 하다가 망했다는 소문이 있다고 살짝

귀띔해주는 사람도 있었다. 행적을 쫓을수록 자꾸만 변두리로 밀려나간 이사의 흔적에서 수성은 고모의 삶도 순탄치는 않았으리라 짐작할 수 있었다.

산동네는 철거민 이주정책으로 대낮에도 조용했다. 곳곳에 붉은 글씨의 구호들이 담벼락에 적혀 있었다. 수성은 물어물어 메모지에 적힌 주소를 찾았다. 다 쓰러져가는 집은 텅 비어 있었다. 또 헛걸음을 한 수성은 한참 마당에 서 있었다.

"거기 누구요?"

할머니 한 분이 낯선 수성을 보고 대문을 열고 들어왔다.

"아, 저기 사람을 좀 찾으려고 하는데요. 여기 사는 사람요."

"그 집 아무도 안 살아요."

"여기 살던 사람인데 윤명수 씨라고 혹시 모르세요?"

"윤명수? 윤……. 아, 윤 씨. 이사 간 지 한참 됐어. 한 2년 정도 된 것 같은데……."

"어디로 이사 갔는지 모르세요?"

"몰라. 한밤중에 갔어. 하도 빚쟁이들이 찾아와서. 여기도 몇 달 안 살았어."

수성은 역시나 하는 마음에 힘없이 마루에 걸터앉았다.

"여기 동네가 어수선해서 낯선 사람들 들어오면 이상하게 생각해요. 그러니까 여기 있지 말고 어여 내려가요."

"네, 알겠습니다. 잠시만 쉬었다 갈게요. 고맙습니다."

할머니는 경계의 눈초리로 수성을 잠시 보더니 대문을 닫고 나갔다.

수성은 이제 더 이상 고모를 찾아볼 데가 없음을 알았다. 쫓기는 신세가 되어 이리저리 이사를 다닐 노년의 고모를 생각하니 마음이 좋지 않았다. 고모와 그 가족들을 생각하며 수성은 터벅터벅 산동네를 내려왔다.

∽∽∽

수성의 가족들은 법원 앞에 모였다. 상속포기를 위해서는 우선 1순위 법정상속인에 해당하는 최근친 직계비속인 수성과 정희, 직진 그리고 다음 근친인 수성의 자녀들과 정희의 아이들, 즉 피상속인의 손자들이 상속포기를 해야 했다. 상속이 개시된 사실을 안 날부터 3개월 안에 상속포기를 마치면 모든 절차가 끝나는 것이었다. 수성과 가족들은 직진을 기다리고 있었다.

"벌써 1시간이나 지났잖아. 오빠 약속시간 제대로 얘기한 거유?"

시간이 자꾸 지체되자 정희가 물었다.

"밤늦게까지 일하다 보니 아침에 좀 늦게 일어나나 보더라고."

"그래도 오늘 같은 날 늦으면 안 되지."

정희는 못마땅한 목소리로 말했다.

"그러게……. 주 변호사 미안해. 기다리게 해서."

"아니야, 곧 오겠지."

서류작성을 도와주러 온 주인성도 함께 기다리고 있었다. 그때 저 멀리서 오토바이 한 대가 달려왔다. 언뜻 보기에도 꽤 고급스럽고 제법 값 나가 보이는 오토바이였다. 오토바이에서 내린 것은 직진이었다. 직진은 한껏 여유를 부리면서 가족들 앞으로 다가왔다. 정희는 그런 직진에게 눈총을 주며 먼저 건물 안으로 들어가버렸다.

서류를 작성하며 주인성은 직진에게 아버지가 돌아가신 시점의 재정상태가 어떠했는지 또 다른 특이사항은 없었는지 여러 가지를 물어보았다.

"아버님이 돌아가시기 6개월 전에 토지보상금을 5천만 원 받았다 이 말이죠."

주인성은 심각한 표정으로 직진에게 되물었다.

"네. 아버진 보상금으로 받은 돈 일부를 형님에게 갖다 주려다가 형님이 받지 않는다고 하니까 통장에 넣어두셨는데, 그만 돌아가셨죠."

직진은 퉁명스럽게 주인성에게 말했다.

"그럼 통장에는 5천만 원이 그대로 있겠군요."

"아니…… 아버지가 돌아가시고 빚쟁이들이 몰려올 것 같아서 돈은 바로 뺐어요. 여기저기 돈 들어갈 일도 있고 해서."

직진은 말을 얼버무리며 시선을 돌렸다.

주인성은 예상치 못했던 대답에 당황하여 직진을 쳐다보았다.

"아니, 그 큰돈을 어디에 쓴 거야?"

옆에서 두 사람의 대화를 듣고 있던 수성도 놀라서 쳐다보자 직진은 멀뚱멀뚱 딴전만 피웠다.

정희는 직진의 대답에 기가 막혀 물었다.

"그럼 설마 저 오토바이를?"

"빚쟁이들한테 아버지 돈을 뺏길 순 없잖아요. 일단 돈은 지켜야 하니까……. 오토바이는…….."

사람들이 다그치는 소리에 직진의 목소리는 점점 기어들어갔다.

이 상황을 지켜보고 있던 주인성은 수성과 가족들에게 법적인 문제에 대한 설명이 필요하다고 생각했다.

"상속이 개시된 이후에 피상속인의 예금 등 상속재산을 부정 소비하면 그 사용자는 법적으로 단순승인을 한 것으로 인정합니다. 문제는 단순승인으로 인정되면 상속포기가 불가능하다는 데 있어요. 물론 소액의 장례비용으로 소비한 정도는 문제 삼지 않지만 액수가 이 정도의 액수라면 장례비용이라고 볼 수는 없을 것 같은데. 김 사장, 지금 직진 씨의 경우에는 상속포기를 한다고 하더라도 나중에 상속재산을 은닉하거나 부정소비한 사실이 밝혀진다면 법적 단순승인으로 인정되어 나중에 불이익을 당할 수도 있어."

주인성의 설명을 듣고 있던 직진의 얼굴은 이미 일그러질 대로 일그러져 있었다.

"전, 정말 이렇게 될 줄은 꿈에도 몰랐어요. 아버지 돌아가시고 나서 채무자에게 뺏길까 봐 돈을 급하게 쓴 것뿐이라고요."

직진은 고개를 푹 숙이고 말을 잇지 못했다.

수성도 기가 막히고 놀라 말문이 막혔다.

직진은 뒤늦게야 사태파악을 하고는 불안한 눈빛으로 수성에게 다가와 울먹였다.

"형님, 저 좀 살려주세요. 이제 전 어떻게 합니까?"

수성도 주인성의 설명대로라면 어떻게 해볼 도리가 없었다. 그저 지금 벌어진 상황이 안타까웠다.

든든한 주춧돌,
가족의 공동재산

상속포기 신고서를 낸 다음 수성은 직진과 가족들을 한 명 한 명씩 둘러봤다. 상속포기 신고서를 적으면서 수성은 문득 아버지 한 사람을 통해 세상에 많은 사람이 왔다는 생각을 하게 되었다. 상속을 포기하는 과정에서 자신과 정희, 직진뿐만 아니라 세 아이들과 동생 정희의 아이들까지 가족이라는 울타리로 연결되어 있다는 사실이 새삼 다가왔다. 인생이란 아무것도 없이 세상에 와서 빈손으로 돌아가야 하는 것이지만 정작 제일 중요한 그 사람의 가치는 남겨진 가족의 삶에 반영되고 이어진다는 생각이 들었다.

'사람은 죽어서 그 이름을 남긴다고 하는데, 아버지는 나와 가

족에게 과연 무엇을 남긴 걸까.'

수성은 이러한 생각에 깊이 잠겨 가족들을 묵묵히 바라봤다.

"자네 무슨 생각을 그리 골똘히 하고 있어?"

가방을 챙기던 주인성이 수성의 어깨를 흔들었다.

"여러 가지 생각에 만감이 교차하는 것 같아. 주 변호사는 우리 집 내력을 잘 아니까 내 심정이 어떨지 어느 정도 이해가 갈 거야. 직진이를 보니 정말 안타깝다. 아버지가 남긴 빚을 고스란히 떠안게 된다면 아직 창창한 나이에 사는 게 얼마나 힘들겠어? 빚을 상속받게 된다면 돌아가신 아버지에 대한 원망도 이만저만이 아닐 텐데……."

"최근 들어 빚만 남기는 상속이 발생하는 경우가 점점 늘어나고 있어. 대출 받아 담보로 설정된 집을 상속받았는데 알고 보니 집의 담보가치보다 훨씬 많은 사채를 받은 경우도 많고, 사업상 부채가 많은 상태에서 상속이 발생하였는데, 돈을 빌린 목적도 알 길이 없고 빚만 고스란히 받는 등 여러 가지 경우가 있지. 요즘처럼 각박한 시대에 자기 앞가림도 제대로 하기 어려운 자녀들이 부모가 남긴 빚까지 뒤치다꺼리하지 않으려고 하는 게 어찌 보면 당연한 일인지도 모르지."

"나는 여태껏 상속만 받으면 재산이 불어나서 가족들이 모두 행복해지는 건 줄만 알았는데 직접 경험해보니 꼭 그렇지만은

않다는 걸 알았네. 상속이란 게 부모와 자식 모두 철저한 준비를
해야 한다는 생각이 들어."

수성은 무거운 짐을 덜어버린 기쁨보다는 두 번이나 상속을
경험하고 나자 몸속에서 뭔가 빠져나간 느낌이었다. 그런 수성의
마음을 다 안다는 듯 주인성은 말없이 어깨를 두드려 주었다.

가족들을 먼저 집으로 보내고 나서 수성과 인성은 근처 다방
으로 들어갔다.

일을 다 처리한 수성은 인생의 무상함마저 들었다.

"오늘 상속포기 신고서를 제출하면서 많은 생각이 들었어. 아
버지도 인생에서 최고의 순간이 있었을 텐데, 그 최고의 순간에
가족과 함께하지 못했기에 인생의 끝자락에 아무것도 남길 것이
없었던 건 아닐까. 고작 빚만 남기고 돌아가신 아버지의 삶도 생
각할수록 참 씁쓸하다."

"가끔 상속 문제로 상담하다 보면 돌아가신 분의 인생굴곡과
성품이 그림처럼 선명하게 떠오를 때가 있어. 각각의 인생 모두
가 사연이 있고 이유가 있는 인생이라고 할까. 어떤 분은 무형의
정신적 가치를 상속재산이라는 그릇에 정성스럽게 담아 자녀들
에게 남기고, 또 어떤 분은 아무 의미와 원칙이 없는 물질만을 남
기는 경우도 본다네. 최악의 경우에는 정신적인 고통과 빚까지

고스란히 남기는 경우도 있고. 그런데 눈에 보이는 재산을 남겨주는 것도 중요하지만 자녀에게 정신적 가치를 함께 담아 피땀으로 모은 재산을 이전해주는 것이 훨씬 중요한 것 같아. 그래야 자녀들도 상속재산의 가치와 그 의미를 제대로 알고 삶의 기반을 세울 주춧돌로 쓸 수 있겠지."

김수성과 주인성은 둘 다 고개를 끄덕였다.

"그런 면에서 인성이 자네 아버님이 정말 존경스럽네. 3년 전 아버님이 돌아가시면서 남긴 유언장이 아직도 잊혀지지 않아. '삶이 어려울 때 누군가를 필요로 하는 사람에서 가족의 필요를 채워주는 누군가가 되어야 한다'는 그 말씀이 오늘따라 더 큰 울림으로 다가오네."

인성도 아버지를 생각하니 가슴이 먹먹해졌다.

"내가 어린 시절에도 그랬고, 한창 피가 끓을 나이에도 늘 아버지는 큰 버팀목이셨어."

김수성은 부러운 눈빛으로 인성의 이야기를 들었다.

"아버지는 고시에서 번번이 고배를 마시는 나를 늘 격려해주셨지. 서른셋에 마지막이라고 생각하며 치렀던 고시에 또 떨어진 나를 고향으로 불렀을 때에는 정말 아버지의 진한 사랑이 느껴지더라고."

"무슨 일이었는데?"

"너도 알겠지만, 그때에는 모두가 이구동성으로 이제 그만하고 새로운 길을 알아보라고 할 때였어. 여동생들이 줄줄이 결혼을 앞두고 있는 터라 부모님께 마냥 손을 벌릴 수도 없었고, 그때 당시 말은 못했지만 많이 힘들었어. 참담한 심정으로 집에 내려갔더니 아버지가 통장 하나를 주시더라고."

"통장? 예금통장 말이야?"

"그래, 예금통장, 그 예금통장엔 3천만 원이 들어 있었어. 통장을 주시면서 그러시더라. '인성이 네 몫으로 주려고 매달 적금을 부어놓았다. 이 돈은 내 돈 아니고 네 돈이다. 이제부터 네가 관리하면 돼. 사내 녀석이 그깟 일로 좌절하지 말고, 뜻을 세웠으면 다시 도전해야지.' 그때 아버지 말씀이 얼마나 힘이 되었는지 몰라. 아버지 품에서 그동안 못 울었던 것까지 실컷 울었어. 그때 아버지가 주신 돈이야말로 정말 의미 있는 돈이지, 안 그래?"

"그 돈은 3천만 원이 아니라 자네 현재 수입을 생각하면 몇 십억 원의 가치가 있는 돈이군. 참, 부럽네. 나도 자네 아버님처럼 우리 가족들에게 무언가를 남겨주고 싶어. 힘들어 주저앉고 싶을 때 따뜻한 손이 되어 끌어줄 수 있는 무언가를. 살다 보면 한 번쯤은 고비를 겪게 되니 그럴 때 안아주는 든든한 아버지가 있다면 얼마나 힘과 용기가 되겠나. 이제까지는 그런 것 생각 못하고 돈을 벌었지만, 이젠 내 가족들에게 힘이 되는 아버지로서의 역할을 다하고 싶어. 하지만 아직 어떻게 해야 할지 막막하기만 해. 주 변호사는 아버님께 좋은 가장 역할을 보고 자라지 않았나? 혹시 좋은 방법이 있다면 나한테도 한 수 가르쳐주게."

인성은 씩 웃으며 비결을 풀어놓기 시작했다.

"이건 최근에 상속금융 전문가에게 한 수 지도받은 건데. 나중에 죽는 시점에 무언가를 물려주려고 하기보다는 젊은 시절부터 그 일을 하는 모습을 자녀에게 보여주며 가족재산의 의미를 되새겨주는 것이 중요해. 다시 말하면 돈을 벌 때마다 그 수입의 의미를 다시 한 번 생각해보라는 거야. 그 돈은 모두 내 것이 아니라는 거지."

주인성의 말을 듣던 수성은 가족재산이라는 말이 생소했다.

"가족재산이라고?"

"그래. 가장인 자네가 돈을 벌어오지만 그 돈 중 일부는 가족 한 명 한 명을 위한 돈이라는 거야. 그렇게 생각하면 가족들을 위해 쓰는 것이 당연한 거지. 우리 아버지처럼 가족들을 위해서 수입의 일부를 저축해서 그 몫을 자녀가 성장했을 때 주는 것도 괜찮은 방법이야. 어찌 보면 우리가 자녀들 결혼할 때 집 한 채 또는 전세금이라도 마련해주려는 마음을 미리 계획성 있게 준비하자는 것이기도 하고. 내가 만난 상속금융 전문가는 우리 아버지처럼 자녀 한 명당 수입의 5퍼센트 정도를 자녀의 교육과 결혼

등을 위해 저축하는 법을 알려 주더라고. 결국 수입부터 목적별로 관리한다면 상속재산도 목적대로 나누어질 수 있을 테니 좋은 관리방법이 될 거라고."

수성은 손뼉을 탁 치며 입가에 미소를 띠었다.

"아. 그거 좋은 방법이군. 서진이와 수진이, 우진이를 위한 통장을 만들어서 미리 가족재산을 윤택하게 준비하면 좋을 것 같아. 우리도 이제 나이가 마흔셋인데 속도보다 방향을 중요하게 여길 때인 것 같아. 가족들과 함께 어떤 가치를 공유하고 또 자식들에게 어떻게 전달할지 고민해보는 시간이 필요할 것 같네."

"이런 말도 있지 않나? '돈다발보다 돈을 다루는 법을 유산으로 남겨라.' 재산을 물려주는 것도 중요하지만 그 재산을 받을 자녀들에게 부모가 남기고 싶은 가치를 함께 남겨주는 것이 훨씬 현명한 일이라는 말이지."

인성과 수성은 대화를 하며 점점 표정이 밝아졌다. 수성은 아버지의 실패를 거울 삼아 반드시 가정의 행복을 지키겠다고 다짐했다. 오늘의 대화가 가족의 미래를 환하게 밝혀주리라 믿었다.

3장

부모 마음 따로,
자식 마음 따로

가지 많은 나무 바람 잘 날 없다

　자식들이 오기 전에 마당에 있는 나무 손질을 마치려는 김수성의 손길이 바빠졌다. 겨우내 앙상하던 나뭇가지에는 꽃망울이 맺혀 있었다. 수성은 겨울이 지나 봄이 올 즈음 유난히 어머니 생각이 더 간절했다. 그런 그도 어느덧 환갑의 나이를 훌쩍 넘어 있었다. 서진이를 비롯해 수진, 우진 삼남매는 별 탈 없이 잘 자라 주었고 지금은 각자 새 보금자리를 마련하였다. 그런 자식들을 보는 것만으로도 수성은 더 바랄 것이 없었다.

　"장인어른, 생신 축하드립니다."
　무성만이 큰 소리로 인사를 하며 들어섰다.

"그래, 고맙네. 어서 오게."

수성은 사위와 함께 집 안으로 들어갔다. 먼저 와 아내의 일손을 거들고 있는 며느리와 딸 수진의 웃음소리로 조용했던 집안은 활기가 넘쳤다.

"생신 축하합니다. 생신 축하합니다. 사랑하는 아버지 생신 축하합니다."

한자리에 모인 가족들이 수성의 생일을 축하하며 노래를 불렀다.

"아버지, 촛불 끄세요."

수성은 케이크 위에서 자신을 사르고 있는 촛불을 지그시 바라보며 가장으로 살아온 지난 세월을 돌아보았다. 초가 자신을 오롯이 불사르며 어둠을 밝히듯 지금껏 가족을 위해 살아온 보람은 바로 오늘 이 자리에 모인 사랑스런 가족이었다. 그는 행복한 마음을 가득 안고 촛불을 훅 불었다.

올해 환갑이 된 수성의 생일을 기념해서 자식들이 가족 여행을 가자고 했지만 경기도 좋지 않은 때라 수선 떨지 말고 조촐하게 집에서 식사나 하자고 아이들을 설득했다. 더구나 큰아들 서진이 곧 유학을 떠나야 해서 번잡스러운 여행보다는 가족들과 함께 차분히 이야기할 수 있는 시간을 갖고 싶었다.

"고맙다, 얘들아."

"아버지, 건강하게 오래 사세요."

수성은 아이들을 찬찬히 훑어보았다. 오랜만에 온 가족이 함께하는 자리라 감회가 새로웠다. 첫 번째 아내가 남기고 떠난 서진이와 지금의 아내가 낳은 수진과 우진 삼남매에다, 며느리와 사위까지 그야말로 대식구였다. 둘째 수진은 3년 전에 결혼했고 막내아들 우진은 1년 전에 결혼을 해서 분가해 나갔다. 큰아들 서진이 함께 살고 있지만 다음 달이면 미국으로 유학을 떠날 예정이었다. 유학을 가고 나면 빈자리가 크겠지만, 그래도 수성은 서진의 결정을 지지해주었다. 어려울 때일수록 자신을 더 단련한다면 기회가 왔을 때 움켜잡을 수 있다고 수성은 생각했다. 자신이 모아놓은 돈으로 유학을 가는 것이었지만 수성은 아버지로서 자신이 도와줄 수 있는 데까지는 도와주려고 마음먹고 있었다. 수성은 아이들의 앞으로 계획이 궁금했다.

"너희들 요즘 어떻게 지내는지 궁금한데, 얘기 좀 해봐라."

수성의 말이 떨어지기 무섭게 수진은 서진을 돌아보며 물었다.

"오빠, 은행은 언제까지 다니는 거야?"

"다음 주까지 마무리하기로 했어."

"형, 정말 대단하다. 유학도 유학이지만 그리 큰돈은 또 어떻게 모았어? 정말 존경스럽다."

"에이, 뭘. 나만 하는 것도 아니고. 다 하는 일인데……."

자식들의 이야기를 잠자코 듣고 있던 수성은 서진에게 당부의 말을 잊지 않았다.

"서진이는 이제 유학가면 여기 있을 때보다 고생도 많이 할 테니, 마음 단단히 먹어라."

"네 아버지. 제 걱정은 마세요. 이미 각오하고 있어요. 그런데 다른 건 몰라도 아버지, 어머니께 죄송해요. 다 늦게 유학을 가겠다고 해서. 제가 부모님 모시고 집안을 지켜야 되는데……. 공부 다 마칠 때까지만 기다려주세요. 공부 마치고 다시 자리 잡으면 장남 노릇 단단히 하겠습니다."

서진이 미안한 표정을 지어 보이며 말했다.

"쓸데없는 걱정 마라. 우리 아직 그 정도로 늙은이들 아니다. 너 유학 가고 나면 우리야 놀러 다니고 할 텐데, 좋지 뭐. 안 그래, 여보?"

"그럼요. 아버지 말씀 잘 들었지? 당신, 약속 잘 지켜요. 호호호."

아내의 웃음소리에 기분이 좋아진 수성은 막내아들을 보고 물었다.

"우진이는 사업구상 중이라더니 어떻게 됐니?"

막내아들 우진은 매니지먼트 회사에서 모델을 하던 이소연과 결혼했다. 소연은 결혼하면서 모델 일은 그만뒀지만 그 분야에 관심이 많아서 연예인 매니지먼트 회사를 차릴 생각으로 인맥을 넓혀가는 중이었다.

"아버지, 이 사람이 아무래도 모델 일 경험이 있다 보니 그쪽 사람들을 많이 알잖아요. 그리고 저도 대학 아르바이트부터 시작하면 광고업계에서 일한 지 5년이 넘었고요. 사실 우리나라가 이제 아시아권에서는 가능성 최고예요. 앞으로 두고 보세요. 아이돌 그룹 하나만 대박 나면 이제 탄탄대로라고요. 아버지가 수십 년 고생하셔서 여기까지 오셨지만 저는 금방 보여드릴 수 있어요. 저만 믿으세요. 하하."

"네 아버님, 저희 자신 있어요. 연습생만 잘 키우면 금방이에요."

옆에 있던 소연도 남편을 거들며 말했다.

"아무리 그래도 무모하게 덤볐다가는 큰코 다친다. 시작하기 전까지 만반의 준비를 해야 한다. 준비 없이 감만 믿고 덤벼서는 절대로 안 돼. 내가 누누이 얘기하지만, 어떤 사업에든 치밀한 준비가 필요해."

"네, 그럼요. 이 사업이 워낙 인맥이 중요해서 지금은 인맥을 넓히는 데 집중하고 있어요. 조금만 더 준비하면 시작할 수 있을 것 같아요. 그때까지 철저히 계획하여 시작할 테니, 너무 걱정 마세요."

수성은 막내아들 우진의 말을 들으면서도 마음 한구석은 왠지 불안했다. 수성이 잘 알지 못하는 영역이기도 했고 자신 있게 큰 소리 치는 막내아들과 며느리가 아직 철없는 애들로 보여 마음이 놓이지 않았다. 하지만 수성은 아이들의 생각을 늘 존중했고 자신이 정말 원하는 일이라면 실패를 하더라도 시행착오를 거쳐 그 일에 성공하기를 바랐다. 부모가 할 수 있는 일이란 그 날개를 꺾지 않는 일이라고 믿어왔다.

"수진이는 별일 없고? 무 서방은 학교에 잘 다니고 있지? 요즘 선생님들도 갈수록 힘들다는데, 괜찮니?"

"이 사람이야 만날 그렇지, 뭐."

무성만은 수진을 흘깃거리더니 이내 실실 웃었다.

"장인어른, 학교 선생이 다 그렇죠, 뭐. 월급쟁이밖에 더 되겠어요."

"아빠, 솔직히 쥐꼬리만 한 공무원 월급 모아서 언제 집 사고 차 사고, 또 애는 어떻게 낳고 살지 모르겠어요."

남편의 말을 듣고 있던 수진은 볼멘소리를 했다.

수진은 결혼하면서 자리 잡을 때까지 아이는 낳지 않기로 무성만과 약속했다. 최정자는 그런 딸과 사위가 내심 걱정이었다. 아무리 먹고살기 힘들다지만 더 이상 늦춰지면 안 될 것 같았다.

"너희들 정말로 집 사기 전에는 애 낳지 않을 생각이야?"

"장모님, 전 낳자고 하는데 수진이가……."

"아직은 안 돼, 엄마. 돈도 없는데 여기다 애까지 낳아봐. 집 사기 전까진 절대 안 돼요."

"이런 철딱서니 없는 것. 옛말에 제 밥숟가락은 다 차고 나온다고 했다. 뭐가 걱정이야."

최정자는 딸 수진을 보며 혀를 끌끌 찼다.

김수성도 딸 수진이를 생각하면 마음이 짠해왔다. 처음에 수진이 사위를 집으로 데리고 왔을 때 무성만은 이제 막 복학한 대학생이었다. 모아놓은 돈도 없고 시골에 계신 부모님의 도움도 받지 못하는 상황이었지만 사람은 착해보였다. 딸은 성만의 진솔한 모습을 좋아했다. 성만은 임용고시에 합격하자마자 결혼을 허락해 달라며 찾아왔다. 부모로서 좀더 자리 잡고 하기를 바랐지만 두 사람이 워낙 완강하여 결국 결혼을 허락하였다. 결혼할 때 아파트 전세금을 조금 보태주었는데, 아직 집을 사려면 몇 년은 더 고생해야 할 터였다.

그때 수진이 뾰로통한 목소리로 말했다.

"아빠가 우리 결혼할 때 집 한 채 사주셨으면 이 고생 안 해도 되잖아요. 우진이 결혼할 때 아파트 사주시는 거 보고 저 솔직히 그때 말은 안 했지만, 정말 서운했어요."

갑작스러운 딸의 발언에 수성은 당황했다. 자신의 본심을 알아주지 못하는 자식들에 대한 서운함보다는 아들과 딸에 대한 자신의 태도가 공평하지 못했나 하는 생각이 들었다.

"그렇게 말렸는데 일찍 결혼하겠다고 하던 사람이 누군데 그래? 집 안 사줘도 된다고, 자기들 힘으로 알아서 살겠다고 결혼시켜 달라고 조르고 졸라서 마지못해 허락했더니 이제 와서 딴소리야?"

"아이, 엄마. 그건 그때고. 지금은 상황이 다르지."

"다르긴 뭐가 달라."

"아유, 장모님. 그때는 저희가 너무 어리고 뭘 몰랐죠. 허허."

무성만은 여전히 실실 웃으며 아내를 거들었다.

"사실 불공평하잖아요. 저한테 안 사주셨으면 우진이도 집을 안 사주셔야죠."

시누이의 말을 잠자코 듣고 있던 며느리 소연이 나섰다.

"어머, 형님 무슨 말씀이세요? 그건 아니죠. 형님 안 사주셨다고 우리도 안 사주란 법 있나요?"

"누나. 그렇게 따지면 우리보다는 형한테 돈이 더 많이 들어가는 거라구. 형이야말로 앞으로 몇 년이나 공부할지, 또 어떻게 될지도 모르는 유학을 가는 거잖아. 집도 얻어야 하고 생활비도 만만찮게 들어갈 텐데 사실 돈이 얼마나 더 들어갈지 누가 알겠어?

공부를 마쳐도 거기서 자리 잡으려면 우리하고는 비교도 안 되게 돈이 많이 들어갈 걸."

우진이 말이 맞다는 표정으로 수진은 입을 앙 다물고 서진을 쳐다보았다.

서진은 멋쩍어 머리를 긁적이며 말했다.

"그 문제라면 너희들이 크게 걱정하지 않아도 될 것 같아. 아까도 말했지만 유학 가려고 모아놓은 돈이 좀 있어. 물론 나가 보면 상황이 어떻게 될지는 모르니까 너희들 말처럼 급한 상황이 닥치면 아버지께 도움을 청할 수도 있겠지. 하지만 지금 계획으로는 내가 모아둔 돈으로 어떻게든 해결하려 해."

서진의 말에 머쓱하고 미안해진 우진과 수진의 눈빛이 허둥지둥 갈피를 못 잡고 엇갈렸다.

자식들을 지켜보던 수성의 마음은 조금 전과는 달리 무거워졌다. 주변에서 부모 재산 때문에 남남이 되어버린 자식들이 있다는 이야기만 들었지, 내 자식들이 돈 문제로 말이 나올지는 생각하지 못했다. 혹시라도 나중에 자식들 사이에서 다툼이 일어나지나 않을까 걱정이 되었다.

아이들의 속마음을 알아챈 최정자가 입을 열었다.

"수진아, 그러면 너희들 이 참에 집 살 돈 모을 때까지 여기 들어와 사는 건 어떻겠니?"

최정자의 제안에 수진과 성만은 귀가 솔깃했다.

"여보, 어차피 서진이 유학 가고 나면 우리 둘이 적적해서 어떡해요. 수진이네라도 들어와 있으면 우리도 좋고 얘들도 좋죠. 식구도 얼마 없는데 가까이 두고 사는 게 좋겠어요."

수성 역시 아내의 말이 틀리지 않다고 생각했다.

"너희들 괜찮으면 그렇게 해라. 그리고 빨리 아이도 갖고."

수진은 아버지의 말이 떨어지기 무섭게 반색을 했다.

"정말? 아빠 정말이에요?"

"서진이가 나가고 나면 엄마도 외로울 테고 너희들 돈 모으기도 훨씬 수월해질 테고, 너희들이라도 들어와 있으면 사람 사는 것 같고 좋지. 엄마나 나나 빨리 손자도 보고 싶고."

"엄마, 아빠! 고마워요."

"장인어른, 장모님. 고맙습니다. 요즘 같은 시대에 처가살이를 흉으로 보는 사람들도 있지만, 저는 아무렇지도 않아요. 장인어른, 장모님은 뭐 부모 아닌가요? 앞으로 저희가 정말 잘 모시겠습니다."

무성만은 수진을 보며 싱글벙글 웃으며 말했다.

"잘 됐어요. 왜 진작 그 생각을 못했나 몰라요. 그러면 저도 걱정을 좀 덜 수 있겠어요."

서진은 결혼도 하지 않은 채 공부를 하러 가는 것이 사실 마음에 걸렸다. 그런데 동생네가 집으로 들어와 산다니 마음이 한결 편안해졌다.

수성은 마음속의 불안을 떨쳐버리고 싶었지만 굳은 마음이 좀처럼 풀리지 않았다. 오늘 가족들과 이야기를 나눠 보니 이제는 상속을 구체적으로 계획하고 준비해야겠다는 생각이 들었다. 아이들이 장성해서 가정을 이루고 나니 형제보다는 각자 가정의 이득을 무시할 수 없어 보였다. 지금부터라도 구체적으로 준비하지 않으면 재산을 둘러싸고 형제 간의 분쟁이 생기지 않으리라는 보장이 없었다. 수성은 근심 어린 눈으로 가족들을 바라보았다. 오후만 해도 따사로웠던 봄 햇살이 해가 지면서 매서운 바람으로 바뀌었다. 매서운 봄바람만큼 수성의 마음도 편치 않았다.

돈 걱정, 자식 걱정을
해결해줄 자산설계

    수성은 생일 날 있었던 일을 마음에 두고 있었다. 마침 다산은
행의 고은준 팀장이 회사로 온다는 연락을 받고는 잘 되었다 싶
었다. 수성은 젊어서 상속 때문에 고초를 겪은 기억이 있어서 본
인의 상속만큼은 제대로 준비를 해야겠다는 생각을 늘 하고 있
었다. 하지만 아직 구체적인 계획은 세우지 못하고 있는 실정이
었다. 김수성은 나이가 들어감에 따라 인생가치의 우선순위가 변
하는 것을 느낄 수 있었다. 이제는 누구에게, 언제, 어떻게 재산
을 상속해야 할지 걱정이 앞섰다.

    "사장님, 안녕하셨어요?"

김수성의 금융자산을 관리해주는 고은준 팀장이 문을 열고 들어왔다. 고 팀장은 은행에서 상속 전문가로 통했다.

"고 팀장님, 어서 오세요."

"네, 사장님. 별일 없으셨죠?"

"고 팀장님, 언젠가 거래처 사장님이 자식에게 미리 증여하는 바람에 노년에 고생하고 있다는 이야기를 들었는데, 그런 일이 많죠? 주변 사람들 이야기 들어보면, 있는 자산을 주체하지 못하고 재산을 증여받은 자식이 태도가 돌변하는 경우도 많다고 하던데…… 뭐, 나야 그들만큼 재산이 많지는 않지만, 그래도 평생 모은 재산을 자식들한테 어떻게 남겨줄지 이젠 준비해야 할 때가 된 것 같아요."

고은준 팀장은 수성의 말을 듣고는 그 심정을 충분히 이해할 수 있다는 표정을 지어 보였다.

"네, 맞습니다. 사장님. 이제부터라도 단단히 준비를 하셔야 합니다. 또 요즘 같은 때에는 은퇴 후의 삶도 염두에 두셔야 합니다. 은퇴 후의 기간을 무시하고 사전 증여를 하게 되면 정작 본인의 생활을 옥죄어 올 수 있는 위험이 있습니다. 그래서 상속 계획을 세울 때에는 반드시 현재 재정상황을 면밀히 분석하여 은퇴 설계를 같이 하는 것이 중요합니다. 고령화 시대이기 때문에 노후생활 자금에 대한 설계가 철저히 우선되어야 합니다."

김수성은 고 팀장의 말 한마디 한마디에 공감이 갔다.

"고 팀장님 말이 백 번 옳습니다. 나이 들면서 요즈음은 말로만 듣던 언제 죽을지도 모르는 '오래 사는 위험'이 뭔지 느끼고 있습니다. 그래서 지난달에는 아내와 함께 노후에 쓸 돈은 연금으로 수령할 수 있는 금융상품에 가입했습니다. 연금상품을 들면서 피보험자를 아내로 지정하고 수익자를 저와 아내로 지정해서 아내가 유고 시까지는 매월 생활비를 받을 수 있도록 해 놓았습니다."

"사장님, 잘하셨습니다. 은퇴설계라고 해서 거창한 게 아닙니다. 사장님께서는 이미 훌륭한 노후설계로 종신형연금을 준비해두신 겁니다. 사장님처럼 은퇴자산을 따로 분리해 매달 월급처럼 생활비를 받을 수 있게 설계하는 것은 정말 바람직한 선택입니다."

수성은 역시 잘한 선택이라는 생각이 들었다.

"그렇죠? 왠지 가입하면서 괜히 허튼 데 돈을 쓰는 건 아닌가 생각했는데, 고 팀장님 말씀을 들어보니 정말 잘한 것 같네요. 허허."

"든든한 은퇴자산을 마련해놓으시면 사장님 자제분들께서도 노후에 재정적인 독립을 하신 사장님을 존경할 겁니다. 자녀에게 짐을 지우는 부모가 아니라 자녀의 든든한 후원자가 돼주는 아버지를 존경하는 것은 당연합니다."

수성은 든든한 후원자라는 말이 마음에 와 닿았다.

"또 종신형연금은 노후기간이 길어져도 피보험자의 사망 시까지 보장받을 수 있기 때문에 굉장히 훌륭한 노후준비를 하신 겁니다."

"그런데 나이가 점점 들다 보니 고민이 많습니다. 어떻게 해야 자식들에게 짐이 되지 않고 그들 인생의 도움이 되는 재산을 물려줄 수 있을지 가장 고민입니다."

"그렇지 않아도 최근에는 사장님처럼 자녀에게 재산을 이전하는 문제로 고민하는 분들이 점점 늘어나고 있습니다. 지금 은퇴를 하는 분들의 공통적인 생각은 돈 걱정 없이 노후를 보내면서 자녀들이 모두 무탈하게 잘 사는 것이죠. 나이를 불문하고 은행을 찾아오는 고객들의 가장 큰 고민거리는 딱 두 가지입니다. 바로 돈 걱정과 자식 걱정입니다."

고 팀장의 말이 끝나기 무섭게 수성은 맞장구를 쳤다. 큰아들 서진을 제외하고는 이미 자식들이 일가를 이루었지만 그렇다고 아이들 걱정을 놓을 수는 없었다.

"맞아요. 허허. 나도 사업을 하다 보니 돈 걱정은 말할 것도 없고, 여느 부모처럼 자식에 대한 근심이 늘 있어요. 뭐 자식들이 지금껏 크게 속을 썩이지는 않았어도 부모 처지에서는 어느 자식 하나 마음 안 가는 놈이 없으니······."

고 팀장은 수성의 말을 듣고는 인터넷기사를 하나 보여주었다.

은퇴 이후에도 사회활동을 활발하게 하면서 독립적이고 역동적인 세대를 지칭하는 '뉴실버 세대'가 2024년 은퇴 세대의 새로운 라이프스타일로 주목받고 있다.

한세연 NH투자증권 100세시대연구소 수석연구원은 "뉴실버 세대는 자녀에게 경제적 부양을 의지하지 않고 스스로 노년의 삶을 개척하려 하기 때문에 은퇴 전후 노후 설계도 꼼꼼하게 준비하고 있다"며 "주로 손주를 돌보거나 경로당에서 시간을 보내며 경제적으로 절약했던 기존의 실버세대와 달리 취미활동이나 운동에도 적극적이고, 상속을 위해 절약하기보다는 스스로 노후 준비를 하고 자신을 위해 투자하기를 원한다"고 말했다.

이어 "높은 자산과 소득으로 적극적인 소비 행태를 보이고 있고 연금을 비롯한 다양한 금융 상품이나 재테크에 대한 관심이 많다"고 강조했다.

_「한세연 NH투자증권 100세시대연구소 "은퇴 전 부동산 줄이고 금융자산 확보해야"」
《매거진 한경》, 2023

"사장님. 이 기사를 한 번 보세요. 과거에는 본인의 노후자금이 부족하더라도 자식들에게 결혼자금, 교육자금으로 생전에 증여하거나 집 한 채라도 유산으로 남기고자 하는 욕구가 일반적이었지만, 요즈음은 재산을 모두 소비하고 노후를 보내겠다는 생각을 가진 분들이 점점 늘어나는 추세입니다."

김수성과 고은준 팀장은 은퇴설계와 상속에 대한 의견을 주고받았다. 은퇴를 계획하고 상속을 준비하는 데 자기만의 원칙을 세워야 한다는 고 팀장 말에 수성은 백 번 동의했다. 그리고 자녀들이 자립할 수 있도록 적당한 재산을 남겨주어 성공을 돕는 것도 중요하다고 생각했다.

"내가 이제 나이가 들어서 그런지, 주위에서 안 좋은 광경도 참 많이 봅니다. 돈이 뭔지, 돈 때문에 그렇게 의가 좋던 형제끼리 싸우고 갈라 서서 다시 얼굴도 보지 않는 경우는 다반사고, 심지어 어머니와 자녀 사이에도 인연을 끊고 사는 경우도 봤어요."

"네, 사장님 말씀처럼 특히 상속재산을 분배하는 과정에서 재산을 받는 상속인들이 동상이몽을 하는 경우를 많이 봅니다. 각자의 처지가 다르고 서로의 차이점을 인정하는 것이 쉽지 않기 때문이에요. 자식들도 부모의 유산에 대한 인식이 급진전하면서, 과거와는 많이 달라진 것이 사실입니다. 과거엔 선친의 유지를 받들어야 한다는 명분으로 물려받은 재산을 잘 관리하는 것에만 중점을 두었다면, 지금은 당당히 자신의 권리를 찾아야겠다며 맡겨놓은 돈처럼 유산을 도마 위에 올려놓는 경우가 많아졌습니다. 아무리 많은 돈을 자식들에게 물려준다고 해도 상속이 되고 나서 재산 불화가 생긴다면 피상속인의 명예와 그가 평생 쌓아온 가치는 일순간에 허물어져 버릴 수도 있는데 말이죠."

"그거 참. 어떤 삶을 살든 사람이 마무리가 좋아야 하는데 평생 쌓아 놓은 공든 탑이 무너지는 꼴이군요."

수성은 허탈하게 쓴 웃음을 지었다.

"사실, 상속을 하는 데 실패하는 주된 원인은 외부적인 요인보다는 가족 구성원 내부에 있는 경우가 많아요. 상속이 원활하게 이루어지면 가족들 모두 행복할 수 있고, 자녀들도 본인 인생을 장기적으로 주도면밀하게 계획할 수 있게 됩니다. 하지만 만일 재산상속이 베일에 가려지거나 마냥 늦추어진다면 수혜자인 자녀들은 막연한 기대감만 커져 직장에 다니거나 사업을 해나가면서 제대로 된 계획을 세우지 못하고 허송세월을 보낼 수 있습니다. 그렇기 때문에 노후준비처럼 상속에 대한 준비는 빠를수록 좋습니다."

"역시 만사가 유비무환이라 하는데, 상속도 마찬가지네요."

"또 유산 분배를 둘러싼 갈등의 주요 원인 중 하나는 부모가 의사표시를 분명히 하지 않은 경우입니다. 유족들이 경제적 곤

란을 겪지 않도록 오랜 시간 동안 노력을 기울여 준비해온 유산이 오히려 가족들을 반목시키고 돌이킬 수 없는 분쟁을 남긴다면 이것만큼 큰 비극이 없겠죠. 이러한 비극은 유언장만 작성해도 막을 수 있는데 말이죠."

수성은 상속에 대한 준비만큼은 단단히 해왔다고 생각했는데, 고 팀장의 말을 들어 보니 자식들과 상의도 없이 혼자 해왔다는 것을 새삼 느꼈다. 결국 상속이라는 것은 자신의 의지만으로 되는 것이 아니었다. 큰아들 서진이 출국하기 전에 가족회의를 한 번 소집해야겠다는 결심을 했다.

"고 팀장님, 유언장 작성에 대해서는 요즘 '웰다잉' 등 언론에서 하는 이야기를 많이 들었습니다. 그리고 사실 저도 예전에 유언장 때문에 큰일을 당한 적이 있어요. 허허."

김수성은 고 팀장에게 할머니가 유언을 남기셨지만 유언장이 없어 집에서 가족 모두가 쫓겨났던 일에 대하여 한참을 설명했다. 지금은 웃으면서 할 수 있는 이야기지만 아버지가 돌아가시고 용서하기 전까지 수성에게는 악몽 같은 일이었다.

"사장님도 그런 일을 겪으셨다니······. 저희 상속 전문가들은 재산을 이전시키는 과정에서 부모가 유고 시에 유산 배분이 실패하는 경우를 무수히 봐왔습니다. 유산 배분을 할 때에는 가족들의 정서적인 측면을 배려하는 것이 매우 중요합니다. 조금 전 말씀 드렸던 것처럼 상속이 실패하는 가장 큰 이유는 부모 자녀 간의 대화가 부족하기 때문입니다. 특히 우리나라에서는 유산 문제를 터놓고 이야기하는 경우가 아직 많지 않습니다. 아버지가 어떻게 돈을 벌었고 얼마큼 재산을 갖고 있는지에 대해 정작 재산을 물려받을 상속인들은 잘 모르는 경우가 태반이고, 재산을 물려주는 분도 자녀들의 입장을 이해하려 하지 않는 경우가 많습니다."

"고 팀장님, 그런데 저도 솔직히 자녀들에게 유산 금액에 대해서는 비밀로 하고 싶습니다. 만일 유산 액수를 미리 알게 되거나 자신이 상속받을지 알게 된다면 오히려 돈만 믿고 아무런 노력도 하지 않을 겁니다. 또 자식 간 다툼이 일어날 가능성도 크지 않을까요?"

"사장님의 말씀을 들어보니 사장님은 아직 자제 분들에 대한 신뢰가 완전하지 않은 것 같은데요. 아닌가요?"

순간 수성은 멈칫했다. 지금까지 자식들을 믿지 않는다는 생각을 해본 적이 없었다. 상속을 비공개로 하는 것이 신뢰가 부족하기 때문이라고 지적한 고 팀장의 말을 그냥 넘길 수 없었다.

조금은 불편해하는 수성의 기색을 살핀 고 팀장은 계속 설명했다.

"하지만 사장님께서 평소 자제 분들과 대화를 하면서 잘 설득한다면 그런 걱정은 하지 않으셔도 됩니다. 부모에게 물려받은 유산으로 각자 갖고 있는 달란트를 계발하고 함양하는 데 쓸 수 있다면 본래의 유산보다 더 큰 가치를 만들어내게 될 겁니다. 자녀들 역시 부모의 뜻을 잘 받들도록 더욱 노력할 겁니다. 만일 상속 문제로 대화를 해본 적이 없으시다면 지금이라도 사장님의 인생관과 유산에 대해 뜻을 전해주는 시간을 가져보는 것이 좋을 것 같습니다. 아무 준비 없이 갑자기 상속이 개시되거나 정신적 유산 없이 물질적 가치만 물려준다면 재산을 물려주는 분의 뜻과는 다르게 자녀 간에 다툼과 분쟁이 발생할 수 있기 때문이죠."

김수성은 자신이 하나는 알고 둘은 몰랐구나, 하는 생각이 들었다. 수성은 유언장을 작성하고 재산을 어떻게 쓸 것인지 혼자 고민했지, 가족들과 충분한 공유와 대화를 하지 못한 것은 사실이었다.

돈이 마음을 전부 표현할 수 없지만

고은준 팀장과 이야기를 나눈 수성은 더욱 심경이 복잡해졌다. 자식들에게 무엇을 물려줘야 할지 상속 문제로 혼자 생각하는 시간이 더 많아졌다. 수성은 아내와도 더 깊은 대화를 나눠야 했지만 우선 자신의 생각을 정리할 시간이 필요했다. 그러던 어느 날 수성은 가족들을 불러 모았다.

"사실 오늘 내가 너희들과 긴히 의논할 일이 있어서 불렀어."
영문을 모르고 집에 모인 가족들은 무슨 일인가 싶어 수성을 바라보았다. 최정자도 아무것도 모르긴 마찬가지였다.
가족들을 한 번씩 둘러본 수성이 어렵게 운을 뗐다.

"회사가 지난봄에 납품한 제품에 클레임이 걸려서 자금 유통이 좀 어려워졌다. 3개월 정도는 지나야 자금 회전이 될 것 같아. 그 사이에 해결해야 할 문제가 좀 있어서 그러는데, 너희들이 아버지 좀 도와주면 좋겠구나. 지금 상황으로서는 가족들이나 주변 사람들한테 돈을 빌리는 방법밖에 없다."

돈을 구해 오라는 수성의 갑작스런 발언에 집안은 찬물을 끼얹은 듯 조용해졌고, 가족들의 얼굴은 굳어버렸다. 그도 그럴 것이 수성이 회사가 어려운 형편에 있다는 사실을 가족들에게 한 번도 내색한 적이 없었기 때문이다. 가족들은 수성의 회사가 건실하다고 모두 알고 있었다. 어느 정도 궤도에 오른 이후로 회사는 큰 문제 없이 잘 순항하고 있었기에 지금과 같은 순간이 올 줄 가족들은 꿈에도 생각하지 못했다.

"여보, 그게 사실이에요? 왜 진작 말하지 않았어요?"

그렇지 않아도 요사이 낯빛이 좋지 않은 남편의 얼굴을 봐온 최정자가 불안한 표정으로 수성을 바라보았다.

"당신이 걱정할 정도는 아니야. 이번 고비만 잘 넘기면 다 해결될 문제야."

"아니 그래도, 당신이 애들한테 돈을 가져오라고 할 정도면 심각한 거잖아요."

"금융권에서 추가로 대출을 받을 수도 있지만 그렇게 되면 회사 이미지나 신용도에 좋지 않을 것 같고……. 우리 가족들이 가진 돈을 조금씩 모으면 해결이 되지 않을까 싶어서 그래. 너희들도 아버지 말을 이해했으리라 본다. 회사 사정이 좀 급하니 각자 할 수 있는 만큼만 마련해서 다음 주 토요일에 집으로 다시 오도록 해라. 왜 이렇게 다들 꿀 먹은 벙어리가 된 거야?"

사위 무성만과 며느리 소연은 더더욱 심각한 표정을 쉽사리 풀지 못했다. 수성은 순간 자식들의 안색을 보고 마음이 쿵 내려앉았다.

'아니야, 아이들도 내 걱정이 돼서 그런 거겠지. 그럴 리가 없지, 우리 아이들이 그럴 리가 없어.'

아버지의 갑작스러운 폭탄 발언을 듣고 집으로 돌아가는 수진은 머리가 복잡해졌다. 동생 우진에게 차라도 한잔 하고 가자며 집 근처에 있는 카페로 들어갔다. 수진이 먼저 말을 꺼냈다.

"너 아버지께 얼마나 드릴 수 있어? 아니, 여윳돈은 있어?"

우진이 커피만 홀짝이자 옆에 있던 소연이 한숨을 폭폭 쉬며 하소연했다.

"형님, 저희가 지금 형편이 너무 안 좋아요. 저희도 아버님 어렵다는데 어떻게든 도와드려야 하는데, 돈이 있어야 드리죠. 그렇다고 저희 형편에 빚을 내서 드릴 수는 없잖아요."

"너희 둘이서 모아놓은 사업자금 있다면서?"

"아휴, 말도 마세요. 이 사람이 지난번에 주식으로 절반이나 날렸어요. 모르셨죠? 그래서 제가 남은 돈은 몽땅 정기예금에 넣어버렸어요. 그건 절대로 찾으면 안 되는 돈이에요. 그것마저 없으면 저희 사업은 시작도 못해요. 저희도 요즘 허리띠 졸라매고 살아요."

잠자코 아내의 말을 듣고만 있던 우진이 입을 열었다.

"누나네는 돈 좀 있어?"

"우리라고 돈이 어디 있겠니?"

"그래도 매형이 월급 가져다주니까 모아놓은 거 좀 있을 거 아냐."

"매형 월급 모아봐야 얼마나 되겠어?"

아내 수진의 말에 무성만은 입을 삐죽이 내밀었다.

"이제 학교에 나간 지 3년 조금 지났는데 월급이 얼마나 된다고. 우리 먹고 살기도 힘들어. 내가 지난 번 아버지 생신 때도 괜한 말을 꺼낸 게 아니었어. 얼마나 힘들면 아버지한테 그런 소리를 했겠니?"

"누나도 가끔 전에 다니던 회사에서 프리로 일 받아서 한다며?"

"그게 말이 좋아 프리랜서지. 일이 꾸준히 들어오는 것도 아니고, 용돈 버는 수준밖에 안 돼. 우리도 이제 겨우 먹고 사는 정도야."

더 이상 대화는 이어지지 않았다. 어색한 침묵을 깬 사람은 다름 아닌 무성만이었다.

"그런데 장인어른 회사가 그렇게 어렵나? 다들 탄탄하다고 하던데."

성만이 알 수 없다는 듯 머리를 갸우뚱하며 말했다.

"사업이라는 게 그렇잖아. 늘 잘 나가기만 할 수는 없잖아."

"역시 사업하는 집에 시집가면 돈 꾸러 다녀야 한다는 말이 딱 맞나 봐요. 남들은 이런 줄도 모르고 제가 시집 잘 갔다고 하는데."

우진은 아내가 푸념을 늘어놓자 울컥 화가 치밀었다.

"당신, 지금 그게 무슨 말이야. 시집 잘못 왔다는 말이야? 내가 언제 당신 돈 꾸러 다니게 한 적 있어?"

"얘들이 왜 이러니? 둘 다 그만해라. 괜히 돈 문제 생기면 부부 사이에 싸움 난다더라. 둘이 잘 상의해서 결정해. 우리도 집에 가서 얼마나 드릴 수 있는지 좀 봐야겠어."

수진은 둘을 타일렀지만 우진과 소연은 금방이라도 싸울 것 같은 분위기였다. 수진 역시 생각할수록 한숨만 나왔다. 남편과 상의한들 뾰족한 수도 없을 것 같았다.

○○○

　아이들이 돌아가고 자리에 누운 김수성은 잠이 오지 않아 마당을 서성거렸다. 둥그렇고 커다란 달이 오늘은 더 유난히 탐스러워 보였다. 자식들이 얼마나 돈을 준비해 올지는 수성도 자신할 수 없었다. 괜히 아내에게까지 근심을 안겨준 것 같아 마음이 편치 않았다.

　"아버지 주무셔야죠."

　서진이가 어느새 나와 근심 어린 얼굴로 말했다.

　"그런 너는 왜 자지 않고 나왔어?"

　"저도 잠이 안 와서요."

　"요즘 은행들이 어렵다는데 너희 은행엔 별 일 없는 거냐?"

　"아무래도 말이 많죠. 외국은행이 우리 은행을 인수한다는 얘기도 있고 곧 희망퇴직자 신청을 받는다는 소문도 돌고 어수선해요."

　"불황에 죽어나가는 건 국민들뿐이다. 은행이 어려우니까 우리 같은 중소기업들 대출은 더 어려워지고. 다들 정신 바짝 차려야지, 잘못하다가는 나라가 통째로 외국 자본에 넘어가게 생겼어."

　"아버지, 많이 힘드시죠?"

"아니다. 내 걱정은 말고. 넌 유학 갈 준비나 잘 하거라."

"아버지 드릴 말씀이 있어요. 몇 번이나 다시 생각해봤는데요. 유학은 아무래도 다음에 다시 생각해보는 게 좋겠어요. 아버지가 지금 이렇게 힘드신데 제가 유학을 어떻게 가요. 오히려 잘됐어요. 제가 유학 가려고 모아놓은 돈으로 조금이라도 아버지를 도울 수 있으니까요."

큰아들 서진의 이야기를 들은 수성은 순간 아차 싶었다. 늘 책임감 있는 모습을 보여 온 서진으로서는 당연한 결정이었다. 수성은 그런 서진의 마음을 누구보다 잘 알았다.

"그게 무슨 소리냐? 그건 절대로 안 된다. 기회는 여러 번 오는 게 아니야. 아버지 회사는 길어야 3개월이면 형편이 풀릴 테니 걱정 말고 떠나거라. 유학비용을 아껴 써서라도 도울 수 있는 만큼만 내 놓으라는 말이지, 유학을 포기하라는 말은 아니었어. 이런 일로 유학을 포기하면 안 된다. 계획대로 유학을 준비해라. 알았지?"

"아버지, 제가 어떻게 마음 편안히 떠날 수 있겠어요. 공부는 다음 기회에도 충분히 할 수 있어요."

"무슨 소리냐. 너도 알잖니. 원래 사업이란 게 잘 될 때도 있고 어려울 때도 있는 거야. 아버지는 타고난 사업가다. 이런 일로 흔들리지 않아. 얼마의 현금만 확보하면 지금의 위기는 막을 수 있다. 다시는 그런 소리 말아라. 내 걱정은 말고 어서 들어가서 자거라. 내일 출근하려면 빨리 자야지."

걱정스러운 낯빛이 역력한 서진이 들어가자 수성은 후회가 되었다. 괜한 말을 꺼내서 이제 곧 떠날 서진에게 마음의 부담을 준 것 같았다. 또 집으로 돌아간 수진이네와 우진이네도 큰아들처럼 괜한 걱정에 잠을 잘 이루지 못하는 것은 아닌가 싶어 수성은 무거운 마음으로 하늘에 떠 있는 달을 바라보았다.

〰〰〰

토요일 오후 김수성은 방안을 서성이고 있었다. 아이들이 올 시간이 가까워지자 마음이 초조해지기 시작했다. 그런 수성을 보고 아내 최정자가 말했다.

"당신, 정말 회사가 그렇게 힘들었으면, 나한테 먼저 얘기해주면 좋았잖아요. 솔직히 섭섭해요. 그런데 회사는 정말 괜찮은 거예요? 요즘 대출 받는 것도 어렵다고 하던데……."

"걱정 말아요. 그렇게 심각한 상황은 아니니 다 잘 될 거예요. 내가 먼저 당신한테 말하지 않은 건 잘못했어. 당신이 괜히 더 걱정할까 봐. 내 다음에는 어떤 일이든 당신과 먼저 상의하리다."

수성은 서운해하는 아내의 심정도 충분히 이해가 되었다.

"당신, 그런데 왜 그렇게 안절부절못해요? 혹시라도 애들이 가져올 돈 때문에 그런 거예요?"

"허허. 그러게 말이야. 괜히 걱정되네."

"어휴, 걱정 말아요. 애들이 우리를 얼마나 끔찍이 생각하는데요. 아버지 힘들다는데, 많이는 아니더라도 각자 형편대로는 마련해 오겠죠."

아내의 말에 조금은 안심을 했지만 수성은 갑작스럽게 돈을 구해오라는 아버지를 자식들이 어떻게 생각할지도 궁금하고 또 얼마만큼의 돈을 가져올지도 궁금했다. 이는 돈 이전에 부모를 생각하는 마음이라고 여겨졌기에 행여나 아이들이 자신의 기대에 훨씬 못 미치는 돈을 들고 올까 봐 신경이 쓰이는 건 어쩔 수 없었다. 한편으로 수성은 자식들과 깊은 유대감을 형성해왔다고 자부하고 있었다. 어릴 때부터 돈보다는 가족들의 사랑과 형제 간의 우애를 늘 일러주며 아이들을 키웠다. 김수성은 아이들이 지금까지 쌓아온 신뢰를 저버리지 않을 거라고 굳게 믿고 있었다.

3시가 되자 가족들이 하나둘 모이기 시작했다. 수성은 아이들을 안방으로 불렀다.

먼저 이야기를 꺼낸 건 딸 수진이었다.

"아빠, 우린 적금 하나 깼어요. 얼마 되지는 않지만 오빠 나가면 우리가 집으로 들어와 살 테니까 전세금이라고 생각하고 받아주세요. 무 서방이랑 의논해봤는데 모아놓은 돈도 없고……. 천만 원밖에 안 돼요. 저희로서는 무리한 거예요."

"그런데 무 서방이랑 소연이는 왜 안 왔니?"

"아, 무 서방은요. 오늘 갑자기 학교에 일이 생겨서 못 왔어요. 교장이 붙잡아서 학교에 남아있어야 된다고 전화가 왔더라고요."

"소연이는?"

"소연이는 아침 먹고 나서 갑자기 체한 것 같아요. 뭘 잘못 먹었는지 안색도 안 좋고."

머리를 긁적이며 막내아들인 우진은 우물쭈물 말을 얼버무렸다.

그때 슬그머니 우진이 품 안에서 봉투 하나를 꺼냈다.

"아버지, 상황이 지금 어려우신 건 알겠는데요. 저희도 누나네처럼 모아놓은 돈이 없어요. 저희가 모아봤자 아버지 회사에 도움이 될 만한 액수는 안 될 것 같아요. 실은 저도 요즘 주식투자를 한 게 손해가 나서 좀 힘들어요. 그리고 요즘 워낙 사람들 만날 일도 많고 접대할 일도 많아서……. 어젯밤에도 소연이랑 의논했는데 어디 돈 나올 데가 없더라고요. 죄송해요. 아버지. 오백만 원밖에 안 돼요."

우진은 기어들어가는 목소리로 아버지의 눈치를 살피며 봉투를 내밀었다.

수성은 자신도 모르는 사이에 가느다란 한숨이 터져 나왔다. 다들 수성의 한숨 소리에 긴장하는 모습이 역력했다.

"아버지, 저도 많이 생각해봤는데 아무래도 제가 유학을 가지 않는 게 좋겠어요. 아버지께서 우리들한테까지 이런 도움을 요청하실 정도면 말씀은 그렇게 안 하셨어도 상황이 보통 심각한 게 아니잖아요. 유학은 조금 미루고 제가 은행을 계속 다녀야 제 이름으로 대출도 더 받을 수 있고요. 우진이 말대로 우리가 이렇게 돈을 모아봤자 얼마나 되겠어요. 지금 회사의 위기를 막기에는 턱없이 부족한 돈일 거예요. 제가 이대로 유학을 떠나면 제 마음도 편치 않아요. 제가 우선 5천만 원을 찾아왔는데요. 은행에서 대출을 좀더 알아보면 1억 원 정도는 마련할 수 있을 것 같아요. 일단 이걸로 급한 불부터 끄세요."

큰아들 서진 역시 걱정스러운 목소리로 봉투를 내밀었다.

서진이 장남으로서의 도리를 지키고자 고민했을 시간들을 떠올리자 김수성은 미안하기도 하고 고맙기도 했다. 그리고 그런 결단을 내려준 서진이 더없이 믿음직스러웠다. 얼굴이 굳어 있는 자식들을 한참 동안 조용히 바라보던 수성은 봉투를 다시 아이들 앞으로 돌려주었다.

예상치 못한 수성의 행동에 모두 의아한 눈빛으로 아버지를 쳐다보았다.

수진은 자식들이 준비해온 돈이 너무 적어서 아버지가 실망하신 것은 아닌가 순간 생각했다. 어떻게 해서라도 돈을 더 마련해 왔어야 했나 하고 자책하며 말을 꺼냈다.

"아빠, 왜요? 왜 다시 돌려주시는 거예요?"

"실은, 내가 너희들에게 할 말이 있다. 사실 회사가 어렵다고 한 건 사실이 아니다."

"네?"

최정자는 자식들의 얼굴을 번갈아 보며 우선 안도의 한숨을 내쉬었다. 하지만 도대체 남편이 무슨 꿍꿍이로 이런 일을 벌였는지 납득이 가지 않아서 수성을 다그쳐 물었다.

"그럼 당신, 회사는 괜찮은 거예요?"

"사실 회사는 큰 문제가 없어요."

가족들의 얼굴은 금세 밝아졌다. 하지만 수진 역시 아버지의 의중이 궁금했다.

"정말이세요? 그런데 왜 저희 보고 돈을 준비해오라는 말씀을 하셨어요?"

"그래. 오늘 내가 너희들에게 돈을 준비해 오라고 한 건 회사가 어려워서가 아니다. 너희 엄마한테도 그리고 너희한테도 미안하지만, 부모를 위해 얼마나 자기의 것을 내어 놓을 수 있는지 궁금해서였다."

김수성의 설명을 듣고도 우진과 수진은 아버지의 의중을 알수 없었다. 아버지가 자신들을 상대로 시험을 한 것이나 마찬가지였다. 왜 갑자기 이런 시험을 했는지 그 속뜻을 이해할 수 없었다.

자식들의 표정을 살펴보니 수성은 더 설명할 필요를 느꼈다.

"내가 이렇게 한 데는 다 이유가 있단다. 이제 나도 은퇴할 나이가 되었잖니?"

"은퇴라뇨? 아직 정정하신데……."

"지금 당장은 아니겠지만, 이제부터 찬찬히 준비할 생각이다. 사업을 시작하든 물러나든 무엇이든 체계적인 준비가 필요하다는 말을 내가 늘 하지 않았니? 은퇴를 준비하면서 우리집 가족재산을 어떻게 할 것인지 깊이 생각도 해보고, 그 전에 너희들은 어떻게 생각하는지 알고 싶었다. 물론 내가 은퇴한 후에 장학재단을 설립하겠다는 얘기는 누누이 해왔기 때문에 모두들 잘 알 것이고. 또 갑작스럽게 돈이 생기면 너희들이 감당할 수 없을 것 같아서 어떻게 하면 너희들의 행복을 지원해줄 수 있을지 요즘 고민이 많다."

수성은 숨을 고르고는 아이들의 얼굴을 차례로 보며 말을 이었다.

"오늘 너희들이 준비할 수 있는 만큼 성의껏 준비해왔다고 아버지는 믿는다. 서진이가 직장생활을 일찍 시작하기는 했지만 아직 미혼이고 수진이와 우진이는 그래도 부부가 함께 직장생활을 하니까 셋 모두 공평한 기준을 적용할 수 있을 거라고 생각했다. 이제 은퇴 준비도 하면서 유언장도 미리 준비해두려고 한다. 그래서 오늘 너희들이 보여준 성의를 유언장 쓰는 데 반영하겠다."

유언장이라는 말에 모두 놀라 입을 다물지 못했다. 더구나 오늘의 일을 유언장에 반영하게 되면 상속과 직결되는 것이기에 우진과 수진의 얼굴에는 당황스러운 표정이 역력했다.

자식들의 표정을 살핀 수성은 다시 한 번 당부의 말을 잊지 않았다.

"너희들이 재정적으로 자립하고 또 사회적으로 공헌할 수 있도록 우리의 가족재산이 쓰여졌으면 좋겠다. 전혀 준비되지 않은 상황에서 예상치 못한 돈이 생기면 오히려 혼돈에 빠질 수도 있는 법. 너희도 주변에서 돈 때문에 가족들이 싸우는 것을 종종 봤을 거다. 상속이 너희들 인생에 걸림돌이 되길 원하지 않아."

"하지만……."

수진은 뭔가 말하려다가 이내 입을 다물었다. 옆에 있는 우진도 안절부절못하고 눈치만 살피고 있었다.

"하지만 유언장은 언제든지 다시 쓸 수 있어. 재산 또한 고정

된 것이 아니라 앞으로 더 많아지거나 줄어들 수도 있는 것이고. 다시 말하지만 유언장은 언제든지 상황에 따라 다시 쓸 수 있는 거야. 너희들 오늘 이 아버지 때문에 충격을 많이 받은 것 같은 데, 너무 심각하게 받아들이지 않았으면 한다. 내가 진즉부터 너희 엄마랑 너희들과 이야기를 할 걸 그랬다. 내가 바라는 건 딱한 가지야. 그건 우리 가족의 행복이다. 그럴 일은 없겠지만 혹시라도 유산 때문에 불미스러운 일이 생긴다면 모든 재산은 다 사회에 기부할 생각이다. 돈이 먼저가 아니라 가족이 먼저라는 걸 늘 명심했으면 좋겠구나. 알겠니?"

잠자코 남편의 말을 듣고 있던 최정자는 사뭇 숙연해진 분위기를 애써 바꾸려고 웃으며 말했다.

"그래. 아버지가 다 너희 생각해서 그러는 거야. 너희도 이제 한 가정을 일구었고 또 자식을 낳으면 아버지가 너희에게 늘 가르쳤던 것처럼 가족의 행복이 가장 중요한 거 아니겠니? 이 엄마도 아버지와 같은 생각이다. 돈 때문에 싸우는 것만큼 볼썽사나운 게 없더라. 다들 힘든 형편에 돈 준비해오느라 애썼다. 배고프지? 여보, 이제 저녁 먹어요."

최정자가 아이들을 다독여주는 모습을 본 수성은 아내를 보며 미소를 지었다. 미리 아내에게 언질을 주지 못한 것이 미안했는데, 아내가 자신의 뜻을 이해해주니 든든하고 고마웠다.

"그래, 이제 우리 저녁 먹자. 그리고 서진이는 계획대로 유학 준비 서두르고. 여태껏 준비해온 유학을 포기하겠다고 해서 내가 괜히 미안하더구나. 그리고 수진이도 이사 올 준비하고."

"네. 아버지."

가족들에게 이야기를 하고 나서 수성의 마음은 한결 가벼워졌다. 무거운 표정의 아이들을 보는 것도, 이런 시험을 통해 상속분배 계획을 발표하는 것도 수성에게는 기분 좋은 일은 아니었다. 하지만 큰아들 서진의 깊은 마음을 확인한 것과 아직 철없는 딸 수진과 막내 우진에게 좀더 생각할 기회를 준 것이 다행이라는 생각이 들었다. 유언장은 언제든 다시 쓸 수 있었다.

재산도, 가족도 지키지 못하는 상속

김수성은 오랜만에 주인성의 변호사 사무실에 들렀다. 현역 변호사로 활동하고 있는 주인성은 나이가 들어도 에너지가 넘쳐 보였다. 그런 친구를 만나는 일이 수성은 좋았다. 40년을 넘게 쌓아온 돈독한 우정이었다.

"변호사님, 여전히 바쁘시구먼."

"어, 김 사장. 어서 오시게."

오랜만에 찾아온 친구를 반갑게 맞이하며 주인성이 말했다.

"바쁜 게 좋은 거 아니겠어. 벌써 뒷방 늙은이가 되면 어쩌나. 그래 그동안 별일 없었나?"

"나야 별일 없지. 자네 식구도 모두 잘 지내지?"

"무탈하지. 참 서진이 유학 간다더니 어떻게 됐어?"

"준비는 이제 다 끝났고 2주 후면 떠나."

"자네도 서진이 유학 보내 놓으면 마음고생 좀 하겠어. 다 컸어도 데리고 살다가 멀리 보내 놓으면 보고 싶어서 어떡하나."

"장가라도 보냈으면 덜할 텐데 그렇지 않아도 좀 걱정이네."

"자식이 그런 거야. 눈앞에 보여도 걱정, 안 보여도 걱정. 그래도 서진이야 워낙 듬직한 아들이니까 어디 가서든 잘 해내겠지."

수성의 마음을 헤아리며 주인성이 말했다.

"실은 내가 얼마 전에 애들을 상대로 일종의 시험을 치렀어."

"시험?"

"응. 직원들과 회식을 하다가 들은 얘기인데 어떤 아버지가 재산을 나눠주기 전에 자식들을 불렀대. 그러고는 자신의 사업이 어렵게 되었으니 아버지를 도와줄 수 있을 만큼의 돈을 가져 오라고 시켰다는 거야. 그래서 자식들이 각자 가지고 온 액수의 다섯 배에 해당하는 돈을 유산으로 남겼다는 얘기가 있더라고. 그걸 듣고는 옳다구나 싶어서 나도 한번 그 방법을 써 보기로 했지."

"그거 재미있는 걸. 그래서 자네도 정말 그 시험을 했단 말이야?"

"이거 참 재미있고 현명한 방법이다 싶어서 한번 따라 해 봤지."

"그래서 서진이와 수진이, 우진이에게 시켰단 말이지?"

"그래, 그랬지."

수성이 말을 하다 뜸을 들이는 것을 보고는 주인성이 재촉해 물었다.

"그래서 결과는 어떻게 됐나?"

"서진이가 5천만 원을 내놓고 수진이는 천만 원, 우진이는 5백만 원을 가져왔더라고."

"역시 서진이가 장남 노릇을 하네."

"그런데 지금 마음이 좀 많이 불편하네."

"왜? 우진이와 수진이의 액수가 적어서?"

김수성은 며칠 전 집에서 보았던 아이들 얼굴을 떠올려 보니 머리가 복잡해졌다. 상속을 제대로 준비하지 못하면 지금처럼 평온한 가족의 행복을 지킬 수 없을 것 같았다.

"그게 아니라고 하면 거짓말이지. 그 돈이 부모에 대한 마음과도 직결되는 돈이고, 어려운 상황에 놓인 부모를 구할 수 있는 마음이니까. 우리 아이들은 다를 거라고 생각했거든. 내가 어려운 상황에 놓이면 전 재산이라도 털어서 나를 구할 거라고 생각한 내 자신이 조금 어리석게 느껴지더라고. 내가 자식들을 잘못 봐도 한참 잘못 봤다는 생각이 들고. 솔직히 실망했네."

주인성 역시 자식을 키우는 부모 입장으로 수성이 실망했다는 말에 공감이 되었다.

"자네의 그런 마음도 이해는 가네만 역시 자식들에게 주는 건 아낌없는 사랑이지 않나. 자식들에게 주는 사랑에 대가를 바라는 자체가 어리석은 생각일지도 몰라."

"자네 말이 백 번 옳네. 아이들의 속마음을 살필 수 있는 좋은 기회였다고 생각하네. 이번 기회에 자식들의 기대와 희망이 뭔지, 그리고 갈등이 생길 만한 요소가 어디에 있는지 더 알아봐야 할 것 같아."

"자네는 누구보다도 상속 때문에 인생의 굴곡을 많이 겪었던 사람 아닌가. 아직은 자네가 건강하고 상속 얘기를 꺼낼 시점은 아니지만 자네의 상속만큼은 정확하고 깔끔하게 이루어져야 해. 다시는 자네나 자네 식구들이 상속 문제로 소용돌이에 휘말려서는 안 되지 않겠나?"

"그럼. 상속 분쟁이야말로 돈을 떠나서 한 가족이 쌓아온 사랑과 신뢰를 망치는 세상에서 가장 더럽고 추한 싸움 아니겠는가. 언제 어떤 일이 벌어질지 모르는 만큼 가족들에게는 그런 비극을 물려주고 싶지 않아. 걱정 말게. 그렇지 않아도 차근차근 준비하고 있어. 아이들에게도 늘 일러두었기 때문에 나의 결정을 존중해주리라 믿네."

주인성은 수성이 힘든 시절을 겪을 때마다 곁에서 많은 도움을 준 친구였기에 누구보다 수성의 마음을 잘 알고 있었다.

"그렇지 않아도 얼마 전에도 상속 문제로 찾아온 사람이 있었어. 그런 사람들을 보면 대부분이 사소한 실수로 자신이 원했던 것과는 다른 방향으로 일이 진행되는 경우가 많더라고."

김수성은 인성에게 바짝 다가가 귀를 기울였다.

"유언장이 얼마나 중요한지는 자네도 이미 알고 있지 않나? 예전에 어떤 사람은 자신의 재산을 좋은 뜻에서 학교에 기부하려고 유언장을 미리 작성해두었어. 그런데 갑자기 아들의 사업이 부도가 나면서 유언장을 다시 쓰려고 하던 중에 사고로 사망한 사건이 있었어. 그래서 결국 가족들은 재산을 상속받을 권리의 절반을 잃게 되어버렸지. 피상속인은 평소에 유산을 물려주지 않아도 아들의 경제적인 기반이 튼튼하다고 생각했는데, 상황이 바뀌어버린 거야. 그렇기 때문에 유언장은 더더욱 때에 따라 새로 쓰는 것이 옳아. 다시 말하면 충분히 자신은 물론 가족들의 상황을 모두 고려해서 유언장을 쓰는 것이 중요하네."

"그렇다면 유언장은 어느 정도 기간을 두고 고쳐 쓰는 것이 좋은 건가?"

"글세……. 정해진 기간은 없지만 상황과 여건이 바뀔 때마다 새로 써 두는 것이 좋지 않을까? 유언장을 미리 써 두는 건 혹시 모를 사고나 분쟁에 대비하기 위한 거니까 앞서 말한 경우처럼 집안의 상황이 달라지면 거기에 맞춰서 새로운 유언장을 써야지. 하지만 유언장을 쓸 때에 너무 한 가지 기준에 편중되어 한쪽으로 유산을 몰아주면 아무래도 문제가 생길 여지가 크니까 가족들 간의 합의를 거치는 과정과 합리적으로 분배하는 상속이 중요하다고 보네."

"자네도 아는 것처럼 우리 가족은 내 결정에 잘 따라주고 있어. 하지만 이번에 아이들에게 시험한 것이 과연 공평하고 합리적이었는가를 생각하면 좀 마음에 걸리기도 하고 그러네."

주인성은 수성의 말을 듣고는 무슨 말을 하려다가 이내 멈칫했다. 그런 기운을 눈치챈 수성은 인성을 재촉했다.

"자네 무슨 얘기를 하려 하지 않았나?"

주인성은 조금 망설이다 조심스럽게 말을 다시 꺼냈다.

"사실, 김 사장의 경우는 분쟁이 생길 여지가 있어. 내 말 너무 이상하게 듣지는 말고."

분쟁의 여지가 있다는 주인성의 말에 수성은 고개를 갸우뚱했다.

"말해 봐, 괜찮아."

"자네는 재혼에다 서진이가 전처의 자식이라서 혹시라도 서진이와 집사람의 사이가 좋지 않다면, 자네가 죽고 나서 상속 분쟁으로 이어질 가능성이 커. 내가 최근에 맡은 사건에서도 남편이 유언장을 남기지 않고 죽어서 친딸처럼 키운 의붓딸이 재산 분쟁소송을 냈다고. 상속재산 분할협의에서도 좀처럼 조정이 되질 않았어. 의붓딸은 재산분할 협의에 응하기보다는 자신이 받고 싶은 돈만 요구하다가 결국은 키워준 어머니를 상대로 소송을 냈지. 그러자 그 부인은 소송을 해 의가 상하느니 키운 정도 있는데 그냥 주겠다며 남편의 유산을 거의 다 주었어. 지켜보는 사람들도 참 안타까웠지. 하지만 상속 분쟁이 발생하고 나면 보통의 사람들도 눈에 불을 켜고 자기 것을 찾으려고 악다구니를 쓰는 일이 비일비재해. 물론 자네 집사람과 서진이가 그럴 리는 없지만 그래도 만약이라는 게 있으니까 유언장을 통해 확실히 준비해두는 게 좋을 것 같네."

주인성의 말을 듣고 보니 수성도 현실을 인정할 수밖에 없었다. 큰아들 서진이 집안에서 장남의 역할을 충분히 하고 부모, 동생들에게 누구보다 잘하고 있지만 나중에 어떤 상황이 벌어질지는 모를 일이다. 그래도 가족들이 돈 갖고 싸우는 상황을 상상조차 하기 싫어 수성은 애써 웃으며 말했다.

"에이, 그래도 설마 우리 가족한테 그런 일이 일어나겠어? 내가 틈틈이 집사람이랑 애들한테 잘 일러두었기 때문에 그런 일은 없을 거야."

수성은 자신 있게 말했지만 서진이와 아내의 얼굴이 어른거렸다.

"또 한 가지 자네처럼 거의 모든 재산을 물려주기보다는 다른 곳에 쓰고자 할 때 가족들과 확실한 합의가 필요해. 요즘은 예전과 달리 재산을 자식에게 물려주기보다는 오로지 자기 자신과 부부를 위해 쓴다거나 아니면 사회에 재산 전액을 환원하는 방법을 택하는 사람들이 점점 더 늘어가는 추세야. 예전과는 가치관이 다른 세대가 상속을 하는 시대가 왔다고 보면 돼. 이런 사람들은 자식에 목을 매거나 자식들만 바라보고 살아온 세대와는 완전히 다르지. 자식들도 부모에게 의존하지 않기를 바라기 때문에 오로지 자신의 가치를 구현하고 실현시키는 데 재산을 사용하는 거야. 어떤 의미에서는 진정한 가치 상속이라고도 할 수 있지."

김수성도 여느 평범한 부모처럼 자식들이 각자 재능 있는 분야에서 실력을 발휘하고 인생을 산다면 더 바랄 것이 없었다. 그리고 사업을 한다는 우진이나 유학을 준비하는 서진이도 아직까지는 부모에게 손 벌리지 않고 자립하려는 모습이 대견했다. 그래서 돈을 물려주기보다는 자신이 평생 마음에 담고 살아온 정신적인 가치를 물려주는 방법을 찾는 데 신경을 썼다. 김수성은 고개를 끄덕이며 주인성의 이야기에 귀 기울였다.

"하지만 문제는 자식들과 충분한 합의가 되지 않았을 때는 반드시 분쟁으로 이어지거나 부모에 대한 원망으로 이어질 수 있다는 거야. 돈도 좀 있고 자유분방했던 여자 분이 있었지. 남편이 죽고 나서 자식들과 함께 살지 않고 혼자 해외로 여행 다니며 여생을 보냈는데, 자식들은 그런 어머니를 늘 못마땅해한 거야. 자식들은 어머니가 돌아가시자 아버지가 죽기 전에 남긴 재산 내역과 어머니의 재산 내역 모두를 파헤치면서까지 분개하더라고. 그 여자 분의 경우 죽기 전에 남은 재산은 모두 양로원에 기부했는데 다행히 유언장이 있어서 상속은 별 문제없이 집행됐지만 자식들의 원망은 오래 갔지. 좋은 뜻에서 재산을 환원하는 사람이 늘고 있지만 가족들과의 원만한 합의가 없는 기부는 사후에도 가족들의 원성을 더 키울 뿐이라는 걸 명심해야 돼. 특히 김 사장처럼 장학재단을 설립하겠다는 뜻이 있다면 가족들의 이해와 합의가 가장 중요해."

"난 자식들한테 한 푼도 안 주고 장학재단을 설립하겠다는 건 아니야. 아이들에게 꼭 필요한 만큼의 유산은 남길 생각이야. 하지만 애들에게 공평하게 주겠다기보다는 애들에 따라 다르니까 사실 이번에는 부모에 대한 마음 씀씀이에 따라서 주려고 생각도 해봤고, 사실 형편이 어려운 자식에게 좀더 많이 주고 싶은 마음도 있고."

"그래. 자식이 여럿일 경우에는 똑같이 나누든지 아니면 뭔가 형평성에 맞는 기준을 제시하고 상속하는 것이 꼭 필요하네. 그렇지 않으면 형제끼리도 불공평하다고 느끼고 우애도 상하게 되고 원망하는 마음도 커질 거야. 내가 아는 사람 중에 실제로 아들과 딸에게 좀 차등을 두어서 유산을 주겠다고 발표하자 딸이 반발해서 집안에 분란이 생겼어. 아버지가 딸을 직접 설득하려고 애쓰는 중에 아들이 딸에게 폭언을 해서 상황이 더욱 나빠졌지. 결국 유언장 쓰는 걸 뒤로 미룰 수밖에 없었는데 갑작스러운 교통사고로 죽게 된 거지. 결국은 상속분할협의를 거쳐 반반으로 상속을 받았지만 그 남매는 거의 남보다 못한 사이가 되어 원수처럼 지낸다네. 자녀들이 여럿 될 경우 조금이라도 차등을 두어 상속하려면 모두 납득할 만한 기준을 제시해서 상속을 진행시켜야 해. 그렇지 않을 경우에는 분명히 형제 간 의도 상하고 분쟁이 생길 여지도 높아지게 돼."

"자네 말이 옳아. 깨물어 안 아픈 손가락이 어디 있나? 내 죽은 뒤에 자식들끼리 싸우게 할 수는 없지."

"자네 입장에서 상속을 준비할 때는 이런 여러 가지 사항들을 충분히 고려해야 하니까 유언장을 쓸 때 이러한 것들을 반영해서 쓰는 것이 좋아. 재산 보유자의 의지인 유언장이 없으면 상속인 사이에 다툼의 불씨는 여전히 남는다는 사실을 명심하게. 또한 그 유언도 법적으로 보호되는 법적 장치가 마련된 유언이야 한다는 사실도 잊지 말고."

"알겠네. 늘 자네한테 신세만 지는 것 같아."

"아니, 이 사람. 무슨 그런 말을 해? 이제 자네도 늙나 보네. 허허."

"근데 그런 자네는 유언장 써 놨나?"

"그럼. 난 심심할 때마다 한 번씩 쓴다고. 허허."

"자네는 자식이 하나뿐이라서 좋겠어."

"좋긴 뭐가 좋아. 하나밖에 없는 딸이 시집도 안 가고. 요즘 애들은 왜 이렇게 결혼을 안 하려고 하는지 모르겠어. 돈도 필요 없대. 자기는 평생 집에서 그림 그리고 같이 산다고 하는데 미치겠어, 정말. 난 김 사장이 부러워. 자식들이 결혼하고 손자도 안겨 주고 하면 얼마나 좋아."

김수성과 주인성은 너털웃음을 지으며 자식들 이야기를 늘어놓았다. 어찌 되었든 자식들 이야기를 할 때만큼은 골치 아픈 문제도 복잡한 머릿속도 말끔해지는 것이 부모의 마음이었다.

부모 덕을 바라는 자식

운동장에는 봄 햇살이 따뜻하게 내리쬐고 있었다. 겨우내 움츠러들었던 아이들에게 봄은 운동하기 더없이 좋은 날이었다. 학교에서 체육을 전담하고 있는 무성만은 아이들의 자지러질 듯한 웃음소리와 봄기운에 기운이 넘쳤다.

"자, 여기서 공을 쳐서 저 네트를 넘겨야 되는 거야. 선생님이 시범을 보여줄게."

무성만이 배구공을 들고 시범을 보이려는 순간 전화벨이 울렸다.

"너희들 장난치지 말고 연습하고 있어."

성만은 전화기를 들고 벤치에 앉았다. 아이들은 까르르 웃으며 배구공을 들고 네트 주위로 몰려갔다.

"어 정수냐? 나? 수업 중이지. 아 괜찮아. 애들끼리 연습하라고 했어. 나야 뭐 만날 운동장에서 체육복 입고 공 한 번씩 차 주고 살지 뭐. 요즘 같은 봄날에는 이보다 더 좋은 게 없다. 응, 지난주에 처가로 들어갔어, 나중에 얘기해줄게. 진환이랑 보기로 했다고. 오늘? 나야 좋지. 그럼 이따 보자."

"선생님!"

무성만은 급히 전화를 끊고 아이들에게 다가갔다.

∩∩∩

수업을 마치고 친구들을 만난 무성만은 오랜만에 회포를 풀었다.

"성만이 너, 이제 처가에 들어갔으니 장인어른이 한 재산 떼어주시는 거 아냐?"

"맞아. 요즘엔 사위들이 아들 노릇 톡톡히 한다고. 장인어른한테 밉보이지 말고 잘해."

"에이, 왜들 그래. 당분간만 들어가 사는 거라니까."

무성만은 손사래를 치면서도 내심 기분이 나쁘지 않았다.

"그럼, 사위도 자식인데 설마 모른 척하시겠어? 이 기회에 말씀 잘 드려서 피트니스센터 하나 차려달라고 해. 너 학교 다닐 때부터 피트니스센터 해보고 싶다고 그랬잖아."

"피트니스센터 하나 차려주는 건 일도 아니잖아."

무성만은 은근히 친구들이 자신에게 더 잘해주는 것만 같아 어깨가 우쭐해졌다. 평소에도 친구들이 장가 잘 갔다며 자신을 추켜세웠지만 처가에서는 자신에게 별 관심을 보이지도 않는 것 같아 내심 불만이었다. 자상하고 따뜻한 장인어른과 처가 식구들은 모두 좋았지만 자신에게 너무 인색하다는 생각이 들었다. 그리고 좀더 친해질 기회를 만들고 싶었다. 그러던 차에 이제 처가에 들어가 살게 됐으니 점수도 따고 인정도 받을 수 있는 좋은 기회라고 생각했다.

"오늘은 내가 쏠 테니까 많이들 먹어."

"역시 있는 집 사위는 달라. 하하."

"좀 기다려봐라. 내가 나중에는 꽃등심으로 쏠 테니까."

잔뜩 기분이 좋아진 무성만이 호기롭게 큰 소리를 쳤다.

오랜만에 친구들과 기분 좋은 시간을 보내고 집으로 돌아오는 길에 무성만은 친구들이 한 말을 떠올리며 생각에 잠겼다. 친구들 말이 옳았다. 체육선생으로서 무성만은 큰 불만은 없었지만 남자들이 으레 한번쯤은 자기 사업을 꿈꾸는 것처럼 그 역시 꿈을 꾸고 있었다. 시골에서 농사를 지으면서 서울로 대학까지 보내주신 부모님의 뜻에 따라 안정된 직장을 얻기는 했지만 할 수만 있다면 자신도 번듯한 피트니스센터를 운영해보고 싶었다.

'장인어른의 재산을 보면 어려운 일도 아니지. 그깟 피트니스센터쯤이야. 월급쟁이 아무리 해봤자 돈 몇 푼이나 만질 수 있겠어. 잘 돼서 피트니스센터 몇 년만 하면 장인어른 돈 금방 갚을 수 있잖아. 수진이도 분명히 좋아할 거야. 왜 여태까지 이 생각을 못 했지?'

무성만은 싱글벙글 콧노래를 부르며 밤길을 걸었다.

집으로 돌아온 무성만은 아내의 얼굴을 보자 다짜고짜 물었다.

"여보, 당신 내가 월급쟁이인 게 좋아? 피트니스센터 사장인 게 좋아?"

"무슨 뚱딴지 같은 소리야?"

"아니, 뭐. 학교 다니는 건 좋지만 교사 월급으로 애 어떻게 키우냐고 만날 그랬잖아."

"그래서?"

"우리 피트니스센터 차리면 어떨까 해서. 요즘 시내에 나가면 빌딩에 통유리로 돼서 운동하는 것도 다 보이는 멋있는 그런 피트니스센터 있잖아. 그런 거 보니까 나도 하면 잘할 수 있을 것 같은데……."

"우리가 무슨 돈으로 그런 걸 차려?"

"장인어른한테 한번 부탁해보면 안 될까?"

"뭐! 당신 미쳤어? 아버지가 피트니스센터를 내 줄 것 같아? 당신 아직도 우리 아버지를 몰라? 우리 아버지 그렇게 자식들한테 돈 주는 거 싫어하는 분이야. 자기 인생은 본인이 열심히 노력해서 개척해야 한다는 소신이 강한 분이라고."

"아니, 그래도 내 전공이 체육이고, 또 나중에 상속해줄 재산 미리 받는 걸로 해서 당신이 좀 부탁해보면 안 들어주실까?"

수진은 남편의 말을 듣고는 절로 한숨이 나왔다. 이번에 집으로 들어온 것만 해도 부모님께 죄송한 마음이 있었는데 피트니스센터를 부탁하자는 남편의 뜬금없는 말에 웃어야 할지 울어야 할지 몰랐다.

"난 부탁 못해, 아니 안 해. 그리고 당신, 창피하게 왜 그래? 아까도 엄마가 당신이 철이 안 든 거 같다고 그러더라. 이런 얘기까지 하는 거 알면 엄마가 얼마나 당신을 한심하게 생각하겠어? 제발 정신 좀 차려."

수진은 흥분해서 언성을 높이며 쏘아붙였다. 하지만 무성만은 피트니스센터가 눈앞에 어른거려 아내의 말이 귀에 들어오지도 않았다.

"아니, 장인어른이 우리 집도 안 사주셨는데, 뭔가 우리 몫으로 떼놓은 게 있지 않을까?"

"조용히 해. 엄마 들으시면 어떡하려고 그래."

그때 갑자기 문 밖에서 기침 소리가 들렸다. 노크 소리와 동시에 최정자가 매서운 눈초리로 딸과 사위를 번갈아 보며 쏘아보고 있었다.

"자네는 도대체 생각이 있는 사람인가? 없는 사람인가?"

놀란 수진이 최정자에게 달려가 팔을 잡았다.

"엄마, 못 들은 걸로 해요. 네?"

"죄송합니다. 장모님."

실실 웃으며 말하던 성만은 장모의 매서운 눈초리를 보자 고개를 푹 숙였다.

"아니, 사람이 능력이 없으면 성실하기라도 해야지. 그렇게 남의 도움이나 받으려 하고, 자네만 보면 내가 가슴이 답답해."

"엄마, 아빠가 남이야? 이 사람이 뭐 틀린 말 했어? 사실 아버지가 우리 집도 안 주시고 차별한 건 사실이잖아. 그러니까 이 사람 처지에서는 서운할 수 있는 거예요."

조금 전까지만 해도 남편을 나무라던 수진은 엄마의 말에 자신도 모르게 화를 냈다.

"지금 너 무 서방 편 드는 거냐?"

"편이 아니라······."

"아이구. 답답해. 둘 다 똑같아."

최정자는 한숨을 쉬며 방문을 쾅 닫고 나갔다.

뾰로통해진 수진이 남편을 쨰려보았다.

"당신, 이제 그 말 절대 입 밖에 내지 마. 알았어? 아버지 아직
안 들어오셨으니까 망정이지. 아버지 계셨으면 어쩔 뻔했어?"

그날 밤 잠자리에 누운 무성만은 피트니스센터가 눈앞에 어른
거려 잠을 이룰 수 없었고 수진은 수진대로 성만을 무시하는 엄
마 때문에 화가 나 잠이 오지 않았다. 최정자 역시 수진도 성만도
철이 없는 아이들 같아 딱하기도 했지만 걱정이 앞섰다.

자식을 외면할 수 없는 부모 마음

우진은 젊은 사람들로 북적거리는 강남대로를 걷고 있었다. 지나가는 사람들의 얼굴에는 생기가 돌았다. 우진은 그들을 부러운 눈길로 쳐다보았다. 아직 결혼한 지 얼마 되지 않았지만 가장으로서 책임감을 요즘 들어 더 느끼는 우진은 사업에 투자할 만한 투자자를 찾아 백방으로 뛰고 있는 중이었다. 오늘도 투자자를 만나러 가는 길이었다.

"이번에 아이돌 그룹이 일본에 진출해서 매출이 100억대에 달한 거 아시죠? 이제는 예전과 다릅니다. 옛날에는 자동차, 섬유 이런 거 수출했지만 이제는 문화를 수출해야 하는 시대입니다.

우리나라 가수, 배우들이 속속 아시아 시장에서 돈이 되고 있어요. 지금이 기회입니다. 지금 투자하시면 확실합니다. 사장님."

김우진의 맞은편에 앉아 얘기를 듣고 있던 남자는 꺼림칙한 표정으로 팔짱을 끼고 있었다.

"그런데 나는 도통 이해가 안 가. 지금 중국에 진출해서 어떻게 그만큼 돈을 벌 수 있어? 그리고 김우진 씨 사업 구상만 듣고 그만큼 투자할 수는 없어요. 지금 진행하는 사업이 어느 정도 자리가 잡히면 그때 생각해보자고. 가능성이 판명 나면 그때 투자하지."

남자는 우진의 어깨를 툭툭 치더니 일어나 나가버렸다.

벌써 수차례 이런 식으로 투자가 무산되었다. 우진은 한숨만 나왔다. 젊음을 무기로 소연과 의기투합했지만 현실적인 장벽은 너무나 높았다. 그들은 벌써 1년째 높은 벽을 넘지 못하고 나가떨어졌다. 그렇게 다시 정신 차리고 돌아오기를 반복하고 있었다.

투자자 미팅을 끝낸 우진은 초조하게 어머니와 아내를 기다리고 있었다. 지난밤 아내와 상의한 끝에 어머니에게 도움을 받자고 결론을 내렸다. 당초 계획대로라면 벌써 투자자를 구해서 당장 회사를 설립하고 연습생을 뽑아야 했다. 오디션 공고까지 내놓은 상황에서 투자하겠다던 사람이 연락 두절되면서 우진과 소연은 백방으로 뛰어다녔지만 대안을 찾지 못했다. 어쩔 수 없이 아버지에게라도 손을 벌려야 하는 상황이었다. 차마 아버지에게는 부끄러워 투자해달라는 얘기가 입 밖으로 나오지 않았다. 며칠 밤을 고민한 끝에 우진과 소연은 어머니에게 도움을 요청하기로 결정했다.

이소연이 먼저 도착하였다. 풀이 죽어 있는 남편의 모습을 보고 짐작이 갔지만 그래도 소연은 미팅 결과에 대하여 다시 확인했다.

"미팅은 어떻게 됐어?"

"……"

소연은 말이 없는 남편을 보고는 애써 밝게 말했다.

"괜찮아. 뭐, 우리의 미래를 보고 투자하는 사람이 있겠지. 이제 출발점에 서 있다고 생각하자. 너무 실망하지 말고. 자기 기운 내. 어머님 만나면 내색하지 말고. 괜히 걱정하시잖아."

"응, 그래."

"어머니한테 어떻게 해서라도 도움을 받아야 해. 지금 우리한테는 이 길밖에 없어. 알지?"

"응."

막내아들 내외를 멀리서 발견한 최정자는 환하게 웃으며 카페로 들어왔다.

"너희들이 어쩐 일이니? 밖에서 날 보자고 하고. 오랜만에 강남에 나왔더니 정신이 하나도 없구나."

하지만 최정자는 이내 아들과 며느리의 심상찮은 표정을 읽고는 안색이 어두워졌다.

"너희 무슨 일 있는 거니?"

"어머님, 사실은 어머님께 부탁드릴 게 있어요."

소연이 먼저 입을 열었다.

"지난번에 아버지가 부르신 일 때문에 그래?"

"아니요. 그것보다 사실은 저희가 돈이 좀 필요해서요. 어머님, 저희가 열심히 준비한 거 아시잖아요. 지금 시작해야 해외시장에도 뛰어들 수 있어요. 그 시장이 정말 엄청나거든요. 우리가 상상하는 것보다 훨씬 더 커요. 아버지 사업보다 더 크게 성공할 수 있어요. 이 기회를 잡아야 돼요. 어머님이 좀 도와주세요. 아버님께 도와달라고 하고 싶었는데 얼마 전에 그런 일이 생기고 나니까 도저히 아버님한테는 말을 못하겠어요."

"그래서 아버지가 찬찬히 준비하라고 당부하신 거 아니니? 이제 사업 구상한 지 1년도 안 되잖아."

"구상만 열심히 한다고 되나요? 준비는 충분히 했어요. 좀더 지나면 남들도 다 하는 거 따라 하는 것 밖에는 안 된다고요."

최정자는 순간 당황했다. 사실 젊은 나이에 사업을 한다고는 하지만 그 길이 쉽지 않다는 것을 누구보다 잘 알고 있었다. 남편 회사도 지금은 괜찮지만 사업이라는 것이 언제 어떤 위기가 올지를 모르는 일이었다. 내색은 안 했지만 늘 마음을 졸이며 살아왔다.

그때 이소연이 최정자의 손을 잡고 간절히 말했다.

"어머님, 우진 씨랑 저랑 정말 열심히 준비했어요. 저희도 감이란 게 있잖아요. 지금 아니면 안 될 것 같으니까 저희가 이렇게 어머니께 염치 없지만 부탁드리는 거예요. 한번만 도와주세요. 어머님도 아버님 사업하시는 거 보셔서 아시잖아요. 타이밍이 정말 중요해요. 그걸 잘 잡으면 성공하는 거고 놓치면 실패하는 게 사업이에요. 네?"

"내가 돈이 어디 있다고?"

"시골 땅, 엄마 이름으로 돼 있잖아요. 그거 담보로 대출 좀 받아주세요. 부탁해요."

잠자코 있던 아들까지 나서서 간곡하게 말하자 최정자는 그저 한숨만 푹푹 쉬었다.

"아버지한테는 말씀하지 않으셨으면 해요. 제가 잘만 되면 1년 안에 다 갚아드릴 테니까 아니, 늦어도 3년 안에는 책임지고 갚을게요."

최정자는 결심이라도 한 듯 다시 물었다.

"다시 한 번 물으마. 사업을 꼭 해야겠니? 너희 아버지도 그렇고 나도 그렇고 자식들이 사업만은 안 했으면 했는데 우진이 네가 이렇게 사업하겠다고 나설 줄은 정말 몰랐다. 그냥 회사에 다니면 좋을 텐데 위험한 사업을 꼭 해야겠니?"

"아버지처럼 아니, 아버지보다 더 성공할 수 있어요. 아버지의 사업가 기질을 물려받은 건 형이나 누나보다는 저인 것 같아요. 한번만 믿어주세요."

"네, 어머님. 저희를 믿어주세요."

최정자는 한 손으로 이마를 짚으며 말 없이 있었다. 무엇보다 남편 몰래 도움을 줘야 한다는 것이 꺼림칙했다. 그렇다고 모른 척하고 있을 수도 없었다.

"한번 생각해보마."

"네, 어머니."

"너희들 둘 다 얼굴이 너무 수척하구나. 요즘 애들이 다 그렇지만 너무 말랐다. 안 되겠다. 둘 다 약이라도 한 재 지어 먹어야지. 그리고 일도 중요하지만 빨리 애를 가져야지. 너희들 젊다고 애 늦게 가지려고 하다 보면 그거야말로 시기를 놓치게 된다. 아버지 말씀처럼 일이나 돈으로 가족을 얻을 수는 없어. 아이를 가져야 어른이 되고 책임감도 생기고 일도 더 잘 할 수 있는 거야."

"네, 어머님. 부탁드려요."

"너희가 그렇게 힘들다니 일단 생각은 좀 해보마. 그런데 나도 너희 아버지 몰래 그런 일 하는 게 내키지가 않아. 너무 기대하지는 마라."

최정자는 둘을 남겨두고 카페를 먼저 나왔다. 이러지도 못하겠고 저러지도 못하겠고 길 위에서 벙어리 냉가슴 앓듯 가슴만 두드리며 걸었다. 그래도 도움을 줄 수 있다면 힘닿는 데까지 도와주고 싶은 것이 솔직한 심정이었다.

가족을 지키기 위한 특별한 부탁

공항에서는 만남과 헤어짐의 풍경이 반복되고 있었다. 그 속에 수성의 가족들도 함께 있었다. 서진은 혼자 가도 괜찮다며 가족들을 극구 나오지 말라고 말렸지만 수성은 그럴 수 없었다. 지금 보내면 적어도 2~3년은 못 볼 텐데 생각만 해도 마음이 짠하였다.

"아버지, 잘 다녀오겠습니다. 제 걱정은 마세요."

김수성은 서진의 손을 잡자 눈시울이 젖어들었다.

"여보, 서진이 마음 편치 않게 왜 그래요? 웃는 낯으로 보내야죠."

"내가 뭘 어쨌다고 그래."

아내의 말에 민망해진 수성은 서진을 덥석 안았다.

"이제 시작이다. 네 인생은 여기서 다시 출발선에 선 거야. 힘들 때에는 가족들이 너를 응원하고 있다는 걸 잊지 마라."

"네 아버지, 어머니. 건강하세요. 아버지도 이젠 일도 좀 줄이시고 어머니랑 여행도 다니시고 그러세요."

이를 지켜보던 수진이 웃으며 끼어들었다.

"아이, 오빠가 뭐 전쟁터에라도 나가는 거 같네. 다들 왜 이렇게 심각한 거야. 아빠 좀 웃으세요."

"그래, 공부하러 떠나는 사람을 격려해줘야지. 이 아버지가 옛날 사람이라 그런다. 허허."

수성은 가족들에게 애써 웃음을 지어 보였다. 그렇게 아쉬운 시간을 뒤로 하고 서진은 출국게이트를 빠져나갔다.

서진이 떠나는 뒷모습을 보며 수성은 마음속으로 하염없이 눈물을 흘렸다. 태어나고 곧 생모가 죽어서 할머니의 손에 크다가 새엄마를 맞이한 서진은 한 번도 부모의 속을 썩인 일이 없었다. 어릴 적부터 할머니에게 교육을 단단히 받았기 때문에 새엄마 밑에서 자라면서도 비뚤어진 모습을 보이지 않고 바르게 잘 자라주었다. 그런 서진이 대견하기도 하고 안쓰럽기도 한 수성이 큰아들에게 마음이 더 가는 것은 어쩔 수 없었다.

'부디 몸 건강하게 돌아오너라.'

수성은 이제 오랫동안 못 본다는 사실에 마음속으로 눈물을 삼켰지만 아들이 무사히 마치고 돌아오기를 빌고 또 빌었다.

수성은 딸 내외와 함께 집으로 향했다. 공항을 빠져 나와 최정자는 볼일이 있다며 중간에 차에서 내렸다.

"여보, 난 볼일이 좀 생겨서요. 어디 좀 들렀다 갈게요. 수진이는 아버지 저녁 차려 드리고."

"네, 알았어요. 엄마. 천천히 일 보고 오세요. 아버지는 저희랑 같이 집으로 가시면 되시죠?"

"난 집에서 해야 할 일이 있으니 어서 가자."

먼저 차에서 내린 최정자는 바쁜 걸음으로 은행으로 향했다. 며칠 내내 머릿속을 괴롭히던 문제를 해결하러 가는 참이었다. 막내아들이 어렵다는 얘기를 듣고는 잠도 잘 이루지 못했다. 결국 최정자는 수중에 있는 돈을 모아서 일단 막내아들을 도와줘야겠다고 결심했다.

집으로 돌아온 수성은 서재로 바로 들어갔다. 책상 위에 주인성에게 받아온 유언장 견본과 종이를 같이 펼쳐 놓고 천천히 자필로 써 내려가기 시작했다.

유 언 장

유언자 김수성은 유언장에 따라 다음과 같이 유언을 한다.

하나, 본인의 처 최정자에게는 강남구 역삼동 xx-3번지 다산오피스텔 가
　　　동 1005호와 그 부동산과 관련된 채무(현재 임대보증금 3억 원)를 함
　　　께 유증하며, 예금채권 중 2억 원을 유증한다.

둘,　 장남 김서진에게는 예금채권 중 2억 5천만 원을 인출하여 현금으로
　　　유증한다.

셋,　 장녀 김수진에게는 예금채권 중 5천만 원을 인출하여 현금으로 유증
　　　한다.

넷,　 차남 김우진에게는 예금채권 중 2천 5백만 원을 인출하여 현금으로
　　　유증한다.

다섯, 상기 유언장에 의해 지정한 상속재산 이외의 모든 상속재산은 모두
　　　장학재단 설립에 사용하도록 하며, 본인이 소유한 동일주식회사 지
　　　분매각과 장학재단 설립의 책임자는 장남 김서진으로 한다.

여섯, 이 유언의 유언집행자는 주인성 변호사로 지정한다.

　　　　　　　　　　　　　　2020년 5월 10일 유언자 김수성 ㊞
　　　　　　　　　　　　　　주소: 서울시 마포구 염리동 ㅇㅇ번지

　　난생 처음 유언장을 써본 수성은 한참을 자신이 쓴 유언장을
쳐다보았다. 뭔가 빠진 듯한 느낌이 들었다. 형식에 맞춰 딱딱하
게 쓴 유언장과 함께 가족들에게 하고 싶은 말을 따로 남기면 좋
을 것 같았다.

사랑하는 가족들에게

막상 유언장을 쓰고 나니 내가 이 세상에 없는 상황에서 가족들이 이 글을 읽을 거라는 생각에 마음이 아프구나. 사람이 언제 죽을지는 아무도 모르는 일이라서 만약을 대비해서 이렇게 유언장을 써둔다. 내가 없더라도 어머니를 지금처럼 잘 모시고 행복하게 살아가주길 바란다.

재산상속에 대해서는 얼마 전에 나를 위해서 너희들이 마련해 온 돈의 액수를 반영시켰단다. 너희들의 마음이려니 하고 거기에 따라 재산을 물려줄 생각이다. 아버지의 유언장에 불만을 가진 사람들이 없길 바란다.

그리고 장학재단 설립에 대해서는 누구 할 것 없이 가족들 모두가 발 벗고 나서서 잘 진행시켜 주길 바란다. 내가 죽더라도 그 사업이 살아있을 동안의 나를 대변하는 뜻있는 일이 되리라는 것을 믿어 의심치 않는다. 나를 대하듯 그 사업을 가족들의 정성으로 진행시켜주었으면 한다. 가족들은 내 결정에 이의가 없을 것으로 믿는다.

너희들을 정말 사랑한다.

- 아버지가

여기까지 쓰고 수성은 몇 번이고 유언장을 다시 읽어 보았다. 그러고는 유언장을 접어 책상 서랍에 다시 고이 넣었다. 책상서랍 속에 유언장이 들어있다고 생각하니 뭔가 육중한 책임감이 느껴졌다. 언젠가 가족들이 유언장을 읽을 날이 올 테고 그때 자신은 이 세상에 없을 거라는 생각에 미치자 살아있는 동안 더 가족들을 아끼고 보듬어야겠다는 생각이 들었다. 늘 곁에 있어주는 가족들의 얼굴이 하나 하나 떠올랐다. 오늘 떠나보낸 큰아들 서진이의 얼굴이 떠오르자 가슴이 먹먹해졌다.

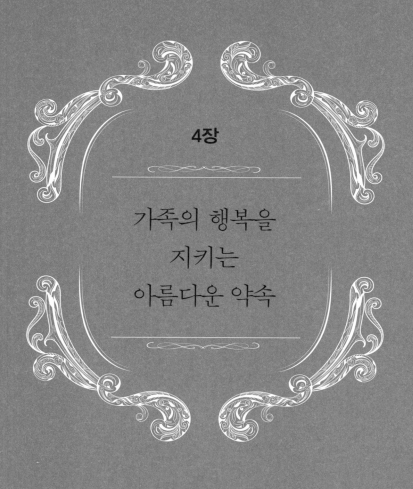

4장

가족의 행복을
지키는
아름다운 약속

부모의 꿈, 자식의 꿈

여행사에서 나온 수성은 여행책자를 넘기며 미소를 지었다.

'지상낙원이 따로 없네.'

펼쳐진 해변과 하늘이 맞닿아 있는 자연풍광이 한눈에 들어왔다. 아내와 여행 갈 곳을 미리 알아보고 나오는 중이었다. 수성은 뿌듯하고 벅차오르는 이 기분을 빨리 아내와 함께 나누어야겠다는 생각에 서둘러 발걸음을 재촉했다.

어제 저녁 무심히 함께 텔레비전을 보며 빨래를 개고 있던 최정자가 약간 상기된 표정으로 넋을 놓고 바라본 것은 아름다운 수중 도시 베네치아였다.

"어머나, 세상에 저 다리들 좀 봐. 어쩌면 저렇게 만들 수 있지."

최정자 역시 젊은 사람 못지않게 아름다운 것에 감동하고 설레기는 마찬가지였다. 순간 수성은 아내와 상의 없이 혼자서 상속 준비를 하고 있다는 사실을 깨달았다. 아내와 30여 년을 지치고 힘이 들 때마다 서로 끌어주며 여기까지 달려왔는데 수성은 지금 혼자 노후를 계획하고 또 상속을 준비한다는 생각이 들었다. 앞으로는 아내와 좀더 상의하고 결정을 내리는 것이 필요하다고 생각했다. 그리고 함께 해외여행을 한 건 딱 한 번뿐이었음을 떠올리고는 아내에게 미안한 마음이 들었다. 사실 해외여행이라기보다는 2년 전 서진이가 있는 미국을 방문한 것이 고작이었다. 최정자는 여행할 겨를도 없이 수성을 대신해서 늘 가정을 지켜왔다. 언제나 자신을 믿고 따라준 아내가 수성은 고마웠다.

최정자의 꿈꾸는 듯한 눈을 바라보면서 수성은 그 어떤 일보다 아내와 함께 여행을 떠나는 것이 우선임을 깨달았다. 아내가 평소 동경하던 유럽을 여행하기로 마음먹은 수성은 당장 여행사로 가 상품을 알아본 것이다.

수성은 집에 돌아가 아내를 깜짝 놀라게 해줄 생각에 자꾸만 실없이 웃음이 나왔다.

"여보, 여보."

마당에 들어서며 수성은 큰소리로 최정자를 불렀다. 현관문을 열자 여러 켤레의 신발이 눈에 들어왔다.

"누가 왔나?"

방에서 최정자와 막내아들 내외가 나왔다.

"어, 너희들 이 시간에 웬일이냐?"

"여보, 우진이가 당신한테 할 말이 있대요."

낮은 목소리로 말하는 아내의 표정이 심상찮아 보였다. 우진과 소연의 얼굴도 굉장히 창백했다. 수성은 뭔가 일이 터졌구나 싶어 일단 여행책자를 감추어 놓고 거실에 앉았다.

"그래, 거기 앉아라. 무슨 일이니?"

우진이 쭈뼛쭈뼛하며 조심스럽게 말문을 열었다.

"아버지, 아버지께 이런 부탁 안 드리려고 했는데 지금 사정이 너무 안 좋아졌어요."

"영화 얘기냐?"

"네……."

"영화 잘 되어간다고 하지 않았어? 다 찍어간다면서?"

"네, 잘 되고 있는데 문제가 좀 생겼어요. 투자자 한 명이 갑자기 투자하겠다고 약속한 돈을 줄 수가 없대요. 그러고는 연락 두절이에요. 백방으로 돈을 구하러 다녀봤지만 투자금 뺐다는 소문이 도니까 무슨 문제라도 있는 줄 알고 투자해주겠다던 사람도 발을 빼는 상황이에요."

수성은 난감했다. 우진이 영화제작 사업에 뛰어들 때부터 말렸던 수성이었다. 영화라는 게 돈 먹는 괴물이라며 처음부터 난색을 표했지만, 무슨 일이 있어도 집에는 손 내밀지 않겠다는 아들의 고집을 꺾을 수 없었다. 대학 때부터 아르바이트로 광고기획 일을 하더니 매니지먼트 사업에 뛰어들어 조금씩 자리를 잡아갔다. 수성은 금전적인 도움을 준 적이 없었다. 그런 막내아들 우진을 기특하게 생각하기도 했다. 하지만 3년 전 영화제작사로 사업을 확장할 때는 위험하다는 생각이 들어 말렸다. 하지만 지금까지 수성의 도움 없이도 잘 해왔기 때문에 더는 우진을 말릴 이유가 없었다.

"아버님, 저희 한 번만 도와주세요. 이런 상황까지 만들지 않으려고 정말 노력했는데, 뜻대로 되지 않았어요. 이번 한번만 도와주세요."

며느리 소연도 간곡하게 부탁했다.

"너희들, 내가 영화는 위험하다고 그렇게 말렸는데 뭐라고 했니? 절대로 아버지 도움 받지 않겠다고 말해놓고 이제 와서 어렵다고 도와달란 말이냐. 내가 그 돈으로 무엇을 계획하고 있는지 다 아는 너희들이 어떻게 이럴 수가 있는 거냐. 지금이라도 그 영화사업 그만두면 안 되는 거냐?"

"아버지, 절대로 안 돼요. 이미 80퍼센트 촬영이 끝났어요. 이제 와서 엎는 건 말도 안 돼요."

수성은 한숨만 나와서 고개를 돌리고 창 밖을 바라보았다.

"돈은 얼마가 필요한 게냐?"

"아버지 10억 원 정도 급하게 필요해요."

수성은 입이 딱 벌어졌다. 그 돈을 투자하고 나면 받을 수 있다는 보장도 없고 장학재단 설립에도 큰 차질이 빚어질 것이 분명했다.

"아버님, 저희 영화 정말 좋아요. 감독님도 훌륭하신 분이고 분명히 흥행할 수 있어요. 투자해주시면 어떤 식으로든 꼭 돌려드릴게요. 아버님 저희로서는 지금 아버님밖에 기댈 데가 없어요. 그렇다고 여기서 영화를 엎을 수도 없고요. 저희 한번만 믿어주세요. 네?"

"그만한 돈을 무턱 대고 줄 수는 없다. 내 재산이 어마어마하게 많은 것도 아니고 평생을 일해서 뜻있는 곳에 쓰려고 모아둔 재산을 어떻게 영화 한편 찍는데 다 투자할 수 있겠냐. 그러다가 집안 망하는 건 한순간이야."

수성의 노기 어린 목소리에 최정자도 애원하며 나섰다.

"여보, 얘들에게 한번만 기회를 주세요. 장학재단이야 얘들 영화가 잘 되면 다시 돌려받아서 할 수도 있는 거잖아요. 자식이 지금 이렇게 힘들고 어려운데 부모가 도와야지 누가 돕겠어요. 여보, 우리 우진이 한번만 믿고 도와줍시다. 네?"

최정자가 사정하듯이 남편의 손에 자신의 손을 포개며 말했다.

"오늘은 일단 돌아가거라. 네 어머니와 상의해볼 테니. 하지만 큰 기대는 하지 마라. 그 큰돈을 너희에게 투자하는 건 무리야. 네 엄마가 원한다면 조금은 투자할 수도 있겠지만 큰돈은 못 준다. 이 점 명심하고 오늘은 그만 돌아가거라."

최정자는 못마땅한 표정으로 일어나서 부엌으로 가버렸다. 우진과 소연이 돌아가고 수성은 혼자 서재로 들어갔다.

한 달 전에 은퇴한 수성은 장학재단을 세우는 일에 더 집중하고 있는 중이었다. 자산을 따져보고 앞으로 어떻게 재단 설립 자금을 조달할 수 있을지 방법을 찾는 데 골몰했다. 장학재단 설립은 자신의 인생을 담아낼 목적으로 평생을 생각해온 숙원 사업이었다. 지금부터라도 장학재단을 설립하여 어느 정도 자리가 잡히도록 만들어놓아야 진행에 무리가 없고 또 나중에 편안히 눈감을 수 있다고 수성은 생각했다.

오늘 일은 예상치도 못한 일이었다. 노년의 삶을 계획하던 수성에게는 청천벽력 같은 일이었다. 5년 전에도 아내가 막내아들 사업을 위해 집을 담보로 대출을 받아 돈을 빌려준 사실이 있었다. 수성은 그 사실을 나중에야 알았다. 우진의 사업이 다행히도 잘 풀려 모른 채 하고 있었다.

수성은 아무리 생각을 하고 또 해도 결론을 내릴 수 없었다. 우진에게 돈을 투자하자니 장학재단 설립에 차질을 빚을 것 같고 그렇다고 투자하지 않으려니 우진이 자신의 모든 것을 걸고 제작하는 영화가 엎어질 상황이었다. 수성도 막내아들이 안타까웠다. 그리고 자식의 꿈인 만큼 도와주고 싶은 마음이 컸다. 또 이번에 도와주지 않는다면 다시는 아들과의 관계가 돌이킬 수 없는 파국으로 치달을지도 모른다는 두려움도 생겼다.

'어떻게 해야 할까.'

이미 아내는 막내아들을 도와주자는 방향으로 결론을 내린 듯 보였다. 수성은 이마에 손을 얹고 책상 위에 올려둔 여행책자만 멀뚱히 쳐다보았다.

"당신, 이태리 어때?"

"그게 무슨 말이에요?"

수성은 TV를 보고 있는 아내에게 슬쩍 말을 걸었다.

"우리 여행 갑시다. 이제 우리도 인생을 즐길 나이가 됐잖아."

최정자는 못마땅한 표정으로 남편을 빤히 쳐다보았다.

"지금 여행이 문제예요? 우진이가 저 지경인데."

"그럼, 당신은 어떻게 했으면 좋겠어요?"

"나는 여행도 소용없고 장학사업도 뒷전이에요. 지금은 우진이 먼저 살리고 봐야죠. 부모라면 당연한 거 아니에요?"

최정자는 다시 간곡한 목소리로 수성에게 부탁했다.

"여보, 우리 우진이 이번 한 번만 도와줍시다. 네?"

"한 번만이라고? 내가 당신이 5년 전에 우진이한테 집 담보로 잡혀서 돈 해준 거 모르는 줄 알아?"

최정자는 하얗게 질린 얼굴로 말을 잇지 못했다.

"다 알고도 눈감아 준거라고. 우진이 녀석 그때도 한 번이라고 했겠지? 하지만 여보, 그 일이 그렇게 간단한 게 아니야. 영화라는 게 아무리 부어도 밑 빠진 독이라고."

"여보, 그건 우진이가 벌써 다 갚았어요. 당신한테 말 못한 건 미안해요. 하지만 당신이 알면 절대로 안 해줄 것 같아서 그랬어요."

"나도 평생을 일해서 이제야 뭔가 꿈꿔왔던 일을 해보려고 하는데 어떻게 선뜻 그 돈을 내 주겠어?"

"하지만 자식이잖아요. 우리는 늙은이고 애들은 한창 젊은데 부모가 힘이 못 되어주면 어떡해요. 우리 꿈도 중요하지만 애들 꿈도 중요하잖아요. 돈이 없는 것도 아니고."

최정자는 눈물을 훔치며 수성에게 부탁했다. 수성도 더 이상은 자신의 고집만을 내세울 수가 없을 것 같았다. 또 아내의 말에도 일리가 있었다. 수성이 평생을 모은 돈이었기에 어떻게 쓸 지에 대해서는 늘 수성 혼자서 결정해왔다. 좀더 일찍 아내와 가족들 이야기에 귀 기울이지 못했던 것이 후회되었다. 하지만 선뜻 아내에게 걱정 말라는 말이 입 밖으로 나오지 않았다. 이젠 결정을 해야 했다.

돌이킬 수 없는 실수

"아니, 이게 어떻게 된 일이에요?"

"아버지, 아버지."

정신없이 달려온 수진과 무성만이 눈이 휘둥그레져서 수성을 흔들었다. 최정자는 옆에서 울기만 했다.

"맞은편에 달려오는 오토바이를 피하려다 그만 가로수를 ……."

"그런데 왜 눈을 못 뜨시는 거예요?"

"글쎄 의식이 없으시다잖니."

"엄마, 아빠 어떻게 되는 거야. 응?"

병실 문이 열리고 우진과 소연이 달려왔다.

"어머님, 어떻게 된 거예요? 아버님 괜찮으세요?"

"몸은 그래도 크게 상하지 않았다는데 의식이 없으셔."

최정자가 목이 메어 말을 잇지 못하자 수진도 울음을 터뜨렸다.

"아니, 갑자기 이게 무슨 일이야. 아버지, 아버지."

우진도 수성의 팔을 잡고 흔들었지만 수성은 반응이 없었다. 마치 깊은 잠에 빠진 것처럼 보였다.

그날 밤 홍콩 지사에 나가 있던 서진이 급히 도착했다.

가족들이 모여 있는 것을 보고는 주저하면서 의사가 어렵게 말문을 열었다.

"김수성 씨는 의식불명 상태입니다. 심각한 외상은 없지만 아무래도 사고 시 충격으로 깨어나지 못하고 있는 것 같습니다. 젊은 사람들은 이 정도로 다쳐도 회복이 가능하지만 연세가 있는 분들은 자칫 이대로 깨어나지 않는 경우가 종종 있습니다. 시간을 조금 더 두고 지켜보는 게 좋겠습니다."

"선생님, 그럼 이대로 계속 깨어나지 않을 수도 있다는 말인가요?"

의사의 설명을 들은 서진이 절망스러운 목소리로 물었다.

"일단은 지켜봐야겠지만 깨어나지 않으시면 식물인간 상태가 되는 겁니다."

"아이구, 어떡해. 선생님, 살려주세요."

최정자는 의사의 소매를 붙잡고 큰 소리로 울었다. 서진은 그
런 어머니를 꼭 붙들었다.

"좀더 지켜봅시다."

의사는 확신 없는 말투로 말하고는 병실을 빠져나갔다.

가족들은 참담한 얼굴로 수성을 바라보았다. 수성은 깊은 잠
에 빠져 있는 사람처럼 보였다. 병실 안에는 최정자의 울음소리
만 간헐적으로 터져 나왔다.

그렇게 한 달이 지났다. 서진은 홍콩으로 돌아갔고 우진과 소
연은 다시 부지런히 돈을 구하러 다녔다. 수진은 집안 살림을 도
맡아서 했고 무성만은 아내가 싸준 음식을 들고 자주 병실을 찾
았다. 최정자는 수성의 곁을 떠나지 않고 병원을 지켰다.

그러던 어느 날 밤 병실을 찾아온 우진과 소연은 어머니를 붙
들고 사정을 이야기했다.

"어머니, 저희 상황이 너무 어려워요. 지금 같은 때에 이런 말
꺼내려니 아버지께 너무 죄송하지만 이제는 더 이상 물러설 데
가 없어요. 지금 다시 찍지 않으면 영화가 무산될 위기에요. 어머
니 저희 좀 도와주세요. 네?"

최정자는 남편에게 매달려 있는 동안 잊고 있었던 우진의 일이
떠올랐다. 그리고 수성을 물끄러미 바라보다가 결심을 굳혔다.

"그래, 너희 아버지 언제 깨어나실지도 모르고 그 사이에 너희들 어떻게 될지도 모르는데 내가 손 놓고 있을 수만은 없다. 내일 당장 집에 가서 아버지 서재에 있는 통장을 찾아봐라. 우선 급한 대로 영화라도 진행시켜야지. 통장에 든 돈도 찾고, 담보로 대출도 받고 돈을 좀 모아보자. 너희라도 우선 살고 봐야지."

"어머니, 고맙습니다."

우진과 소연은 어머니의 손을 잡고 머리를 조아렸다.

최정자는 아이들이 돌아가고 난 후에 수성을 보며 혼잣말로 중얼거렸다. 아무래도 배 아파 낳은 자식에게 마음이 더 가는 것은 어쩔 수 없었다. 특히 젊은 나이에 사업을 시작하여 늘 불안한 길을 가고 있는 막내아들 우진에 대한 마음 씀씀이는 더 컸다.

"여보, 날 용서해요. 우진이 형편 당신도 알잖아요. 당신도 사실은 도와주려고 했죠. 자식이 곤경에 처했는데 모른 척하는 부모가 세상에 어디 있겠어요. 나 너무 원망 말아요. 다 우리 자식을 위한 거니까. 당신 어서 깨어나서 마음껏 야단쳐요. 알았죠."

최정자는 눈물을 닦으며 수성의 손을 꼭 잡았다.

○○○

우진과 소연은 아버지 서재에 들어갔다. 마침 수진이 병원에

간 걸 알고 아무도 없을 때 온 거였다. 아버지가 오래 전부터 사용해온 오동나무 책상 위에는 장학재단 설립 계획서가 놓여 있었다. 그걸 본 우진은 마음이 좋지 않았다. 하지만 발등에 떨어진 불부터 꺼야 했다. 서랍을 열고 뒤지기 시작했다.

"여보, 통장이 여기 있네."

"어디 보자."

우진이 통장을 살피고 있는 사이에 소연이 뭔가를 발견한 듯했다.

"어, 이게 뭐야? 여보 이것 좀 봐"

"뭔데."

"유언장이야."

소연이 찾아낸 것은 김수성의 유언장이었다. 유언장에는 형 서진에게는 2억 5천만 원을, 누나 수진에게는 5천만 원을, 우진에게는 2천 5백만 원을 남긴다고 적혀 있었다.

"어머나 세상에, 이게 사실이야? 근데 돈이 왜 이렇게 차이가 나?"

유언장에 적힌 상속금액을 본 소연은 놀라고 기가 막혀서 흥분된 목소리로 발을 동동 굴렀다.

"여기 적힌 금액이 사실이야? 이게 말이 돼? 도대체 이런 말도 안 되는 유언장이 어디 있어?"

우진은 유언장에 적힌 날짜를 보고 5년 전의 사건이 기억났다. 아버지가 사업이 어려우니 돈을 마련해 오라는 말에 오백만 원을 겨우 마련해 갔던 그날이 떠올랐다.

"당신 혹시 주워온 자식 아니야? 그렇지 않고서야 어떻게 같은 자식끼리 이렇게 차별하실 수 있어? 응? 아버님 정말 해도 해도 너무 하시네. 여태까지 사업자금 한 푼 안 주실 때는 그래도 다 자식들의 교육을 위해서 자립하라고 그러시는 줄 알았는데, 이제 보니 완전 당신은 이 집안에서 찬밥 신세였네."

소연은 분을 누르지 못하고 격앙된 목소리로 말했다.

우진이 바닥에 주저앉아서 잠시 생각하더니 소연에게 말했다.

"5년 전에 아버지가 사업이 어렵다며 돈을 마련해서 집으로 오라고 한 적이 있었잖아?"

"맞아. 그때 그래서 모두 엄청 당황했었잖아."

"그때 내가 5백만 원만 들고 갔잖아. 그때 형은 5천만 원을 들고 왔고 누나는 천만 원을 들고 왔거든. 그때 아버지가 우리가 마련해간 돈의 액수를 유언장에 반영시키겠다는 얘기를 잠깐 하셨어. 하지만 나도 이렇게 정확히 그때 가져간 금액을 반영해서 유언장을 작성해두신 줄은 몰랐어."

소연은 우진의 말을 듣고 더 기가 막혔다.

"그럼 딱 다섯 배네. 말도 안 돼. 아버님은 그런 시험을 통해서 유언장을 쓰신단 말이야? 난 절대로 이 유언장 인정할 수 없어. 이건 벌써 5년 전에 써 두신 유언장이야. 더구나 지금 아버님은 병실에 누워서 의식도 없으신데 만약에 저러다 돌아가시기라도 해봐. 이 유언장에 적힌 대로 우리가 유산을 물려받는다고 생각 해봐. 말도 안 돼."

"그럼 어떡해? 유언장이 이렇게 있는데."

소연은 골똘히 생각에 잠겼다. 그러고는 주위를 둘러보다가 조그만 소리로 말했다.

"여보 지금부터 내 말 잘 들어. 우리 이 유언장 없애자."

"뭐?"

"어차피 유언장이 없어져도 아무도 모를 거야. 어머니도 유언장에 대해서는 모르시는 것 같던데. 그리고 아버님이 깨어나시지 않는 한 아무한테도 들키지 않아. 이런 말 미안하지만 사실 아버님은 아무래도 힘들 것 같다고 며칠 전에 의사도 말했잖아. 우리가 주저하고 있다가 갑자기 아버님이 돌아가시면 우리는 망하고 아버님 돈은 장학재단으로 다 들어가게 된다고. 이게 말이 돼? 자식은 망하게 생겼는데 유산은 다른 사람을 위해 쓰인다는 게. 당신도 생각을 좀 해 봐."

우진도 아내의 말이 틀리지 않다는 것을 인정했다. 하지만 유언장에 적힌 '가족들은 내 결정에 이의가 없을 것으로 믿고 잘

협력하여 상속을 진행시켜 주기를 부탁한다'라는 문구가 떠올라 괴로웠다.

"여보, 영화 잘 되면 그때 장학재단 설립해도 늦지 않을 거야. 일단은 우리부터 살고 봐야지. 응?"

소연은 우진에게 다가가 남편의 눈을 들여다보며 손을 잡았다.

우진은 고개를 끄덕이며 유언장을 집어 들고는 그 자리에서 유언장을 찢었다.

"에취."

난데없는 재채기 소리에 깜짝 놀란 우진과 소연은 동시에 쳐다보았다. 문밖에 누군가 있는 것이 분명했다. 조심스럽게 다가가 문을 열자 무성만이 멋쩍게 머리를 긁적이며 서 있었다.

"아니, 난 무슨 소리가 들려서."

무성만을 본 우진은 깜짝 놀라 뒷걸음쳤다.

"이 시간에 왜 집에 계세요?"

"오늘부터 방학이야. 그래서 늦잠을 자고 있었는데 무슨 소리가 들려서……."

"저희 얘기 다 들으셨어요?"

"응. 본의 아니게 듣게 됐어."

우진과 소연은 난감했지만 무성만 역시 유언장을 파기했을 때 득을 볼 수 있는 사람이라는 생각이 빠르게 스쳤다.

"매형, 저희 좀 도와주세요. 들으셨다니 알겠지만 아버지 저러다가 돌아가시면 우리는 유언장에 적힌 돈밖에 못 받아요. 하지만 유언장이 파기되면 협의분할을 할 텐데 어머니와 우리 형제들이 아버지의 유산을 협의해서 상속받는 겁니다. 사실 형님도 이 기회에 평소 원하시던 피트니스센터 하시고 유산도 많이 받게 되면 얼마나 좋아요. 저희는 지금 정말 돈이 필요해요. 80퍼센트나 찍은 영화를 여기서 엎을 수는 없어요. 이 일을 눈감아주시면 저희도 좋고 형님도 좋고. 네? 형님 부탁드릴게요."

"네, 부탁드릴게요."

우진과 소연의 간절한 부탁을 듣고 무성만은 계속 머리만 긁적였다. 사실 무성만도 두근거리고 겁이 나기는 했지만 거액의 유산을 상속받는다는 것은 상당히 욕심나는 일이었다. 영화에서나 보던 일이 현실로 이루어진다고 생각하자 입이 바짝 말랐다.

"알았어, 처남. 그렇게 해. 처남 사정이 너무 딱하니까 뭐."

"고맙습니다. 그럼 이건 우리 셋만 아는 비밀입니다."

"그래, 알았어."

우진은 한 번 찢은 유언장을 두 번 세 번 찢었다. 잘게 찢은 종이를 우진은 호주머니 속에 넣었다. 유언장은 사라졌지만 그들 셋의 마음속에서는 떨쳐버릴 수 없는 어두운 그림자가 서서히 짙게 드리워졌다.

다음날 오후 우진은 주인성의 사무실로 찾아갔다.

"웬일이냐? 네가 여길 다 오고. 아버지한테 혹시?"

"아니에요, 아저씨. 아버지는 계속 그러세요. 저 오늘은 여쭤볼 게 좀 있어서……"

말끝을 흐리며 우진은 조심스럽게 물었다.

"혹시 아버지가 유언장을 남기지 않고 돌아가시면 어떻게 되는 건가요?"

주인성은 유언장에 대한 질문을 의아하게 생각했지만 협의분할에 대해 자세히 설명했다.

"유언장을 남기지 않고 사망하게 되었을 경우에는 법정상속인들끼리 협의분할에 들어가는 거야. 즉 남은 가족들끼리 재산을 어떻게 나눠서 상속을 할 것인지 합의를 하는 거지."

"그럼, 우리 가족들이 알아서 하면 된다는 말씀이시죠?"

"그렇지, 유언장이 없을 경우에는."

"알겠습니다. 그냥 이 근처에 볼일이 있어 왔다가 궁금해서 들렀어요. 그럼, 이만 가보겠습니다."

우진은 막연하게 알았던 법률적인 사실을 확인하고는 바삐 사무실을 나갔다.

인성은 우진의 뒷모습을 보며 한참을 생각했다. 수성의 유언
장이 있다는 것을 알고 있었지만 인성은 말하지 않았다. 뭔가 내
막이 있는 것도 같고 가족들이 이미 마음의 준비를 하고 있는
것도 같았다. 병원에 있는 수성을 생각하니 마음이 아파왔지만
인성은 수성이 죽기 전에는 전면에 나서지 않는 것이 좋다고 판
단했다.

소연과 성만이 긴장된 표정으로 우진을 기다리고 있었다.
"여보 어떻게 됐어?"
"처남, 주 변호사님이 뭐라셔?"
"잠시만요."
우진은 갈증이 나는지 탁자에 놓인 물을 벌컥벌컥 마셨다.
"됐어요. 사망자가 유언장을 남기지 않았을 경우에는 가족들
이 협의분할에 들어가면 된대요. 아버지 얘기인 줄 아시면서도
별 말씀이 없는 걸 보면 주 변호사님도 아버지에게 유언장이 있
다는 사실을 모르는 것 같아요."
"휴우, 다행이다."
소연과 성만은 그제야 긴장을 풀고 가슴을 쓸어내렸다.
"그러면 이제 어떻게 해야 하는 거지?"
"우리끼리 말해 봤자 소용없어요. 형과 함께 가족회의를 해야

겠어요. 어차피 아버지가 언제 돌아가실지 모르는 상황이니까. 미리 준비한다고 해서 나쁠 것도 없고 아버지가 항상 준비해둬야 한다고 하셨으니까 미리 합의를 해 두는 게 좋다, 뭐 이런 식으로 말하면 형도 순순히 따라올 거예요."

"장모님은?"

"걱정 마세요. 어머님은 저희 편이니까."

소연이 자신감에 찬 목소리로 말했다.

"매형은 누나나 신경 쓰세요."

"누나는 내가 어떻게 해볼게. 사실 수진이는 형님이랑 처남보다 차별 받는다고 생각해서 항상 언짢게 생각했으니까 협의분할하여 공평하게 나눌 수 있다면 크게 걸고 넘어지지 않을 거야."

"알겠어요. 그건 걱정 마세요. 누나하고 공평하게 나눌 테니까."

세 사람의 얼굴에는 의기양양한 미소가 떠올랐다.

누구를 위한 협의인가

    집안에 모인 가족들은 심각한 얼굴로 우진의 말을 듣고 있었다.

    "아버지가 언제 돌아가실지도 모르는 상황이니까 미리 준비하자는 것뿐이에요. 형도 언제 다시 외국으로 나갈지도 모르고 또 가족들이 이렇게 한자리에 모여 얘기하기도 어렵고 하니 미리 준비해둬야 잘 대처할 수 있지 않겠어요?"

    "하지만 좀 시기상조인 것 같다. 아직 아버지 돌아가시지도 않았고 난 아직도 아버지가 그렇게 되신 것도 믿어지지 않는 상황인데……."

    하지만 서진의 말에 모두 잠자코 있었다. 그때 침묵을 깨고 최정자가 입을 열었다.

"아니다. 나는 우진이 말이 옳다고 생각한다. 그 양반이 따로 유언장을 남긴 것도 아니고, 막상 갑자기 돌아가시고 나면 재산 때문에 가족들 간에 힘들어질 수도 있고 서로 얘기해서 재산을 어떻게 나눌지 확실하게 상의를 해 놔야 뒤탈이 없지, 안 그러니?"

최정자가 단호하게 말하자 서진도 더 이상 말할 수가 없었다.

"네, 맞아요, 어머님. 어차피 돌아가시기 전에 하나 돌아가신 후에 하나 마찬가지인 걸요."

소연이 말하자 수진도 기회를 놓치지 않고 말했다.

"오빠, 오빠가 한국에 있으면 모르지만 언제 외국으로 갈지 모르기 때문에 이런 게 필요한 거야. 오빠 있을 때 협의를 해야지. 아버지 때문에 지금 급하게 한국으로 들어온 거잖아."

서진은 왠지 꺼림칙하고 불편했지만 한편으로는 그 말도 틀린 말은 아니라고 생각했다.

"그러면 합의를 하자. 상속재산의 반은 어머니께 드려야 한다고 생각하는데……."

"응, 찬성이야."

모두 손을 들어 찬성했다.

"그리고 나머지는?"

수진이 머뭇거리며 조심스럽게 말을 꺼냈다.

"오빠, 사실 아버지가 우진이한테도 집 사주고 오빠한테도 홍콩에서 기반을 닦을 만큼은 지원해주셨잖아. 사실 딸인 나한테만 제대로 뭘 해주신 게 없다는 생각 안 들어? 내가 오빠나 우진이보다는 그런 걸 감안해서 더 많이 받아야 한다고 생각해."

"아니, 집이라고 다 같은 집인가? 나한테는 24평짜리 아파트 결혼할 때 사 주신 게 다지만 형한테는 모르긴 몰라도 꽤 큰돈이 들어갔을 것 같은데. 도대체 돈이 얼마야. 게다가 형은 공부하는 동안 아버지가 돈도 가끔씩 부쳐주셨다는데 사실 아버지가 장남이라고 이때까지 얼마나 많은 혜택을 주셨는지 형은 모를 거야. 받는 사람은 잘 모르지. 우리는 항상 아버지가 형한테는 아낌없이 주신다는 걸 느꼈지만……."

서진은 동생들의 뜻밖의 얘기에 놀랐지만 아버지에게 넘치는 사랑을 받고 자란 것은 사실이었다.

"솔직히 아버지가 그렇게 오빠한테 쏟아 부으셨으니까 지금 그만큼 재산 모은 거 아니야?"

"모르긴 몰라도 형은 아버지 유산 정도는 안 받아도 크게 문제없을 정도로 돈 많을 걸."

서진은 당황스러웠지만 동생이 영화 때문에 힘들다는 얘기를 아버지한테 들었기에 아무래도 재산을 동생들에게 넘기는 것이 낫겠다는 판단이 들었다. 재산 때문에 옥신각신하는 건 서진 역시 원하지 않는 상황이었다. 평소 아버지의 유산은 아버지의 장학재단에 모두 들어가야 한다고 늘 생각해왔지만 위기에 처한 동생부터 돕는 것이 순서였다.

"난 아버지 재산에 욕심 없다. 너희들이 내 몫까지 나누어 가져도 돼."

"정말이야? 오빠?"

"형은 돈 많이 모았다더니 정말인가 보네."

"하지만 아버지가 원하시던 장학재단은 꼭 설립했으면 좋겠어. 아버지가 유언장을 쓰셨다면 분명히 장학재단에 재산의 절반 이상은 쏟아 부으셨을 거야."

우진과 수진은 난감한 표정으로 말을 잇지 못했다.

"아주버님, 장학재단에 도대체 돈이 얼마나 들어가는지 알고 그러세요? 아버님 뜻은 좋지만 지금 상황에선 자식들이 하기에는 무리가 있어요. 저희가 성공해서 잘 풀리면 그때는 아버님 뜻을 받들 수 있지만 저희가 지금 남의 사정까지 돌볼 여유가 없어요."

소연의 쏘아붙이는 말투에 서진은 멈칫거렸다. 서진은 그렇지 않아도 근래에 우진과 소연에게서 뭔가 쫓기는 듯한 인상을 받았다. 그래도 아버지의 평생 소원이었던 장학재단을 포기하는 건 아버지의 뜻을 거스르는 일이었다. 어떻게 해야 할지 판단이 서지 않았다. 서진은 시원스러운 답을 내지 못했다. 하지만 자신을 제외한 가족들 모두가 원하고 있는 것은 알 수 있었다. 결국 그것은 협의분할이었다. 가족들의 합의대로 이루어지는 것이 마땅하다는 생각이 들었다.

"그럼, 알겠습니다. 가족들이 모두 원하는 대로 따르겠습니다."

동의는 했지만 착잡한 마음은 감출 수가 없었다. 상속 문제로 더 얘기를 나누는 가족들을 두고 서진은 마당으로 나왔다. 과연 잘한 일인지 확신이 서지 않았다. 두고두고 후회할지도 몰랐다. 서진의 근심 어린 한숨 소리만 마당을 가득 메웠다.

뼈아픈 고백

　무성만은 방학 동안 장인어른의 간호를 하겠노라 자처했다. 장모님이 하루 종일 병원 생활을 하는 것이 안쓰럽기도 했고 장인에 대한 왠지 모를 죄책감 때문이기도 했다. 유언장을 파기한 이후로 무성만은 입맛도 없고 일도 손에 잡히지 않았다. 비밀을 가진다는 것이 시간이 갈수록 이렇게 자신을 옭아매는 무서운 일이 될 줄 그때는 몰랐다. 방학 동안 병원에서 먹고 자고 간호하겠다는 성만의 말을 최정자는 몹시 반겼다. 하지만 그마저도 성만은 미안했다.

　수성의 얼굴과 손발을 물수건으로 닦아주며 성만은 처음으로 장인어른의 얼굴을 자세히 들여다보았다.

'참 많이도 늙으셨네.'

주름이 가득한 장인의 얼굴을 보고 있자니 마음속에서부터 눈물이 스며 나왔다. 불현듯 처음 처가에 인사드리러 갔던 날이 떠올랐다. 시골 출신에다 가난하고 내세울 것 없는 자신을 장모님이 탐탁치 않게 여긴다는 것을 성만은 알고 있었다. 그래서 임용고시 합격을 확인하고는 인정받고 싶은 마음에 무작정 찾아가 결혼하겠다고 했다. 여전히 장모님은 자신을 맘에 들어 하지 않았지만 장인어른은 진심으로 자신의 이야기에 귀 기울여 주었다. 수진이 성만과 결혼하겠다고 선언했을 때에도 장모님은 아직 나이도 어린데 무슨 결혼이냐며 눈을 흘겼지만, 장인어른은 성만이 착하고 성실해 보이는 게 마음에 든다며 돈만 좀 모아서 전세라도 얻을 수 있는 형편이 되면 허락하겠다고 말했다. 그 시절을 생각하면 성만도 수진도 참 어렸지만 정말 빛나는 시절이었다.

하지만 지금 눈앞에 누워 있는 장인어른을 바라보니 최근 5년이 더 행복했던 것 같았다. 처가에 들어와 살면서 아들 둘을 낳고 돈도 어느 정도 모을 수 있었다. 수진도 성만도 분가하고 싶은 마음은 없었다. 더구나 서진이 홍콩에서 직장을 다니면서 한국에 다시 들어오기가 쉽지는 않아 보였다. 아이들 둘을 키우려면 장모님의 도움도 필요했고 여러모로 처가에서 사는 것이 더 나았다. 또한 손자들을 예뻐하시는 장인어른과 장모님은 한시라도 아이들과 떨어져 지내려고 하지도 않았다. 성만은 며칠 전의 일을 생각하니 죄스럽기도 하고 착잡한 심정으로 말없이 계속 수성의 얼굴을 닦았다.

"아빠."

문이 열리고 윤호와 영호가 달려 들어왔다. 두 녀석은 한창 말썽 피울 장난꾸러기들이었다.

"어, 이 녀석들 왔구나."

"쉿! 병실에서는 뛰어다니면 안 된다니까."

수진이 아이들을 붙잡아 의자에 앉혔다.

"할아버지한테 인사해야지."

윤호와 영호는 수성에게 다가가 인사했다.

"그런데 할아버지는 인사해도 모르잖아."

큰아들 윤호가 말했다.

"왜 몰라. 할아버지가 아프서서 그렇지, 너희들이 인사하면 다 알아. 다 듣고 계셔."

"정말?"

"그럼, 그런데 왜 말도 못하고 눈도 감고 있어?"

"편찮아서 그런 거야. 다 나으면 다시 예전처럼 너희들이랑 놀아도 주고 그러실 거야. 만약 너희가 아파서 누워 있는데 아빠가 말도 안 걸고 아는 척도 안 하고 그러면 좋겠어?"

아이들은 고개를 가로저었다.

"그러니까 할아버지가 아프셔도 너희가 인사도 하고 손도 잡고 이야기도 들려드리고 하면 할아버지가 다 기억하고 기뻐하실 거야."

수진이 아이들을 끌어안고 다정한 눈길로 말했다.

"아빠 좀 봐. 할아버지가 세수를 못 하시니까 얼굴도 닦아드리고 할아버지 심심하실까 봐 재미있는 이야기도 해 드리고 하잖아. 너희들도 나중에 아빠랑 엄마 아파서 누워 있으면 아빠처럼 저렇게 해줄 거야?"

"응. 엄마 내가 엄마 얼굴 다 닦아줄게."

"나도, 나도 얼굴도 닦아주고 맛있는 것도 먹여주고 할 거야."

형이 말하는 것을 이내 따라하며 영호가 말했다.

"정말? 약속했다. 우리 아들. 약속 꼭 지키기."

수진은 아이들과 손도장을 찍으며 환하게 웃었다.

하지만 그 광경을 바라보고 있던 성만의 마음은 편치가 않았다. 처지를 바꾸어 생각해 보았다. 자식을 둔 아버지 입장에서 유언장을 파기한 자식들에 대한 배신감이 얼마나 클지 충분히 짐작할 수 있었다. 도저히 용서 받지 못할 짓을 저질렀다는 생각에 성만은 후회가 밀려왔다.

"여보, 왜 그러고 있어?"

"아니야."

"당신이 정말 고생이 많다. 아버지가 비록 저렇게 누워 계시지만 돌아가시더라도 당신한테 고마워할 거야. 여보."

수진이 성만의 손을 잡고 진심으로 말했다.

수진과 아이들이 돌아가고 난 후에 성만은 수성의 침대에 머리를 묻고 흐느꼈다. 자신이 부끄러웠다. 한참을 울고 나자 마음이 좀 후련해지는 것도 같고 뭔가 행동으로 옮겨야 한다는 용기도 생겨났다. 화장실로 들어가 세수를 하고 나왔을 때 갑자기 어디선가 신음소리가 들려왔다. 놀란 성만이 침대 머리맡으로 달려갔다. 수성이 괴로운 듯 신음소리를 내고 있었다.

"아버님, 아버님, 정신이 드세요?"

성만은 달려가 간호사를 불렀다.

급히 무성만의 연락을 받고 병원으로 달려온 수성의 가족들은 모두 침대에 둘러앉아 초조하게 수성을 바라보고 있었다. 의사는 수성의 뇌파가 활발하게 운동하기 시작했다고 말했다. 그리고 곧 의식이 돌아올 테니 지켜보자고 말했다. 새벽을 함께 지새우던 가족들은 잠도 안 자고 수성을 지켜보고 있었다.

수성이 깨어나 맨 처음 한 말은 여기가 어디냐는 것이었다. 수성은 그날의 일을 전혀 기억하지 못했다. 교통사고를 당한 상황도 전혀 기억하지 못했다. 하지만 마음고생한 흔적이 역력한 가족들의 표정을 보며 자신이 엄청난 일을 당했다는 것만 짐작할 수 있었다. 다행히 외상이 크지 않았던 터라 수성은 며칠 후에 퇴원할 수 있었다. 삶과 죽음의 기로에 섰던 수성이 다시 아무 일 없다는 듯 일상으로 돌아오게 된 건 사람들이 흔히 말하는 기적이었다.

∩∩∩

집으로 돌아온 수성에게 아내와 딸은 성만의 칭찬을 늘어놓았다. 평소에는 사위를 시답잖게 바라보던 최정자도 이번 일을 겪고 나자 사위에 대한 애정이 남달리 커졌다. 장인이 병석에 눕자 자청해서 간호하며 밤을 새웠다고 수성에게 입이 마르도록 칭찬했다. 하지만 성만은 부끄럽고 미안한 마음에 장인의 눈을 똑바로 쳐다보지도 못했다. 그건 우진과 소연도 마찬가지였다. 그들은 아버지 앞에서 제대로 말도 하지 못한 채 퇴원한 날 이후로는 집에 오지도 않았다. 수성은 뭔가 수상한 기운을 느꼈다. 자신이 의식을 잃은 사이에 무슨 일이 벌어진 게 분명했다. 그게 어떤 것인지 알 수는 없었지만 분명 뭔가 있었다. 수성은 아내에게 넌지시 물어봤지만 별 다른 기색이 없었다. 수성은 아내가 아프다거나 혹시 말 못할 일이라도 생긴 건 아닐까 싶어 걱정하며 우진과 성만을 불렀다.

"혹시 그동안 무슨 일이라도 있었던 거냐? 속 시원하게 말 좀 해봐."

우진과 성만은 서로 눈치만 보고 있었다.

"어서 말해 보래도!"

우진은 고개를 푹 숙이고 바닥만 쳐다보고 있었다. 성만은 장인의 목소리에 덜컥 겁부터 났다. 꼿꼿하게 앉아 있는 장인의 표정이 심상치 않았다. 안절부절못하고 불안해하는 성만의 눈을 수성은 뚫어지게 쳐다보았다. 성만은 조바심이 나고 두려운 나머지 눈물을 쏟았다.

"자네, 왜 이러나. 무슨 일 있는 건가?"

무성만은 울먹이면서 그동안 있었던 일을 털어놓았다. 이야기를 듣고 있던 수성의 표정이 차츰 굳어갔다.

"아버님, 정말 죄송합니다. 저희가 돈에 눈이 멀어 하지 말아야 될 일을 했어요. 흑흑. 누구보다 아버님을 가까이서 모셨던 제가, 아버님의 신념을 받들어야 할 제가 그만 순간 욕심에 눈이 멀었어요. 처남도 형편이 너무 어려워서 다른 방법도 없고……. 용서해주세요."

눈물을 쏟으면서 성만은 머리를 숙이고 용서를 빌었다. 우진은 아무 말 없이 눈물만 뚝뚝 흘리고 있었다.

수성은 상상조차 하지 못했던 일에 억장이 무너져 내렸다.

'내가 의식을 잃은 동안 이런 일이 벌어지다니. 어떻게 내 자식들이…… . 내가 자식들을 잘못 가르쳤구나.'

수성은 자괴감과 분노를 억누를 길이 없어 손이 부르르 떨렸다.

"너는 입이 없어? 왜 말을 못해?"

우진은 고개를 들지 못했다. 차마 고개를 들 수가 없었다. 지은 죄가 너무 무거워서 도저히 아버지의 눈을 바라볼 용기가 나지 않았다.

"너희들은 자식도 아니다. 자식이 어떻게 그럴 수가 있어? 아버지가 죽기도 전에 유언장을 파기하고 멋대로 결정하고…… . 내 자식들이 이럴 수가 있냐? 어떻게 그럴 수가 있어."

우진은 고개를 들지도 못하고 흐느끼며 말했다.

"죽을 죄를 졌습니다. 흑흑흑."

"그게 어떤 유언장인지는 알고 그런 일을 저지른 거냐? 그건 5년 전에 연습 삼아 써 둔 유언장일 뿐이야. 그때 처음으로 유언장 형식에 맞춰 그냥 한번 써 본 거라고. 실제로 그걸 유언장으로 쓰려고 한 건 아니란 말이다. 그 이후로도 몇 번이나 유언장을 다시 썼어. 진짜 유언장은 은행의 대여금고 속에 들어가 있다. 내가 죽으면 공개되었겠지. 아들, 며느리, 딸, 사위에게도 모두 유산을 남겼는데…….”

유언장이 금고에 있다는 말을 들은 우진은 자신이 저지른 엄청난 일에 몸을 떨었다.

수성의 목소리도 가늘게 떨리고 있었다.

“하지만 이제 너희들을 자식으로 생각하지 않을 거다. 너희가 어떻게 내 자식들이야? 자식으로 인정할 수도 없고 내 재산을 한 푼도 줄 수 없다. 당장 나가거라! 내 집에 발 붙일 생각도 말고 무서방도 어서 집 구해서 나가! 꼴도 보기 싫으니까.”

수성의 불호령에 성만은 더욱 서럽게 울기 시작했다.

“무슨 일이에요?”

“왜 그래요?”

놀란 수진과 최정자가 방문을 열고 들어왔다.

“모두 꼴도 보기 싫으니까 나가! 나가라구!”

수성은 호통을 치며 서재에서 가족들을 쫓아냈다. 울던 성만과 우진이 최정자와 수진의 손에 이끌려 밖으로 나가자 수성은 머리에 손을 얹고 수심에 잠겼다.

‘내가 이대로 죽었더라면 우리 집은 또 다시 상속 문제로 깊은 수렁에 빠지고 아이들도 죄의식과 괴로움에 허덕였을 게 분명하다.’

수성은 그제야 쓰러지던 날 아침 일찍부터 자신이 어디로 가는 길이었는지 떠올랐다. 은행에 가는 길이었다. 막내아들 우진에게 돈을 마련해주기로 결심을 굳히고 은행을 가는 길이었다. 몇 날 며칠을 고민하다가 먼저 급한 우진이부터 도와주어야겠다고 결심했던 것이다.

하지만 지금 자식들이 저지른 일은 절대 그냥 넘어갈 수 없는 범죄였다. 아무리 상황이 급하고 어렵다 해도 정당화될 수 없는 일이었다. 가족들과 상의도 없이 자신들의 이익을 위해 아버지의 뜻을 저버린 행동을 용서할 수는 없었다. 수성은 현명하게 대처할 수 있을까, 고민하고 또 고민하며 밤을 지새웠다.

다음날 아침부터 집으로 찾아온 사람은 주인성이었다.

"자네 이제 정말 괜찮은 거지? 나도 자네 때문에 십년감수했네."

"괜찮아, 내가 여러 사람한테 걱정을 끼쳤네."

"죽었다 살아 돌아온 사람이 안색이 왜 그렇게 안 좋아?"

수성은 조심스럽게 방문을 닫고 인성에게 털어놓기 시작했다.

"사실은 내가 병원에 누워 있는 사이에 믿을 수 없는 일이 벌어졌어. 정말 내 자식들이 그럴 줄은 몰랐네."

"무슨 소리야?"

"사고 나기 전에 우진이 사업을 두고만 볼 수 없어서 돈을 찾으러 가던 길이었네. 장학재단도 중요하지만 아들이 망하고 나면 그게 다 무슨 소용일까 싶어 큰맘 먹고 도와주기로 했지. 그런데 그런 것도 모르고 내가 병원에 있는 사이에 애들이 작당을 하고 유언장을 파기한 모양이야."

"아니, 정말 그런 짓을 저질렀단 말인가?"

인성은 얼마 전 우진이 찾아왔던 것을 떠올렸다.

"그랬구나. 사실은 우진이가 나를 찾아왔었어."

"그래? 뭐라던가?"

"유언장이 없는 경우에는 상속절차가 어떻게 되냐고 묻더라고. 그래서 가족들끼리 협의분할을 하면 된다고 얘기해줬지."

"그때 내 유언장이 따로 있다는 사실을 왜 말하지 않았나?"

"난 자네가 절대 죽을 거라고는 생각하지 않았거든. 자네가 유언장을 쓴 사실을 가족들에게 비밀로 했는데 구태여 내가 말할 필요는 없잖나. 난 자네가 깨어날 거라고 믿었으니까."

"만약에 안 깨어났으면 어쩌려구?"

"허허. 안 깨어나고 그대로 갔으면? 뭐 그때 말해도 늦지 않잖아. 자네가 비밀로 했으니까 내가 그 비밀을 지켜준 셈이라고 할까?"

수성의 굳은 표정은 풀리지가 않았다.

"아무래도 내가 자식교육을 잘못 시킨 것 같아. 어떻게 내가 누워 있는 동안 그런 엄청난 일을 저지르고 부모의 뜻을 쉽게 저버릴 수 있는지. 이제까지 내가 헛살았다는 생각밖에 들지 않네."

주인성이 한참을 생각하더니 차근차근 말했다.

"내 생각에는 자네가 유언장에 대해 가족들과 공감대를 제대로 만들지 못해 벌어진 일이라고 생각하네. 자네가 미리 상속을 준비하고 재산이 어떻게 쓰일지에 대해서는 가족들과 충분히 대화를 나누었다고 하지만, 유언장을 공개하지 않았기 때문에 자네가 얘기했던 것들이 다소 현실감이 없게 받아들여지기도 했을 거야. 이번 일을 계기로 가족들에게 유언장을 공개하고 함께 논의하고 설득하며 공감대를 형성하는 과정이 필요한 것 같아. 사람들이 보통은 유언장을 작성해도 가족들에게 공개하기를 꺼리는데 그건 잘못된 생각이야. 유언장이 실체화되지 못하고 막연하게 다가오게 되거든. 가족들이 좀더 현실적으로 받아들이기 위해서는 유언장을 공개하는 것이 정말 중요해."

"그럼 이번 기회에 유언장을 공개하란 말이지."

"특히 이런 일을 겪었으니 자네의 경우에는 유언장 공개를 꼭 고려해보게. 그리고 가족들 모두에게 말하는 것도 중요하지만 가족들과 일대일로 이야기해보는 것도 중요해. 한 사람 한 사람 따로 얘기를 해보면 그 사람이 어떤 생각을 가졌는지도 잘 알 수 있고 그 사람을 설득하기도 훨씬 쉽다는 걸 알게 될 거야. 상속 문제에 있어서는 무엇보다 원만한 합의가 중요하니까 자네가 왜 이렇게 유언장을 작성하게 되었는지, 충분히 가족들을 설득해야 하지 않겠나?"

수성은 그 말에 일리가 있다고 생각했다.

"그리고 유언장 파기는 법적으로 상속결격사유에 해당하기 때문에 우진이는 상속권자 자격을 박탈당하는 거야. 물론 자네와 자네 가족들이 그 일을 덮어둔다면 문제되지 않겠지만."

"사실 어떻게 해야 할지 잘 모르겠어."

"일단은 아이들과 얘기해보게. 다 그럴 만한 사정이 있었을 테지."

수성은 지금의 사태를 해결할 방안은 우선 유언장을 공개하는 것이 최선임을 깨달았다.

수성은 입맛이 없어 온종일 밥도 먹지 않았다. 분명 자신에게도 잘못이 있다는 걸 깨달았지만 우진을 그냥 용서하기에는 아들의 잘못이 너무 컸다. 궁지에 몰린 우진에게 아버지의 돈은 분명 큰 유혹이었을 것이다. 먼저 자신이 우진을 도울 의사가 있음을 밝혔어야 했다. 아니, 우진이 도움을 청했을 때 선뜻 아버지로서 도움을 주었어야 했다. 돈이 있으면서도 그 돈을 가족들이 힘들고 어려울 때 쓰지 않고 다른 일을 위해서 쓴다는 것은 아이들로서도 도저히 납득할 수 없는 일이었을 것이다. 재산을 사용하고 상속을 계획하는 것은 수성 혼자만의 일이 아니라 분명 가족들 모두가 함께 계획하는 일이라고 늘 생각해왔음에도 불구하고 수성의 뜻에 따르라고 강요한 셈이 되었다.

그때 노크 소리와 함께 방문이 열리고 우진이 들어왔다.

수성은 잔뜩 인상을 구기고 우진을 쳐다보았다.

"여긴 왜 왔어?"

"아버지, 다시 용서를 구하고 싶어서 왔습니다."

"아무리 그래도 지금은 널 용서하지 못한다."

"저도 염치가 있지, 차마 용서해 달라는 말은 못하겠어요. 아버지 저 용서하지 마세요. 제가 뭐에 씌었는지 한 가지 생각밖에 못했어요. 오로지 영화 생각밖에 안 나더라고요. 조금만 더 찍으면 되는데, 이것만 찍으면 내가 이제까지 고생했던 게 결실을 맺는데, 이 생각밖에 안 들어서 저한테 실망할 우리 가족들은 미처 생각 못했어요. 제가 이렇게 나쁜 놈인 줄 저도 몰랐어요. 사람이 이렇게 추해질 줄은 정말 몰랐어요. 흑흑. 아버지에게 자랑스러운 아들이 되고 싶었는데…… 죄송해요. 죽을 죄를 졌다는 거 알아요. 그래도 아버지께 용서를 구하고 싶어요."

눈물을 흘리며 용서를 구하던 우진은 일어서서 조심스럽게 방을 나갔다.

수성은 마음속으로 이미 우진을 용서했지만 우진을 용서했다는 말이 쉽게 입 밖으로 나오지 않았다. 여전히 노기 띤 얼굴로 우진을 노려보기만 했다. 하지만 마음이 무거웠다. 서진이만큼 우진에게 사랑을 주지 못했던 것은 아닌가 하고 자책했다. 우진이 언제나 아버지에게 자랑스러운 아들이 되고 싶어 했던 것을 잘 알고 있었기에 더더욱 그랬다.

가족이 함께 쓰는 유언장

"엄마, 도대체 무슨 일이에요?"

수진이 걱정스러운 표정으로 조심스럽게 물었다.

"글쎄 너희 아버지가 말을 안 한다. 저 양반이 또 어쩌시려고 그러는지 불안해 죽겠구나."

최정자도 주방에서 음식준비를 하면서 한번씩 거실에 앉아있는 수성을 쳐다보았지만 수성은 꼿꼿하게 앉아서 말이 없었다. 수진과 성만은 수성이 호통을 친 이후로 집을 알아보러 다니는 중이었다. 며칠 전 우진이 다녀간 이후에 수성은 다시 가족들을 불러 모았다.

아버지로부터 호출을 받은 아이들은 무슨 일이냐며 어머니에게 다시 전화를 걸었다. 하지만 최정자도 도무지 영문을 모르겠다며 모두 모아놓고 할 말이 있다는 말뿐이라고 전했다. 최정자는 남편의 상심이 전해져 내내 마음이 아팠다. 하지만 자신에게도 책임이 있기 때문에 섣불리 다가가 말을 걸기가 어려웠다. 미안한 마음만 더 커져 눈물 훔치는 일이 많았다.

수성이 깨어나면서 서진은 홍콩에서 서울 지사로 들어왔다. 아무래도 부모님 곁을 지키는 게 중요하다고 생각했다. 서진은 제일 먼저 도착하여 아버지의 몸을 살피고 아버지와 바둑을 두었다. 성만은 안절부절못하면서 주방과 거실을 왔다갔다했다. 곧이어 우진과 소연이 도착했다. 한결 수척해진 얼굴이었다. 수성과 서진은 내내 아무 말 없이 바둑만 두었다. 바둑을 두는 그들 옆으로 우진과 소연, 수진과 성만은 무릎을 꿇고 앉았다. 이따금 바둑알을 놓는 소리만 들릴 뿐 정적이 감돌았다. 얼마나 흘렀을까. 기묘한 침묵을 참다 못한 최정자가 소리를 빽 질렀다.

"여보, 애들을 불렀으면 말을 해야죠. 도대체 언제까지 이러고 있을 거예요?"

수성은 바둑판을 물렀다.

"내가 이렇게 오늘 모이라고 한 건 우리 가족들이 함께 결정할 일이 있어서야. 내가 잠들어 있는 동안 우리 집안에 크나큰 문제가 발생했다. 다들 알겠지만 나는 너희들이 그런 짓을 했다는 사실이 도저히 믿기지가 않아 너무 괴로웠다."

"아버님, 죽을 죄를 졌어요. 흑흑."

소연이 먼저 울음을 터뜨렸다.

"여보, 사실은 내가 그러라고 했어요. 내가 애들한테 당신 통장에 돈 찾아서 급한 불부터 끄라고 했어요. 어떡해요. 당신은 의식도 없고 애들은 당장 돈이 없어서 망하게 생겼는데 그걸 그냥 두고 볼 부모가 세상에 어디 있어요. 원망을 하려거든 나한테 하세요. 내가 그러라고 시켰어요."

최정자가 가슴을 두드리며 앞으로 나섰다.

"아니에요, 어머니. 제 잘못이에요. 어머니 말대로 서재에서 통장만 가지고 나갔으면 됐는데 제가 한순간 욕심에 눈이 멀어서 그랬어요. 아버지는 의식불명이시고 의사는 가망 없다고 하고 저희는 돈이 급하고 아버지 돌아가시면 저는 영화제작도 못 해보고 망할 것 같았어요. 순간적으로 이 유언장만 없애면 아버지의 유산으로 영화를 계속 제작할 수 있겠다는 생각이 들었어요. 제가 그때 잠깐 돌았나 봐요. 사람이 코너에 몰리면 어떻게 되는지 알겠더라고요. 아니, 모두 제 잘못이에요. 아버지의 돈을 제 돈으로 잠시 착각하고 제 마음대로 유언장을 없앴어요. 아버지가 평생을 계획해온 일을 제 마음대로 무산시키고 눈앞의 일만 생각했어요. 아버지 정말 어떤 벌을 내리셔도 달게 받을게요."

아버지를 제대로 쳐다보지도 못한 채 우진은 무릎을 꿇고 빌었다. 성만도 따라 무릎을 꿇고 눈물을 흘렸다.

"아버님, 제가 잘못했어요. 5년을 모시고 산 아버님을 그렇게 속이고……. 흑흑흑."

"아버지, 우리가 잘못했어요. 한번만 용서해주세요."

그때 서진이 무릎을 꿇었다.

"아버지, 저에게도 잘못이 있습니다. 저는 이런 상황인지도 몰랐어요. 우진이가 그렇게 상황이 어려운 줄도 몰랐고 그 정도로 절박한 줄도 몰랐어요. 사실 제가 한국에 없으니까 집에 무슨 일이 있는지도 모르고 아들 노릇, 형 노릇, 오빠 노릇 제대로 못했어요. 저를 먼저 꾸짖어주세요. 형이 가까이 있었다면 우진이가 어려울 때 분명히 저한테 상의를 했을 텐데 가족들을 살피지 못한 제 책임이 큽니다. 저 살기 바빠서 동생들이 어떻게 사는지도 몰랐어요. 다 제 잘못이니까 먼저 저를 꾸짖어주세요. 그리고 우진이가 그런 상황에 처할 때까지 가족들은 도대체 무엇을 했나 하는 생각이 들어요. 어머니뿐만 아니라 저도 그렇고 지금 가족들 모두가 같은 심정일거에요. 그러니 아버지가 이번 한 번만 우진이 처지를 생각해서 용서해주세요."

수성은 눈물범벅이 된 아이들 얼굴을 보자 마음이 아팠다.

"여보, 아니에요. 다 내 잘못이에요. 내가 우진이한테 통장에 돈 다 찾으라고 할 때부터 어떻게든 우진이를 도와주려고 했어요. 내가 우진이 안 되는 걸 보고 어떻게 맘 편히 살 수가 있겠어요. 당신은 병원에서 의식불명 상태지 우진이랑 소연이는 발 동동 구르고 있지. 우진이가 아니라 나라도 그렇게 했을 거예요. 그러니 나를 원망해요."

최정자는 수성 앞에서 무릎을 꿇었다.

"당신까지 정말 왜 이래, 일어나요."

수성은 아내의 손을 잡았다.

"나도 생각해보니 큰 잘못을 한 것 같아. 오늘은 가족들과 합의할 부분도 있고 해서 모이라고 한 거야."

가족들은 눈을 동그랗게 뜨고 수성을 쳐다보았다.

"상속을 하기 전에 가족들과의 합의가 있어야 한다는 걸 잊고 있었다. 오로지 나 혼자만 결정하고 가족들에게는 따라주기만을 강요했던 것 같아. 이 돈은 우리 가족의 가치를 위해 쓰이는 건데 나는 그것이 오로지 장학재단을 세우고 뜻있는 일에 쓰는 것이라고 잘못 생각해왔다. 가족들과 합의된 사항이라 믿었는데 오로지 내 생각만 강요했던 게야. 우진이를 먼저 도와주었어야 했는데 벼랑 끝에 몰린 자식을 나 몰라라 했던 내 불찰이 크다."

"아니에요, 아버지. 다 제가 잘못한 겁니다."

우진이 설움에 복받친 눈물을 쏟았다.

"그래, 우리 둘 다 책임이 있어. 하지만 이거 하나만큼은 알아 두었으면 좋겠구나. 사실 사고가 나던 날 아침에 나는 은행에 가고 있었어. 너를 도와줘야겠다고 전날 밤 결심하고 돈을 얼마나 마련해줄 수 있을지 타진해보러 은행에 가던 중이었다. 그러니 내가 너무 널 무심하게 버려두었다고는 생각하지 않았으면 좋겠구나."

"아버지."

우진이 수성을 와락 껴안았다.

수성도 우진을 껴안고 눈물을 쏟았다.

"내 너희들에게 보여줄 것이 있다."

수성이 서재에서 가지고 나온 것은 서류 봉투였다.

"이게 진짜 내 유언장이다."

가족들은 봉투에서 꺼낸 유언장을 신기한 눈으로 쳐다보았다.

"우진이 네가 없앤 유언장은 5년 전에 작성한 거다. 너희들 모두 기억하고 있겠지? 5년 전 사업이 어려우니 다들 아버지를 도울 수 있을 만큼의 돈을 준비해오라고 했지. 그때 서진이는 오천만 원을 가지고 왔고 수진이는 천만 원, 우진이는 오백만 원의 돈을 챙겨 왔지. 그때 그런 시험을 했던 건 너희의 경제적인 필요와 가족재산에 대한 헌신을 살피고자 한 것뿐이야. 그리고 나서 연습 삼아 유언장을 한번 써 봤단다. 너희가 가져온 돈을 단순히 반영시켜서 말이야. 그때 작성한 것이 우진이가 파기한 유언장이다. 나는 우리 가족을 위해 늘 유언장 다듬는 것을 무엇보다 중요한 사명이라고 생각했단다. 그래서 항상 최종으로 작성한 유언장은 거래은행의 대여금고 속에 보관해놓았어. 될 수 있으면 가족들 모두 공평하게 나누어주고 도움이 필요한 가족들에게 좀더 많이 남겨주면 좋겠다는 생각을 했지."

가족들은 5년 전 그날을 떠올리며 숨을 죽이고 김수성의 이야기에 귀를 기울였다.

"너희가 대학을 졸업하고 가정을 이루면서 너희와 너희 엄마에게 필요한 것이 무엇일까 늘 고민했었다. 물론 너희 어렸을 때부터 매달 수입의 일정액을 가족들 각자의 몫으로 생각하고 적금과 장기저축성보험으로 재정적 준비를 해왔단다. 20년 이상 꾸준히 너희 각자의 몫으로 돈을 모았더니 꽤 큰돈이 되더구나. 나는 그 돈은 내 것이 아니라고 늘 생각했어. 물론 그 몫을 미리 가져간 사람도 있고, 아직 그러지 못한 사람도 있지만, 나는 우리의 가족재산이 우리 가족을 지켜주는 아름다운 버팀목이 되기를 정말 원했다."

수성이 오래 전부터 준비해온 유언장과 가족재산 이야기에 서진이를 비롯하여 수진과 우진은 아버지의 세심한 배려에 놀라는 눈치였다.

"내가 아플 때 나를 간호해준 무 서방도 우리 가족이고, 우리 며느리 소연이도 내겐 귀중한 가족이다. 여기 이 유언장에 따르면 너희 어머니에게 집과 시골 땅, 현금 오억 원을, 그리고 서진이와 수진이, 우진이에게 현금 오억 원씩을, 소연이와 무 서방에게도 각각 종신형연금보험 삼억 원짜리 통장을 유산으로 남긴다고 되어 있다. 오늘 너희들을 여기 오라고 한 건 상속에 대해 함께 상의하고 싶어서야."

"아버지, 아버지 유산은 받지 않겠습니다."

아버지의 그런 뜻도 모르고 덜컥 일을 저지른 우진은 더욱 죄스러운 마음이 커졌다.

"내 조만간에 유언장을 다시 쓸 계획이다. 하지만 그 전에 가족들의 뜻이 어떠한지 너희들의 의견을 들어보고 싶구나. 상속은 유언을 통해 그 가족의 가치를 드러내고 가족재산을 지키는 것이니까 우리 가족 모두를 위한 방향으로 함께 논의하는 것이 옳다고 본다. 그런 의미에서 가족들과 충분한 합의가 이루어졌다고 생각했었는데 이런 일을 겪고 보니 그것도 충분하지는 않았다는 생각이 드는구나."

아버지의 깊은 뜻을 헤아리자 우진은 눈물이 왈칵 쏟아졌다. 침묵 속에서 우진의 작은 흐느낌만 새어 나왔다. 침묵을 깨고 서진이 천천히 말했다.

"아버지, 5년 전 아버지께서 돈을 마련해 오라고 하신 뒤 그만큼 유언장에 반영하신다고 말씀하셨어도 우리들은 크게 개의치 않았어요. 그래서 돈을 적게 마련해 왔던 수진이나 우진이도 아버지에게 어떻게 그럴 수가 있냐고 말 한마디 하지 않았잖아요. 불만을 표시하지도 않았고요. 우리는 금방 잊어버렸어요. 저희는 아버지의 유산에 기대하는 바가 없었거든요. 아버지가 우리 어릴 적부터 장학재단을 설립하고 싶다고 늘 말씀하신 것을 잊지 않았어요. 저희한테 이유 없이 큰돈을 주신 적도 없고 화려하게 결혼식을 치러 주신 적도 없고 늘 검소하고 형편에 맞게 살라고 일러주셨잖아요. 우리는 아버지가 거액의 유산을 남기시리라 생각해본 적이 한 번도 없어요. 그건 수진이나 우진이도 마찬가지일 거예요. 5년 전 그날도 나중에 우리끼리 얘기했어요. 어차피 아버지가 우리한테 주실 것도 아닌데 뭐, 하고요. 아버지가 땀 흘려 버신 돈으로 아버지가 평생을 꿈꿔오신 장학재단을 설립하시는 게 당연해요."

수성은 서진의 말을 가만히 듣고 있었다.

"그런데 우진이가 왜 그런 짓을 했냐고 물으시면 우진이가 가족이라는 사실을 잠시 잊고 있었기 때문일 거예요. 우진이도 그렇고 우리들 모두도 그렇고요. 우진이도 잠시 가족보다 자신의 처지를 먼저 생각했고 우리 가족들도 우진이 처지보다 어쩌면 자신의 처지를 먼저 생각했기 때문인지도 몰라요. 저는 지금이 5년 전 아버지가 사업이 어렵게 되었으니 각자 가져올 수 있는 만큼의 돈을 가져오라고 하시던 그때의 상황과 같다고 생각해요. 단지 아버지가 아니라 우진이라는 거죠. 저는 그때나 지금이나 같아요. 아버지가 아니라 우진이라도 저는 제가 도울 수 있는 최선의 것으로 도울 거예요. 동생이 어렵다면 어떻게든 도와야죠. 아버지, 영화가 80퍼센트나 촬영을 마쳤다는데 나머지 20퍼센트는 우리 가족의 힘으로 마칠 수 있게 도와줬으면 해요."

서진의 이야기에 가족들은 모두 눈시울이 붉어졌다. 그런 자식들을 지켜보는 것만으로도 수성은 가슴이 뿌듯했다. 이번 사건이 가족들에게 오히려 약이 되어준 것 같았다.

"오빠, 그래 우리도 집 사려고 모아둔 돈 좀 있어. 그렇지 여보?"

수진이 성만의 옆구리를 툭 치자 성만이 고개를 끄덕였다.

최정자는 서진의 어깨를 끌어안고 눈물을 쏟았다.

수성은 서진의 말을 들으며 내심 흐뭇했다. 서로를 위하는 모습을 보니 지금까지 인생 헛 살지는 않았다는 생각이 들었다.

"형……."

우진과 소연은 끝내 말을 잇지도 못한 채 눈물만 흘렸다.

"그럼 그 영화는 우리 가족이 투자자가 되는 거야? 와 멋지다.

완전 우리 가족의 영화네."

"정말 그러네."

조금 전까지만 해도 눈물을 흘리던 성만이 웃으며 장난을 쳤다.

"아버지, 아버지도 우진이 한 번만 도와주세요. 네?"

수성은 짐짓 말을 아끼며 우진에게 물었다.

"우진아, 너 그 영화 정말 자신 있냐?"

"네, 아버지. 여기에 제 인생을 걸었어요."

우진이 고개를 들어 조심스럽게 대답했다.

"그렇다면 나도 그 영화에 투자하마."

"와 정말요? 역시 우리 아버지야."

수진이 호들갑스럽게 웃으며 아버지를 끌어안았다.

"하지만 조건이 있다."

가족들은 긴장한 얼굴로 수성의 다음 말을 기다렸다.

"이 조건을 지킨다면 투자할 생각이 있다. 이제부터 앞으로 평생 네가 영화제작을 해서 들어오는 수익금의 20퍼센트는 장학재단에 기부한다는 조건이다. 그리고 내가 죽고 나서도 장학재단에 꾸준히 기부하고 적극적으로 참여하는 조건이야. 투자라는 게 그렇게 아무 조건도 없이 하는 게 아니야. 나도 오래 사업을 해 온 사람인데 조건도 없이 투자할 수는 없지. 약속을 해주면 내가 투자하마. 어때?"

"정말이세요? 아버지, 감사합니다. 제가 아버지의 뜻을 이어받아서 적극적으로 장학재단을 위해 일하겠습니다. 정말 고맙습니다. 아버지."

우진이 눈물범벅이 된 채로 웃으며 수성의 품에 안겼다.

"그럼 서류로 작성을 해야지. 아무리 자식이라도 이런 건 구두로 약속하는 게 아니거든."

수성은 웃으며 우진의 등을 쓰다듬었다.

"모두들 고생 많았다. 내가 사고가 난 다음부터 몸고생, 마음고생, 어느 하루 편한 날이 없었구나. 하지만 이런 시련과 역경이 모두 우리 가족을 더 다져주고 진정한 상속의 의미를 깨닫게 해주는 과정이었다는 걸 잊어서는 안 된다. 이번 일로 나도 많이 배웠지만 너희들도 많은 걸 깨달았으리라고 생각한다. 가족이라는 것이 굉장히 견고해보여도 한 순간의 실수로 풍비박산 날 수도 있고 쉽게 무너져 내릴 수도 있는 거란다. 깊은 사랑과 믿음으로 서로를 보듬어주어야 가족도 온전히 유지하고 발전할 수 있다. 더 나아가서 우리 집안의 인생 가치를 후손들에게 물려주려면 우리가 늘 그것에 대해 생각하고 행동해야겠지."

"네, 아버지."

누가 먼저라고 할 것도 없이 동시에 대답이 나왔다.

"그럼, 아빠. 우리 이사 안 나가도 되는 거죠?"

"왜? 집에서 나가고 싶은 거 아녔어?"

"아닙니다. 장인어른, 절대로 아니에요. 나가라고 말씀만 하지 않으시면 저희들은 여기서 죽을 때까지 살 겁니다."

수성은 빙그레 웃으며 고개를 끄덕였다.

"그런데 여보 뭔가 허전하지 않아? 나 아무래도 배가 고파서 이런 것 같아."

성만이 배를 움켜쥐고 시계를 보니 저녁 8시가 훌쩍 지나 있었다.

"어머니, 저 배고파요. 어머니가 끓여주신 된장찌개 먹고 싶어서 달려왔는데 밥 좀 주세요."

"그래, 아이구. 내 정신 좀 봐라, 너희들 주려고 갈비도 재어 놨는데."

가족들은 활기를 되찾았다. 식탁 위에는 금세 차려낸 따끈따끈한 음식이 하나둘씩 차려졌다.

가장 든든한 힘, 가족

"자, 떨리는데요. 발표하겠습니다. 대한민국 영화대상 대상
은……. 축하드립니다. '즐거운 우리 집'입니다. 이준호 감독의
'즐거운 우리 집'은 올해 천만 관객을 극장으로 불러들인 작품이
죠. 칸 영화제에서도 후보작에 오르는 등 작품성과 흥행 두 마리
토끼를 다 잡아 대한민국 영화계에 파란을 일으켰습니다. 수상소
감은 제작사 대표인 김우진 님께서 해주시겠습니다."

"감사합니다. 감사합니다. 저희 영화를 만들면서 함께 고생한
모든 스탭들과 배우 여러분, 그리고 이준호 감독님, 모두 고맙습
니다. 저희 영화는 사실 제작 위기를 겪으면서 한때 촬영이 중단
되기도 했습니다. 하지만 저를 믿고 물심양면으로 지원해주신 저
희 가족들에게 이 영광을 돌리겠습니다. 아버지, 감사합니다. 투

지 하나만 믿고 영화에 뛰어든 저를 위해 평생의 숙원이셨던 장학재단 설립을 미루면서까지 도와주셨는데 아버지와의 약속대로 앞으로도 영화 수익금의 20퍼센트를 장학재단을 통해 어려운 이웃에게 기부하겠습니다. 마지막으로 아버지에게 부끄럽지 않은 아들이 되겠습니다. 감사합니다."

우진은 참았던 눈물을 쏟았다.

ᗢᗢᗢ

"대상이다, 대상!"

박수와 환호성이 집이 떠나가도록 울렸다. 최정자는 소매 끝으로 눈물을 훔쳤다. 텔레비전을 통해 시상식을 지켜보던 가족들은 서로를 부둥켜안고 울고 또 웃었다. 성만은 오랜만에 붉은 악마 티셔츠까지 꺼내 입고 영화제를 보는 내내 손뼉을 치며 응원전을 펼치다가 목이 쉬었다. 영화가 개봉하고 난 후부터 흥행에 성공하면서 감동은 계속되어 왔지만 오늘은 그 절정에 달했다. 수성은 가족들의 결정이 헛되지 않았다는 사실에 마음속으로 눈물을 흘렸다.

불현듯 수성은 할머니와 어머니가 못 견디게 그립고 보고 싶었다. 감을 먹여주시던 할머니의 따뜻한 웃음, 어려운 시절에도 함께 웃고 울던 할머니와 어머니의 강인한 정신, 할머니가 돌아가시고 집에서 쫓겨나 어머니와 길에서 부둥켜안고 울던 일, 단칸방에서도 좌절하지 않고 가정을 지키겠다던 어머니의 굳은 다짐들, 수성이 첫 아내를 잃고 방황할 때 갓난아기인 서진이를 키우며 묵묵히 기다려주던 어머니, 그런 고통의 순간들이 파노라마처럼 흘러갔다. 수성의 눈가에 어느새 눈물이 맺혔다.

'고맙습니다. 할머니, 고맙습니다. 어머니. 두 분이 안 계셨더라면 저는 여기까지 오지 못했을 겁니다. 제가 이토록 행복한 순간을 맞이하게 된 건 두 분 덕분입니다. 두 분이 제게 물려주신 정신적인 유산을 나의 아이들에게도 물려주겠습니다. 세상에서 가장 가치 있는 것이 가족의 존재라는 것을 우리 아이들도 잘 알고 있습니다. 아이들에게도 시련과 역경이 있었고 가족의 힘으로 우리는 그걸 극복했으니까요. 수많은 풍파를 겪고 난 다음 우리는 더 단단해지고 성숙해졌어요. 할머니와 어머니에게 받은 귀중한 가족의 사랑을 내 아이들에게 물려주면 그들은 또 자신의 아이들에게 물려줄 수 있겠지요? 할머니, 어머니 그리고 아버지. 지금 보고 계세요?'

수성은 주름진 눈으로 미소를 지었다. 내가 죽고 난 다음에도 아이들이 나의 뜻을 따라 장학재단을 잘 이끌어나갈 것이라고 수성은 믿었다. 가족만이 나눌 수 있는, 세상에서 가장 귀한 사랑을 수성은 믿었다.

수성의 가족들이 경험한 세상에서 가장 값진 사랑은 상속을 통해 완전하게 이루어졌다. 가족은 하나의 뿌리에서 시작되어 같은 피를 나누고 뻗어나가는 무수한 가지였다. 또한 훌륭한 상속이야말로 그 가지와 잎을 무성하고 건강하게 해주는 햇빛과 단비였다. 잘 자란 나무처럼 곧고 높고 풍성한 가족이 이 땅을 더 풍요롭게 만들어줄 것이다.

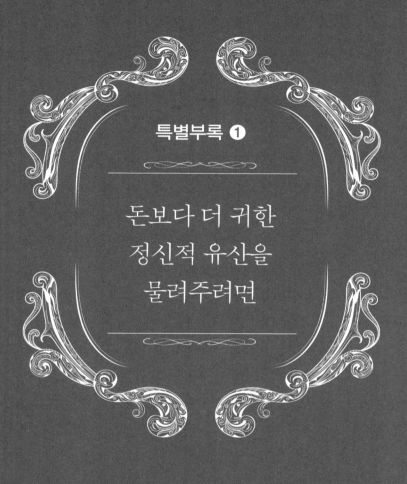

특별부록 **1**

돈보다 더 귀한
정신적 유산을
물려주려면

부모와 자식은 재산을 두고
동상이몽 중이다

자녀에게 해줄 수 있는 최선의 유산은 혼자 힘으로
제 길을 갈 수 있도록 해주는 것이다.

— 이사도라 덩컨

어느 박사가 한 달간 사람들이 공짜 앞에서 어떻게 반응하는지에 대한 실험을 진행했다고 한다. 박사는 마을의 모든 집 문 앞에 매일 10만 원씩을 아무런 조건 없이 놓아두었다. 첫째 날 문을 열고 돈을 발견한 대부분의 사람은 고개를 갸우뚱하면서도 우선 돈을 호주머니에 넣었다. 둘째 날에도 사람들은 첫째 날과 똑같이 반응했다. 그리고 셋째 날이 되자 마을 사람들이 그 돈이 진짜 돈이라는 사실을 알게 되었다. 온 마을이 문 앞에 놓인 10만 원

이야기로 들썩였다. 열흘 동안 매일 10만 원이 문 앞에 놓였고, 사람들은 당연하다는 듯 돈을 챙기게 되었다.

이제 사람들은 평상시보다 돈이 늦게 온다 싶으면 돈을 놓고 가는 박사를 기다리며 두리번거리기도 했다. 20일이 지나자 사람들은 이 공짜 돈에 대해 어떤 부담감이나 신기함을 느끼지 않게 되었다. 문 앞에 놓인 돈을 챙겨가는 일이 하루 끼니를 때우듯 일상사가 되어버린 것이다.

마침내 한 달이 되는 날, 박사는 실험을 종료하기로 하고 어떤 집에도 돈을 놓지 않았다. 그러자 마을에서 이상한 상황이 연출됐다. 박사가 마을을 가로지르는데 길가에서 고함이 들려왔다.

"오늘은 왜 우리에게 10만 원을 주지 않는 거요?"

집 안에서 뛰어나온 또 다른 남자는 박사를 붙잡고 손가락질을 해대며 언성을 높였다.

"도대체 뭐 때문에 매일 우리 집에 두던 내 돈 10만 원을 주지 않고 지나가는 거요?"

매일 아무런 대가 없이 받은 10만 원이 정말 '내 돈'일까? 오랜 기간 공짜에 익숙해지다 보니 마을 사람들은 감사의 마음을 잊은 것뿐만 아니라 남의 돈을 내 돈이라고 착각까지 하게 된 것이다.

부모의 돈, 유산에 대한 자녀의 태도도 이와 마찬가지다. 부모에게 받는 일에만 익숙해진 자녀는 부모의 돈을 자기 돈이라고 착각하게 된다. 이런 착각 속에 가족 간의 불화가 싹트기 쉬운 법이다.

부모가 없는 세상을 살아갈 자녀에게 무언가를 물려주기 전에 반드시 염두에 두어야 할 것이 있다. 자녀에게 실질적으로 도움이 되는 것이 무엇일지, 내가 없는 세상을 꿋꿋하게 견디며 자신의 삶을 살아갈 자녀를 어떻게 지원하는 것이 현명할지 고민해봐야 하는 것이다.

• 부모의 재산을 당연하게 생각하는 자녀들

'내 돈을 지키기도 어려운데 자녀에게 돈을 물려준다는 건 배부른 소리가 아닌가?' 하고 의문을 품는 사람도 있을 수 있다. 그렇다. 현실은 팍팍하다. 하지만 내 자식이 부모가 없는 세상에서 어떻게 살아가면 좋을지를 이 책을 읽으며 천천히 대비하자는 것이 나의 뜻이다. 또한 키워봐서 알겠지만, 자녀는 결코 내 맘 같지 않다. 자녀는 친구와 지인들을 통해 세상을 접하고 배우며, 부모의 생각과는 다른 방향으로 자신만의 길을 걸어가게 된다.

부모가 세상을 떠나자마자 남은 가족들이 돈 때문에 남남으로 돌아서는 사례를 많이 봤다. 1장에서 김수성의 할머니 진불비의 갑작스러운 구두 유언에 진불비의 딸은 원망 섞인 분노를 쏟아냈다. 그러고는 다시는 돌아오지 않을 것처럼 대문을 박차고 나가버렸다. 또한 바람이 나서 집에 오지도 않던 김수성의 아버지는 돈이 필요할 때만 어머니를 찾아왔다. 가족 간의 관계가 돈과 엮여 불행하게 돌아간 것이다.

자식이 부모에게, 부모가 자식에게 건넬 수 있는 것이 돈만 있는 게 아닌데 사람들은 그 사실을 잊은 것처럼 돈 때문에 서로를 원망하며 등을 돌린다. 심지어 사람들은 작은 돈 때문에도 싸운다. 진불비의 집 한 채와 현금 얼마로 인해 김수성의 가족도 산산조각이 난 것이다.

『경제는 습관이다』(천규승 저)에 따르면 어느 초등학교 고학년을 대상으로 한 경제캠프에서는 이런 일이 있었다. 경제캠프 프로그램 중에는 조별 역할극 시간이 있었는데, 역할극의 주제는 '백수 아빠'였다.

주인공은 초등학생 여자아이. 그 아이의 아빠는 전형적인 백수다. 아이의 가족은 재력가인 친할아버지가 경제적인 지원을 해준 덕분에 별다른 어려움 없이 생활한다. 아이가 백수 아빠에게 컴퓨터를 사달라고 조르자, 백수 아빠는 할아버지에게 손을 벌린다. 그런데 매달 생활비를 지원하고 있는 상황이 못마땅했던 할아버지는 백수 아빠에게 앞으로 돈을 벌지 않으면 컴퓨터 값은 물론이고 생활비도 끊어버리겠다고 호통을 친다.

아이들은 조별로 경제적 지원이 끊긴 '내 집'을 어떻게 경제적 위기에서 구해낼지 구상해서 연극으로 연출해야 했다. 그렇게 조별 연극발표가 이어졌다. 그런데 그중에서 아이들이 뽑은 '베스트 연극'의 해결책은 어른들의 상상을 뛰어넘는 기가 막힌 내용이었다. '할아버지를 청부 살인해서 유산을 챙기고 생명 보험금도 타내는 방안'을 연출한 것이다. 백수 아빠 역을 맡은 아이는 음흉한 표정을 지으며 은밀히 청부업자에게 돈을 건네는 장면까지 천연덕스럽게 연기했다. 우리 아이들이 이런 생각을 하고 있다는 걸 믿을 수 있는가? 이 내용이 그저 문학적 창작일 뿐 현실의 반영은 아니라고 보는가? 캠프에 참석하기 전 아이들이 응한 설문조사 결과를 살펴보면 이런 막장극의 원인을 유추해볼 수 있다.

설문에 응답한 아이들의 80퍼센트가 자신이 물려받게 될 부모의 유산을 기대한다고 했고, 70퍼센트는 결혼할 때 전세비용을 부모가 반드시 도와줘야 한다고 했으며, 25퍼센트는 결혼 후 자신의 자녀교육비를 부모가 대신 부담해주길 바란다고 응답했다. 설문조사 결과를 보면 아이들은 부모의 경제적 지원을 이미 당연한 것으로 여기고 있었다. 성인이 되어서도 부모의 지원이 계속될 것이고, 부모의 사후 유산도 당연히 자신의 몫이라고 믿고 있는 것이다. 이러한 태도가 충격적인 역할극으로 이어진 게 아닐까? 이 사회의 미래가 걱정되는 대목이기도 하다. 하지만 이는 엄연한 현실이다.

만약 경제적 지원에 대한 철석같은 기대와 믿음을 갖고 성인이 된 자녀가 부모의 도움을 받지 못하거나 유산을 기대할 수 없는 상황에 처하면 어떻게 될까? 자녀 입장에서는 믿는 도끼에 발등을 찍힌 셈이기에 엄청난 배신감을 느끼게 될 수도 있다. 그래서 부모는 자녀가 돈에 관심을 갖기 시작할 때부터 자녀가 부에 대한 올바른 관점을 가질 수 있도록 꾸준히 이끌어야 한다. 이 모든 것이 부모가 떠난 후에 홀로 세상을 살아갈 자녀를 위한 일이다. 앞서 나온 역할극 내용처럼 자신의 목적을 이루기 위해서는 무엇이라도 할 수 있다는 생각과 가족의 재산에 기대감을 불어넣는 잘못된 교육은 가족공동체 모두를 무너뜨릴 수 있기 때문이다.

'진짜 내 것'이
무엇인가를 알려줘라

부모가 없는 세상을 살아갈 자녀에게 진짜 필요한 것은 경제적 자립이다. 상속은 그다음의 문제다. 제대로 된 자립 교육을 받지 않고 사회에 나가면 어떻게 될까?

사회는 상업주의의 소음으로 가득 찬 곳이다. 매스미디어는 연일 소리 높여 이런 광고를 쏟아낸다. '열심히 일한 당신 떠나라', '10분 만에 500만 원 입금', '당신이 원하는 것을 표현하라! 그것이 개성이다' 요즘 20대들이 스펙은 굉장히 좋은데, 한편으로는 신용불량자 증가 속도가 엄청나다고 하지 않는가? 현재 30대 신용불량자보다 20대 신용불량자가 훨씬 많다고 한다. 왜 그럴까? 내가 받은 한 여대생의 사연에서 그 이유를 여실히 들여다볼 수 있었다.

　박 모양은 서울로 유학을 온 S대 학생이다. 그녀는 작년 여름 영화관 앞에서 신용카드 모집인에게 공짜로 돈 몇만 원을 받고 신용카드를 처음 만들었다. 부모님이 보내주는 생활비가 모자랄 때, 가벼운 마음으로 신용카드를 몇 번 긁게 되었다. 그러다 보니 자질구레한 씀씀이도 점점 늘어났다. 한두 번 쓴 신용카드 대금 액수는 어느새 몇백만 원이 되어 있었다. 명문대생이 아닌 터라 과외 아르바이트는 노려볼 수 없었던 박 양은 키즈카페와 편의점 등에서 시급 1만 원 아르바이트를 하며 신용카드 연체액을 갚으려 했다.

　하지만 생활비와 카드 대금을 메우기에는 턱없이 부족했다. 그래서 그녀는 또 다른 신용카드를 만들었다. 돌려막기가 시작된 것이다. 대학 4학년 1학기가 되자 이자가 복리로 붙어서 급기야 몇천만 원을 갚아야 하는 신세가 되었다. 돌려막기가 불가능해지고 연체누적으로 카드 한도가 줄어들자 신용카드사에서 매일 같이 전화가 왔다. 무서워서 가슴이 뛰었다. 돈을 본격적으로 벌어 빚을 갚을 요량으로 학교마저 휴학했다. 이미 친구들에게 몇십만 원씩 빚을 졌고, 부모님께는 알릴 수도 없는 처지가 되었다. 등록금으로 낼 돈마저 빚을 갚는 데 쓴 그녀는 학교 앞에서 전단지

한 장을 발견했다. 무보증 대출 전단지. 그녀는 그곳으로 손을 뻗었다. 대출을 또 받고, 틀어막고, 또 대출받다가 다중채무자가 되어버렸다.

내게 이메일을 보낼 당시에 박 모양은 가까스로 졸업은 했지만 신용불량자 낙인이 찍혀 취직을 못해 발을 동동 구르고 있는 처지였다. 우리는 상업주의 물결이 뒤덮고 있는 이 사회에서 우리의 자녀들이 얼마든지 박 양과 같은 처지가 될 수 있다는 경각심을 가질 필요가 있다.

• 자녀에게 물려주어야 할 것과 물려주지 말아야 할 것

이러한 사태가 벌어진 데는 부모의 내재적 문제가 크다. 부모도 돈에 대한 근원적인 질문을 스스로에게 하지 않기 때문이다. 왜 돈을 벌어야 할까? 어디에 돈이 필요할까? 아버지가 돈을 버는 생업의 현장에서는 어떤 일이 발생할까? 그렇게 번 돈은 어디에 소비되고 있을까? 돈의 필요를 어떻게 저축으로 연결할 수 있을까? '나의 필요'뿐만 아니라 '내가 채워야 할 다른 사람의 필요'는 없는가? 이러한 질문에 부모 스스로 답해가며 밥상머리에서 교육이 펼쳐져야 하는데 이런 부분이 없는 것이다. 만약 자녀들이 이런 핵심적인 가정 내 경제 자립 교육 없이 '무조건 돈을 많이 벌어야 한다', '사회에서 물질적으로 성공해야만 좋은 인생이다'라고 인식하게 된다면 극단적 편견이 자녀의 마음을 사로잡게 될 것이다. '돈이 최고'라는 배금주의(맘모니즘, mammomism)와 '돈이면 다 된다'는 상업주의(커머셜리즘, Commercialism)가 바로 그것이다.

요새 청년들은 돈을 쉽게 버는 방법에 매몰되어 있다. 땀 흘려 일하는 것보다 클릭 한 방으로 요술처럼 돈을 벌고 성공하는 방정식을 맹신한다. 시대적 분위기가 우리 청년들을 그렇게 이끌었다. 필자는 최근 7년간 재테크 도서 출간작업을 일체 하지 않았다. 이런 혼란한 때에 책을 쓸 용기가 나지 않았기 때문이다. 극도의 맘모니즘이 세상을 삼키는 시점에 재테크 작가로서 이 흐름에 동참하고 싶지 않았다. 부동산 가격이 급격하게 올라서 사람들은 어떻게든 벼락거지를 피하고자 과도하게 빚을 끌어다 쓴 게 불과 몇 해 전이다. 그러면서 집값에 따라 사회적인 포지션이 정해지고 모두 돈에 목매는 세상이 왔다.

앞으로 우리 사회는 맘모니즘의 또 다른 극단인 '무책임의 시대'를 체험하게 될 것이다. 가족공동체는 경제 문제에 무책임한 가장, 무책임한 자녀를 낳을 것이다. 돈을 쫓다가 돈을 잃고 홀로서는 능력을 상실한 뒤 자신의 책임을 다하지 않는 시대가 곧 올 것이다. 어쩌면 이런 시대는 이미 왔는지도 모른다. 무책임의 극단에 잠겨버린 자녀는 내 것과 네 것을 구분하지 못하고, 성인이 된 후에도 부모의 집과 차, 돈 등 모든 재산을 자기 것이라 착각하게 된다. 급기야 자기를 도와주지 못하는 부모의 심정을 이해하기는커녕 원망하고 불평하며, 심하면 패악을 부리고 주변의 눈살을 찌푸리게까지도 한다. 안에서 새는 바가지는 밖에서도 줄줄 샌다.

김수성의 이복동생 김직진은 맘모니즘이 낳은 전형적인 캐릭터다. 그는 아버지를 원망하고 돈에 몰입한다. 김직진은 무책임한 아버지의 모습을 보고 자랐다. 자기 아버지의 행동을 보며 영향을 받았을 것이다. 가족을 버린 김수성의 아버지는 70세가 넘어 병든 몸을 이끌고 죽기 전에 아들을 찾아온다. 뒤늦게 김수성의 아버지는 아들에게 용서를 구하며 관계를 회복하기 위해 애쓰지만, 안타깝게도 아버지는 결국 세상을 떠나게 된다. 결국 자식에게 빚만 남겨주게 된 것이다. 김수성과 김직진 모두 아버지의 빚을 물려받았지만, 현실적이며 책임감 있는 김수성은 상속포기로 위기를 모면했고, 무책임의 극단에 서 있던 김직진은 단순 승인으로 궁지에 몰리게 된다.

• 재산을 언제 물려줘야 가장 행복할 수 있을까?
소설 속 김직진처럼 이런 무책임의 극단에 선 자녀들은 부모와 함께 늙어가는 '패러사이트 싱글족', 부모의 연금을 갉아먹는 '키 퍼스족'의 반열에 올라 부모의 등골을 빼먹을 가능성이 크다. 부모의 노후준비를 위해서도, 부모가 없는 세상에 홀로 남겨질 자녀를 위해서도, 자녀가 어릴 때부터 재산에 대한 교육을 확실히 해둬야 한다. 부모의 재산은 부모의 것이고 자녀의 것이 아님을 정확히 가르치는 경제 자립 교육이 필요한 것이다.

부모의 돈이 자기 돈이라 생각하는 아이들은 사회에서도 남의 것을 쉽게 생각하고, 빌린 돈을 갚지 않는 무책임한 태도를 보일 수 있다. 형편이 어려울 때 스스로 돌파구를 개척하기보다는 아는 사람에게 손을 벌리는 경우처럼 말이다.

부모 또한 자녀의 것은 자녀의 것으로 인정해주고 자녀 스스로 노력해서 성취해 나가도록 도와주어야 한다. 자녀가 어렸을 때 세뱃돈을 맡아준다며 가져가 놓고 훗날 돌려주지 않고 슬쩍 넘어가는 부모가 꽤 많다. 반대로 자녀가 차곡차곡 돈을 모아서 직접 사야 할 물건을 기다려주지 않고 덥석 사주는 부모도 많다. 이런 일이 반복되다 보면 자녀들의 신념체계에서 '내 것'의 개념이 모호해질 수 있다.

자기 힘으로 애써서 얻은 것이 진짜 내 것이다. 무언가를 얻기 위해 열심히 일하고 내 힘으로 만드는 것은 공짜로 손에 쥐어진 것보다 훨씬 큰 가치가 있는 '진짜'다. 땀 흘려 번 것은 '진짜 내 것'이 되고, 그렇게 얻은 물건은 아무렇게나 방치되지 않고 소중히 다루어질 것이다. '내 것'에 대한 개념이 흐려지면 자녀가 성인이 되어서 '가짜 내 것'에 빠지게 될 뿐이다.

자기 인생을 스스로 만들어 나가는
기쁨을 알게 하라

'사람이 존경받을 만한 가치가 있는지 여부는 자기의 힘으로 생활할 수 있는 능력이 있느냐 없느냐에 달려 있다. 자신의 힘으로 생활하는 사람은 하늘을 두려워하는 종교인이나 학문을 탐구하는 학자보다도 더 위대하다.'

유대인 지혜의 집대성이라 할 수 있는 『탈무드』에 나오는 말이다. 자신의 힘으로 생업을 꾸려가는 능력을 중시하는 유대인의 철학을 단면적으로 보여주는 명언이다. 세계에서 뛰어난 민족으로 주목받는 유대인들은 학문을 생업과 분리하지 않는다.

세계적으로 가장 많이 팔린 『신약성경』의 절반을 쓴 사도 바울도 엄청난 학문을 수련한 엘리트였지만, 그의 생업 중 하나는 천막을 만드는 일이었다. 부모로부터 학문뿐만 아니라 어떠한 상황에서도 경제적으로 자립할 수 있는 생업을 전수받은 까닭이다. 그가 성경 속에 쓴 명언 중에는 다음과 같은 말도 있다.

'일하기 싫거든 먹지도 말라.'

"나는 내일 당장 지구의 종말이 올지라도 오늘 한 그루의 사과나무를 심겠다"는 명언으로 유명한 유대인 철학자 스피노자도 학자로서의 삶만 영위하지 않았다. 그는 학교에서 어린이를 가르치며 생업을 유지했을 뿐만 아니라 자신만의 특별한 기술을 가지고 있었다. 스피노자는 남들이 따라 하기 힘든 렌즈를 수리하는 기술로 자신의 생계를 꾸려갔다. 스피노자는 자신이 갖고 있던 소신과 철학적인 자존심을 지키기 위해 평생 안락함이 보장되는 교수 자리를 거절했다고 한다. 이 또한 그가 자신만의 기술을 갖고 있었기 때문에 가능한 일이 아니었을까?

스피노자와 사도 바울이 생업기술을 갖게 된 이유는 무엇일까? 부모가 그러한 기술을 배우도록 지도하지 않았다면 그들이 생업기술을 익힐 수 있었을까?

• 자립을 위한 필살기, 가족사명선언문

유대교 랍비였던 가말리엘은 '일은 사람을 유익하게 하며 아무리 학자라도 일하지 않으면 악한이 된다'고 말했다. 모든 사람들은 자신의 경제적인 독립을 위해 기술을 익혀야 한다는 유대인의 전통을 지지한 것이다.

대학 시절 나는 이 유대인 이야기를 들으며 나의 미래를 심각하게 고민한 적이 있다. 나만의 필살기, 밥벌이를 어떤 것으로 정해야 할까? 회사에 취직하지 않고도 먹고살 수단은 무엇일까? 그래서 내가 생각해 낸 것이 자격증이었다. '그래! 공인회계사 자격증을 따놓자. 설령 그 일을 하지 않는다고 해도 미래의 나를 위해 하나 따놓으면 굶어 죽지는 않을 것 아닌가?' 지금 공인회계사 자격증은 내게는 밥 먹고 살아갈 수 있는 생계 수단이 되었다. 어떤 사람에게는 1종 대형버스기사 면허, 굴착기 자격증 등이 의미 있는 밥벌이 수단이 될 수 있다. 그런 생업현장에서 나를 지켜낼 수 있는 실리적인 기술이 있다는 것은 자신의 자존감을 유지할 수 있는 좋은 전략이다.

나는 생업을 중시하며 자녀들에게 직업과 기술을 전수하는 유대인 전통이 가정 내에서 실리적인 재정교육 풍토를 조성했고, 이런 문화가 유대인들을 경제적으로 풍족하게 만들었다고 생각한다.

나는 '자립'이란 단어를 매우 좋아한다. 내 자녀에게도 언젠가는 홀로서기를 해야 된다는 점을 늘 가르친다. 내 아들이 나로부터 독립해야 아들의 삶이 행복하고, 내 아들이 자생력을 가져야 나와 더불어 사는 일이 행복할 것이기 때문이다. 그래서 나는 내 돈과 아들의 돈 구분을 차가우리만큼 명확하게 선을 긋는다. 아들과 미리 헤어질 준비를 하며 자녀가 마음의 준비를 할 수 있도록 돕기 위해서다. 또 아들이 너무 많은 기대를 갖지 않도록 하기 위함이다. 어쩌면 냉정하다고 할 수 있지만 자녀의 인생은 자녀가 개척할 몫이라고 생각한다. 자기 인생을 스스로 만들어 나가는 기쁨을 부모가 빼앗을 수 없지 않은가?

『상속을 준비하라』(로이 윌리암스·빅 프레이저 공저)에 등장하는 스탠리 가족의 이야기는 죽기 직전에 유언장을 써야 한다는 잘못된 생각에 매몰된 우리나라 가장들에게 꼭 들려주고 싶은 사례다. 스탠리 가족은 '유산기준'을 확인하고 결정하는 날을 정해, 모든 가족 구성원이 참여하도록 했다. 심지어는 14살 된 손자까지 그 자리에 함께했다고 한다. 그렇게 마주한 유언장에는 명확한 상속의 기준이 명시되어 있었다. '자녀들은 재정 분배를 받기 5년 전부터 회사를 다니고 있어야 하고, 맡은 일에 책임을 다하고 있어야 하며, 그에 따른 월급을 받고 있어야 한다. 이러한 기준을 충족하지 못하면 한 번 더 5년의 직장 고용 요건을 갖출 기회가 주어진다. 만약 5년 뒤에도 직장에 속해 있지 못한다면 부모의 재산은 자선단체에 귀속된다.' 명시된 상속기준을 스탠리 가족 전체가 지지하며 수용할 것을 약속하자, 유언장을 작성한 부모는 크게 기뻐했다.

스탠리 가족의 사례와 같이 부모는 살아있을 때 자녀와 손주들에게 먼저 재산을 감당할 수 있는 능력치를 개발시켜 주고, 유산의 수혜자가 되는 기준을 분명히 일러줘야 한다. 자녀에게도 선택권을 주는 상속유언장(가족사명선언문)의 좋은 예시로 기억해 두자.

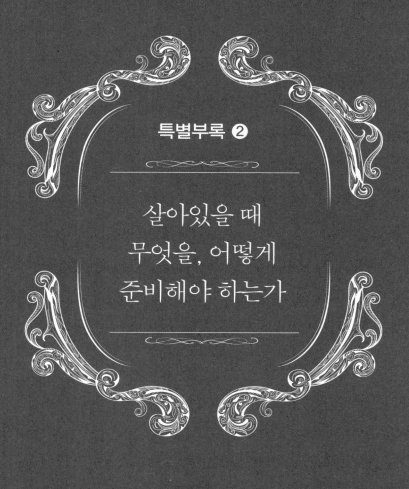

특별부록 ❷

살아있을 때
무엇을, 어떻게
준비해야 하는가

자녀의 인생에
버팀목이 되는 일

다음은 소설 속 김수성의 친구 주인성의 이야기다. 고시생이 었던 그는 사법시험에서 번번이 고배를 마시다가 20대 청춘을 그대로 넘기고 말았다. 30대 초반에 이번이 마지막이라고 생각하며 치른 시험에서 또 떨어졌을 땐 주변에서 이구동성으로 새로운 길을 찾으라고 조언했다. 세 명의 여동생들이 줄줄이 결혼을 앞두고 있던 터라 부모님께 마냥 손을 벌릴 수도 없었다. 그렇게 실의에 빠져 있던 그를 아버지가 고향으로 불렀다.

"네 몫으로 주려고 매달 적금을 부었다. 이 돈은 내 돈이 아니고 네 돈이다. 이제부터 네가 관리해라. 사내 녀석이 그깟 일로 좌절하지 말고. 뜻을 세웠으면 용기를 갖고 다시 도전해야지."

그는 아버지 품에서 그간 참아왔던 눈물을 실컷 흘렸다. 훗날 주인성이 변호사가 되고 나서 벌게 된 수입을 생각하면, 그날 아버지가 준 밑천은 몇십억 원의 가치가 있는 것이나 다름 없었다. 그 이듬해 주인성은 아버지의 도움으로 당당하게 합격자 명단에 이름을 올릴 수 있었다. 바로 이런 밑거름 자산이 자녀의 인생에 있어 가장 훌륭한 투자가 아닐까?

정말 필요한 순간에 받는 부모의 작은 도움은 자녀의 인생을 획기적으로 바꾸는 힘이 된다. 그런데 이 개념을 잘 모르는 부모가 많은 것 같다. 오히려 불필요한 순간에 자녀에게 지원을 아끼지 않는 부모가 많다. 열 살이 채 안 된 자녀에게 능력을 넘어선 교육비를 퍼붓다가 정작 자녀가 도움이 필요할 때에는 돈이 없어 쩔쩔매는 부모가 얼마나 많은가? 이는 마치 예선전에 올인하다가 중요한 본선 문턱에서 좌절하는 코치와 같다.

자녀를 뒷바라지하는 기간은 우리가 예상하는 것보다 훨씬 길어질 수 있다. 내가 만든 말이지만 '자녀의 요람부터 부모의 무덤까지'가 될 수도 있다. 결혼을 앞두고 전셋집을 얻을 돈이 없어 쩔쩔매는 아들을 보면서 노후자금을 꼬불쳐둘 부모는 거의 없다. 노후가 불안정해질지라도 일단 자녀를 지원하고 보는 것이 부모의 마음이다. 선진국에 비해 자본의 축적기간이 짧았던 우리나라 베이비부머 세대 부모라면 안고 있는 이런 걱정거리를 어떻게 해결할 수 있을까?

• 자녀를 위해 은퇴 통장을 깨야 할까?

우리 사회는 예물, 예단, 신혼집 준비 등 자녀 결혼 비용 대부분이 부모의 부담으로 귀결되는 경우가 적지 않다. 더욱이 통계자료를 보면 자녀의 연봉과 학력 수준이 높을수록 부모의 결혼자금 지원액은 커진다고 하니, 부모는 사교육으로 등골 빠지게 키워 놓은 자녀의 집까지 책임져야 할 판이다. 이러다가는 현재 50~60대인 부모의 육아가 자녀의 요람에서 시작해 본인의 무덤에서 끝난다는 말도 과장으로 들리지 않는다. 엎친 데 덮친 격으로 이때가 부모의 은퇴 시점이라 부모는 조급해지기 시작한다. 이때를 조심하기 바란다. 묻지 마 창업에 나섰다가 그나마 있던 목돈마저 날린 가정 파탄 이야기를 접할 때면 가슴이 저민다.

　자녀의 입장에서는 어떨까? 결혼 적령기의 청년들에게는 '요즘 혼자 돈 모아서 결혼할 수 있나? 부모의 지원 없는 결혼은 언감생심'이라는 인식이 팽배하다. 그렇다고 해서 지금의 청년들에게 독립심이 결여되었다며 마냥 비판만 할 수도 없는 노릇이다. 지금의 청년들은 이전 세대와 비교해 성장해 온 배경이 극명하게 다르기 때문이다. 극심한 취업난 때문에 스펙을 견고히 쌓아도 일자리를 얻기가 어려운 시대 아니던가? 취직에 성공하는 시기가 이전보다 훨씬 늦어지는 것이 현실이다.

대졸 신입사원이 매월 120만 원을 5년 동안 저축하면 8천만 원, 10년 동안 저축하면 1억 8천만 원의 결혼자금을 만들 수 있다(연 복리 세후 5% 운용 시). 취업 시기를 놓치지 않고 좋은 직장을 얻어 개미처럼 저축한 젊은이라도 서른 살 넘어서까지 작은 신혼집 한 채를 자력으로 얻기가 어려운 현실이다. 아래의 사례도 한번 살펴보자.

57세 이부영 씨는 퇴직이 얼마 남지 않았다. 50대 중반을 넘어가면서 직장에서 살아남기가 녹록지는 않았지만, 그래도 이 씨는 피라미드 상층부에 오른 몇 안 되는 직원 중 하나였다. 틈틈이 노력해서 주택담보대출을 모두 상환해 빚은 없었고, 27년간 넣은 국민연금과 4억 원 상당의 아파트, 2억 원의 예금 자산(중간 정산 퇴직금 포함)이 전 재산이었다.

만약 현재의 자산을 매달 현금흐름으로 전환시킨다면, 국민연금에서 약 110만 원, 4억 원의 아파트에서 주택연금으로 100만 원, 2억 원의 예금을 세후 3%로 운용해 얻는 이자 50만 원 등 달마다 260만 원가량의 노후자금을 만들 수 있다. 아주 풍족하지는 않겠지만 소일거리를 통해 자잘한 수입을 보탠다면 행복한 노년을 보낼 수 있는 돈이다. 하지만 이런 계산 공식은 성인 자녀의 결혼 등 뒷바라지 변수를 대입하면 판이하게 달라진다.

만약 이 씨가 결혼을 앞둔 자녀에게 전세금으로 1억 원을 지원한다면 노후자금의 흐름은 어떻게 달라질까? 그가 자신의 아파트를 담보로 대출(20년 원리금균등상환조건부, 연이자 4%)받아 지원하게 된다면 이 씨의 매달 노후자금은 200만 원으로 줄어든다. 1억 원을 20년간 4%의 금리로 원리금균등상환 시 매달 약 60만 원이 소요되기 때문이다.

그런데 이씨의 자녀가 두 명이라면? 여기에 수도권에서는 1억 원으로 전셋집을 얻을 수 없다는 아들의 원성과 사돈댁 앞에서의 체면까지 생각해야 한다면? 자녀 한 명당 1억 5천만 원씩을 지원한다고 했을 때(총 3억 원 대출, 1억 원당 60만 원씩 감소, 총 180만 원 감소) 이 씨의 노후자금액은 매달 80만 원으로 쪼그라든다. 그럭저럭 행복할 수 있었던 노후가 월 100만 원 이하로 생활하는 은퇴빈곤층 신세로 전락하고 마는 셈이다.

그렇다면 어떻게 해야 할까? 현실을 탓할 수만은 없다. 현실에 적응하며 미래를 대비해야 한다. 그 방법을 지금부터 알아보자.

부모와 자녀 사이에
상생 구조를 만들어야 한다

자녀에게 자산을 어떻게 물려줘야 할까? 이 질문에 도움이 될 다섯 가지 전략을 소개하고자 한다.

첫째, 20~30대 미혼 자녀가 있다면 자녀가 스스로 독립할 수 있도록 저축의 가치를 가르쳐야 한다. 물론 자녀 스스로 잘하는 경우도 있다. 하지만 '자녀의 독립 문제'는 부모의 노후와도 연결되는 중요한 가족 문제이므로 함께 협의하고 준비하는 과정이 필요하다. 어설픈 자녀지원은 부모의 노후를 엉망으로 만들고, 결국 이는 부메랑이 되어 자녀의 삶에도 영향을 미친다. 함께 대비하고 노력을 기울인 가정과 그렇지 않은 가정은 세대 간 재정적 행복도의 차이가 클 수밖에 없다.

물론 20대에 이런 이야기를 시작하는 것은 다소 늦은 면이 있다. 하지만 지금까지 제대로 된 재정교육이 없었다면, 얼굴을 붉히는 일이 있더라도 진지하게 자녀와 돈에 대해 이야기하고 실행계획을 마련하는 것이 필요하지 않을까?

내가 대졸 신입사원을 기준으로 조사한 바, 자녀가 5년에서 10년 정도 사회생활을 하면 5천만 원에서 1억 원 정도의 종잣돈을 마련할 수 있다. 이 정도라도 모아놓은 것과 그렇지 않은 것은 가족 전체의 행복을 좌우하기도 하니 즉시 자녀에게 저축을 가르치기 바란다.

사회초년생인 두 아들을 두고 있는 내가 선택한 방법은 이렇다. 요즘은 집을 마련하기가 참 어려운 시기이니만큼 두 아들이 미리 자금을 저축하게 하고, 부모가 도울 수 있는 방법을 미리 알려줘서 본인의 길을 스스로 계획하도록 했다. 상세 내용은 다음과 같다.

아빠 고득성과 엄마 ○○○은 아들들에게 아래의 3가지 증여를 계획한다.

1. 독립주택마련용 증여플랜: 월 100만 원 이내 특정지정통장("매칭통장") 저축 시 해당 월입금액 상당의 누적금액을 매칭하여 증여해줌. 3천만 원 저축 후 저축액 사용을 위해 주택구입 등 이전에 인출할 것을 아빠에게 신청 시 3천만 원 증여.

독립주택마련용 증여자금 총 한도는 1억 원(본인매칭자금 포함 시 2억 원)임. 한도 1억 원 초과 요청 시 초과액은 아빠가 이자 1%로 대여 후 5년 이내 분할 회수한다. 단, 본인 저축액과 증여받은 저축 자금의 사용용도는 본인 독립 시 전세자금 또는 본인명의 주택구입에 한하며, 이외 용도인 경우 매칭 중지 및 증여하지 않음. 또한 실질적 독립이 아닌 경우 증여 중지. 해당 용도 발생 시 직접 계좌이체. 독립주택마련용 계좌는 부모가 확인 가능한 상태이어야 함.

2. 결혼축하자금 5천만 원 증여: 본인 결혼 시 5천만 원 증여. 결혼 이전 실질적 독립, 업무상 출장, 부모 모두의 동의를 득하지 않은 외박 1일당 50만 원 차감(외박의 기준은 익일 오전 2시 이후 귀가). 축하자금의 사용 용도는 전세자금 또는 본인명의 주택 구입이어야 하며, 이외 용도인 경우 증여 안 함. 해당 용도로 직접 계좌이체.

3. 자녀 출산자금 3천만 원 증여: 법률혼 결혼 이후 자녀 1인 임신 및 출산 시 3천만 원 증여. 둘째부터 1천만 원씩 증액 증여.

둘째, 불필요한 결혼 준비 비용은 최소화해야 한다. 1000만 원의 결혼 준비 비용을 아낄 수 있다면, 이는 자녀가 노후를 맞이하는 40년 후에는 노후자금 1억 원을 마련하는 것과 마찬가지다(장기간 운용수익률 연 6%로 가정할 때 10배가 됨). 실례를 든다면 L호텔에서 식을 진행한 청년과 그렇지 않은 청년의 결혼 비용은 5천만 원 이상이 차이가 났다. 자녀의 노후자금 5억 원을 아낀 셈이다(물론 여유가 있는 사람들이 자신의 재정 여력을 활용하여 6성급 호텔에서 의미 있게 결혼을 하는 것도 좋다고 생각한다). 그보다 나는 청년들을 만나면 결혼식은 의미 있는 장소에서 남들과 다르게 할 것을 제안하고는 한다. 가령 자신이 성장한 교회에서 결혼식을 치르는 것이다.

일반 예단, 예물 등 기타 결혼 비용도 마찬가지이다. 평생 모은 재산을 뚝 떼어 신혼집을 마련해준 신랑 부모 입장에서는 예단이 그에 상응하지 못한다면 마음에 앙금이 생길 수 있다. 돈을 밝히지 않던 사람도 보상 심리가 발동하는 건 인지상정 아니겠는가?

평생 함께해야 할 사돈끼리 상대방에게 부담스러운 요구를 하는 잘못된 순환고리를 누군가는 끊어야 한다. 이 글을 읽는 독자가 청년이라면 부모를 설득하라. 자녀를 둔 독자라면 여러분이 끊길 바란다.

셋째, 부모와 자녀가 서로의 상황을 파악하고 이해하여 지출을 줄이고 미래를 대비할 방법을 모색해야 한다. 대한민국 혼주인 50~60대는 이미 열 집 중 네 집이 노후자금이 부족해 법정 최저생계비(2인 가구 기준 월 94만 원) 이하로 살아갈 가능성이 높은 은퇴빈곤층이다. 혼주들이 지금처럼 노후자금을 헐어 자식 집값 대주기를 계속한다면 두 집이 더 은퇴빈곤층으로 떨어져

나가 50~60대의 60%가 은퇴빈곤층이 된다고 한다(미래에셋 퇴직연금연구소). 이처럼 위신과 체면만 앞세우다가는 나중에 큰코 다치기 십상이다.

우리나라의 자산 형성 역사와 구조를 보면 부모는 자산이 있더라도 부동산에 묻어두고 있을 가능성이 높으며, 은퇴 시점이 되면 대체로 모든 소득이 끊긴다. 그에 비해 자녀는 이제 막 돈을 벌기 시작했으며 모아둔 재산은 없다. 이런 경우 서로의 니즈를 맞춰보는 것도 좋을 것 같다.

30대 초반에 결혼한 이미정 씨는 부모와 공생관계를 잘 설정한 좋은 사례다. 그는 결혼하면서 시부모님과 한 집에서 사는 편을 택했다. 신혼집을 구하고 베이비시터까지 고용하기에는 돈도 많이 들고, 맞벌이를 하면서 부부의 힘만으로 아기를 키우기에도 벅차다는 생각이 들었기 때문이다. 시부모님께는 매달 생활비로 100만 원씩을 드리기로 했다. 시부모님은 용돈도 벌고, 손주 재롱도 볼 수 있어서 좋아하신다고 한다.

넷째, 부모 스스로가 자산의 통제력을 유지한 상태에서 자녀를 지원해야 한다. 50~60대 부모가 소유한 부동산(집)을 자녀를 통해 환금화하는 방법 등이 대표적이다. 부모의 재산이 상속세를 낼 만큼 아주 많지 않다면, 죽기 전에 증여해서 자산 통제력을 자녀에게 완전히 넘겨주기보다는 대여 또는 전세 등의 방식을 활용해 자녀를 지원하는 편이 낫다. 자녀가 독립해서 집을 마련할 때는 현실적으로 돈이 많이 들어간다. 이때 부모는 자녀에게 본인 소유의 부동산을 전세로 빌려주어 사용하게 하고(부모는 자녀에게 받은 전세자금을 노후 생활비로 활용한다), 해당 물건을 부모 사후에 자녀에게 이전한다는 사인증여계약을 하는 식이다. 이 경우 부모는 상속 시점, 즉 죽을 때까지 재산 소유권을 자신이 유지할 수 있고, 자녀는 일단 전세자금만 부담하며 훗날 집을 소유할 수 있다는 신뢰를 가질 수 있다.

한편 재산의 소유권을 이전하되, 조건을 지키지 않는 경우에는 재산의 반환을 요청할 수 있는 약정을 걸 수도 있다. 강남에서는 일명 '효도계약서'로 알려져 활용되고 있는 약정이다. 효도계약서는 본래 민법에 있던 '조건부증여'의 일종으로, 부모가 생전에 자녀에게 재산을 증여하되 효도라는 조건을 붙여서 증여하는 것을 일컫는다. 가령 결혼을 앞둔 아들에게 수억 원 상당의 아파트를 미리 증여하지만, 아들이 부모가 바라는 의무를 저버릴 경우에 대비해 증여 시 조건을 붙임으로써 부모와 자녀 간의 윤리가 지켜지도록 보완하는 것이다.

조건부증여 계약서

증여목적물: ×××아파트 (공시주택가격 13억 원)

증여자 유영수(이하 "갑"이라 함)와 수증자 유수민(이하 "을"이라 함) 사이에
아래와 같이 증여 약정을 체결한다.

– 아   래 –

제1조 (목적) "갑"은 상기 증여목적물을 "을"에게 증여하기로 한다.

제2조 (부담부분) 위 증여재산은 "을"이 다음의 사항을 이행할 것을 조건으
로 한다.
   1) "을"은 어머니 병간호를 위한 간병인 비용을 부담하기로 한다.
   2) "갑"과 "을"은 증여목적물에서 거주하고 생활하며 "갑"의 요구가
     있을 때는 언제라도 증여목적물의 명의를 "갑"으로 변경할 수 있도
     록 한다. 다만 "을"은 "갑"에게 매월 일정액의 "갑"의 생활비를 제공
     하기로 한다.
   3) 증여목적물이 매각되거나 대출을 위한 담보로 제공되는 경우에는
     "갑"의 동의를 반드시 받아야 한다.

제3조 (계약의 해제) "을"이 다음 각 호에 해당할 경우, "갑"은 본 계약을 해
제할 수 있다.
   1) 수차례의 권고에도 불구하고 제2조 제1항과 제2항을 명확하게 이행
     하지 아니한 경우
   2) "갑"의 동의를 받지 아니하고 매각 또는 대출 담보로 제공한 경우
   3) "갑" 또는 "갑"의 배우자에 대한 범죄 행위를 한 경우

제4조 (계약의 해제 후 이행사항) 제3조에 의해 계약해제가 되었을 경우, "을"은 "갑"에 대해 상기 증여목적물을 반환하여 소유권이전등기에 필요한 서류를 협조해야 하며, 이를 이행하지 아니하는 경우 위약 벌금 ×××원을 지급하기로 약정한다.

"갑"과 "을"은 위 부담부증여를 위와 같이 계약하고 이를 증명하기 위하여 본서 2통을 작성하여, "갑", "을" 각자 1통을 보관한다.

20××년 ××월 ××일

증여자 "갑" 성   명 : 유영수   (인)
            주민등록번호 :
            주   소 :

수증자 "을" 성   명 : 유수민   (인)
            주민등록번호 :
            주   소 :

　효도계약서를 작성할 때, 주의할 점이 몇 가지 있다. '부모의 마음에 들지 않으면 다시 재산을 돌려준다'처럼 추상적으로 쓰기보다는 반드시 구체적으로 내용을 기재해야 한다. 가령 누가 누구에게 증여를 하는지, 증여 시 매달 생활비는 얼마를 받을 것인지, 어떻게 받을 것인지 등의 조건을 구체적으로 기재해야 한다. 추상적으로 작성하면 그 조건 자체가 법원에서 무효가 되거나 실제 재판에서는 대법원까지 수년을 끌며 '부모에게 얼마나 잘했느냐'를 가지고 따질 수 있기 때문이다. 부모와 자식 간이 아니더라도 수년을 끄는 소송은 당사자들의 피를 말리고, 진을 빠지게 하기 일쑤다. 그래서 그런 것을 미연에 방지하고, 효도가 잘 이루어지게 하고, 소송을 방지하기 위해서라도 구체적인 항목을 써야 한다. 또한 날짜와 이름, 도장 2장을 반드시 기재하여 증여자·수증자의 의사가 명확히 반영되었음을 확인해야 한다.

그리고 현금 증여에 대한 효도계약을 체결하는 경우에는 영수증을 받아야 한다. 계좌이체가 아닌 현금은 꼬리표가 없기 때문에 영수증을 계약서와 더불어 구비하는 것이 좋다. 이 또한 다시 돌려받게 되는 조건을 명확하게 써야 한다. 또한 '2017년 10월 1일부터 매달 15일에 어머니의 ○○은행 ○○계좌번호로 100만 원을 이체한다'라든지 '매월 1회 이상 손자들과 함께 부모님 댁에 방문하고, 방문 전에는 반드시 미리 휴대폰으로 연락한다' 등 조건을 명확히 해야 한다. 이런 구체적인 조건이 명시되면 그 이행 여부를 계좌내역이나 휴대폰 통화내역으로 확인할 수 있게 된다. '이러한 조건을 충족하지 못했을 때 증여받은 재산을 되돌려준다'라고 기입하면 된다. 구체적으로 기술해야 효도가 원활히 이루어진다. 추상적으로 쓰면 자기 입맛에 맞게 해석하게 되고, 서로의 입장차이가 명확해져서 소송으로 가기 십상이다.

저자가 경험한 바, 생계비 부담 등의 조건을 걸지 않고, 무작정 부동산증여등기 등을 하면 부모 입장에서는 자산의 통제력을 잃어버릴 수 있다. 또 자녀가 사업부도 등으로 인해 여의치 않게 자산통제력을 상실할 위기에 처했을 때, 가족 모두가 어려워지는 경우가 발생한다.

앞에서 언급했듯이 재산이 아주 많지 않다면, 자산의 통제력을 유지한 채, 사후 증여(법적 용어로 사인증여) 또는 유언을 통한 유증 등을 하거나, 증여를 하더라도 이러한 조건부증여(효도계약서)를 통해 가족 간에 바라는 사항이 제대로 구현될 수 있도록 하는 것이 좋다.

마지막으로 이 책에서 주요하게 다룬 상속을 어떻게 할 것인가에 대해 말하고 싶다. 이 책을 준비하면서 지인 하나가 암으로 투병하다가 사망했다는 소식을 접했다. 지인은 대학생 자녀를 둔 재력이 있는 50대 가장이었다. 매우 안타까운 일이었지만 2년 동안의 암 투병으로 준비기간이 길어서인지 가족들은 매우 무덤덤했다. 지인의 배우자와 자녀들과 이야기를 나누던 중에 놀라운 사실을 알게 되었다. 2년간의 투병 기간이 가족 간 대화를 회복하고, 서로를 이해하게 되는 아주 소중한 시간이었다는 것을 말이다. 돌아가신 지인은 그 기간 중에 자녀들의 관심 분야와 재능을 파악했고, 그 분야에 맞는 자신의 재산을 자녀들이 증여받을 수 있도록 도왔다. 또한 그 재산을 잘 관리할 수 있는 대학의 학과를 선택하게 했으며 발달지체 장애를 가진 막내를 위해서 아내에게 재산을 따로 맡겨 자신이 없는 세상을 자녀가 잘 맞이할 수 있도록 배려했다. 같은 50대로서 죽음을 준비할 수 있다는 것이 매우 감사한 일이라는 생각이 들었다.

소설 속 60대 후반에 접어든 김수성은 재산에 대한 가족들의 생각이 동상이몽임을 알았다. 김수성의 가정이 현실적인 가정의 모습이 아닐까 생각한다. "우물쭈물하다가 내 이럴 줄 알았다"는 유명인의 묘비명처럼 우리 인생은 아무리 계획한다고 해도 내 마음처럼 되지 않는다. 아무리 치밀하게 준비했어도 인생의 공든 탑이 무너지는 사건을 경험하게 되는 것이 인생 아닌가. 그래서 이 모든 과정을 거칠 때, 가족에 대한 배려와 사랑이 무엇보다 제일 중요하다.

주인공 김수성은 40대 이후에 유언 준비 등 상속에 대한 관심을 가지고 꾸준한 준비를 했다. 하지만 가족과 상속 내용을 공유하거나 가족재산과 관련하여 대화를 많이 하지 못해서 엄청난 가족 갈등을 낳을 뻔했다. 죽을 뻔한 위기에서 벗어나고 나서야 심사숙고하여 가족과 상속 내용을 나누고, 서로에 대한 사랑을 확인하게 되었다. 이후 가족 간의 대화와 상속 내용 공유는 더욱 자연스럽게 이어졌다.

이러한 대화와 공유가 단순히 서로를 이해하는 것에 그치지 않고, 좀 더 서로에게 도움이 되는 방향으로 이어져야 한다는 것이 나의 생각이다. 그래야 자녀들도 본인 인생을 장기적으로 주도면밀하게 계획할 수 있다. 만일 상속 내용이 뚜렷하지 않거나 마냥 결정이 늦춰진다면 수혜자인 자녀들은 소득 플랜, 직장, 사업 등 인생 계획을 세우는 데 어려움을 겪을 수 있다. 상속 준비는 빠르면 빠를수록 좋지만 가족에 대한 사랑과 배려, 이해를 기반으로 진행되어야 한다. 속도보다 올바른 방향이 더 중요하다.

언제, 어떻게
물려줄 것인가

나는 앞서 언급한 증여플랜 외에도 재능개발 투자 플랜을 운용하고 있다. 재능개발 투자 플랜이란 아주 크게 성공하지 못한 자녀에게 기회를 제공하는 취지로, 내 아들의 나이 20대 초중반에 선포되었다.

재능개발 투자 플랜

아빠 고득성은 아들의 재능 지원을 다음과 같이 투자하기로 한다. 아들의 나이가 40세가 되었을 때부터 45세 미만일 때까지, 다음과 같은 조건 중 3개 이상의 조건을 충족하는 경우 아들의 요청이 있을 때 아들에게 투자하기로 한다. 투자액은 아빠 명의 순가족자산의 20% 이내로 한정한다. 단, 아들의 순자산이 10억 원을 초과하는 경우에는 본 투자플랜을 시행하지 아니한다. 투자플랜 실행 시 가족 모두의 합의가 있어야 하며, 투자 실행 이후, 재능 지원을 받은 아들은 투자자금의 회수까지의 플랜을 제시할 수 있어야 한다. 투자자금은 손주들의 증여로 이어질 수 있도록 회수 및 보존을 원칙으로 한다.

1) 300인 이상의 기업에서 5년 이상 근무 또는 이와 유사한 근무 또는 사업의 형태로 부모의 승인을 받아 5년 이상 근무 조건
2) 순자산 5억 원 이상의 조건(부모의 증여액은 차감한다)
3) 본인 가족의 존경과 신임을 받으며, 아내 및 자녀가 2인 이상인 조건
4) 교회에서 믿음 생활이 본이 될 것

유언장을 준비할 때는 법적인 효력을 감안해서 유언하는 것도 중요하지만, 소중한 가족의 성장과 발전을 위해서 자녀들과 대화를 통해 그들의 달란트를 계발하고 각자의 필요에 맞는 가족재산과 정신적 유산을 남겨주는 것이 더욱 중요하다. 재산을 물려줄 사람의 인생철학과 정신적인 가치가 반영되지 않은 가족재산의 대물림은 자칫 잘못하면 가족 간 갈등과 반목을 가져오기 때문이다.

가족을 위한 유언장은 단순히 법적인 의미보다도, 돈을 모으는 목적을 분명히 하면서 (가족재산을 형성하기 위해) 그 목적별로 비상계획을 알려주는 재무적 유언이기에 매우 중요하다.

불확실한 금융위기 속에서 제대로 진행된 상속이야말로 확실

한 재테크의 기반이 되지 않을까. 가족과 함께 가족재산 비전을 세운 후 최소 1년마다 재정상태표를 만들며 내가 지금 가족에게 상속을 한다면 어떻게 재산을 나누어 줄지를 유언장에 적어보고 주기적으로 수정해보는 작업이 필요하다. 내 유언장은 매우 재미있는데, 자녀의 나이에 따라 유언이 달라질 수 있는 조건 등이 붙어 있다.

유 언 장

사랑하는 아내와 두 아들에게
아버지의 마음을 담은 소설 『상속의 지혜』를 통해 아버지의 마음을 어느 정도 이야기한 것 같네요. 매순간 열심히 살았지만, 가족들에게 많은 것을 해주지 못한 게 많이 후회가 됩니다. 유언장은 이미 여러 번 언급한 바와 같이 단순합니다. 다만, 다음의 사항을 꼭 지켜주었으면 합니다.

〈지켜줄 사항〉
1) 한 가정의 남편으로 배우자와 자녀들에게 신임과 존경을 받으며, 부모를 공경할 것.
2) 신앙과 행위가 복음적이고 본이 될 것.
3) 가족 간, 친족 간 금전적 거래를 하지 말 것(금전대여 및 차용 등). 형제가 어려운 상황일 때는 형편대로 아무 조건 없이 주는 것을 원칙으로 한다.
4) 절대로 타인의 재산 및 신원을 보증하지 말 것.
5) 자기 사업을 하는 경우 사적으로 돈을 빌려 하지 말 것. 돌려줄 의무가 없는 성과를 공유하는 투자를 받는 경우는 가능하지만, 가족 간에는 투

자도 받지 말 것.

6) 주택담보대출 이외에는 어느 빚도 지지 말 것.

7) 과도한 투자를 삼갈 것. 모르는 곳에는 투자하지 말 것. 항상 투자할 때
　는 가족과 상의할 것.

나 고득성은 사후에 다음과 같이 유증하기로 한다.

집 등 부동산, 금융재산, 기타 모든 재산은 아내에게 유증합니다. 재산 내역
은 지금 유언장이 발견된 회사의 금고 내에 동일하게 보관되어 있습니다.
각 재산별로 처분하는 방법과 환가화 하는 방법을 기재해 두었습니다. 특히
회사 지분은 해당 지분을 매입할 자에게 양도 이후 환가화 할 수 있기를 바
랍니다. 아무래도 영업권으로 인해 해당 지분을 ㅇㅇㅇ변호사님의 도움을
받아 가장 적절한 파트너에게 양도가 되면 좋을 것 같습니다. 또한 출판사
의 저작권은 XX출판사 ㅇㅇㅇ대표님과 상의하여 상속인의 명의로 이전하
면 됩니다.

단, 아내가 본인보다 먼저 유고 시에는 두 아들에게 금액 비율로 절반씩 상
속하기로 합니다. 절반에 대한 기준을 두고 재산을 나누면서 서로 양보하여
절대로 다툼이 일어나는 일이 없도록 해주면 좋겠습니다.

상속세는 재산을 상속받은 자가 금융재산을 환가하여 각자 받은 재산에 안
분하여 부담한다.

2023년 11월 8일 고득성 (인)

주소: 경기도 성남시 분당구 X X X

재산을 남기는 입장에서는 재산을 생전에 물려줄지, 사후에 남겨줄지 고민인 게 현실이다. 무엇보다 상속 관련 분쟁으로 인해 가족 관계가 와르르 깨지며 공든 탑이 무너지는 것을 막고 싶어서다. 이를 위해 지금까지 유언장을 작성하는 방법에 대해 설명해 왔다. 자필증서유언, 공정증서유언 등의 유언 방식을 소개해 왔는데, 좀 더 내 뜻대로 재산을 나눠줄 수 있는 '유언대용신탁'이라는 제도도 눈여겨 보길 바란다. 절차가 간단한 게 특징이고, 민법에서 다루는 유언과 달리 신탁법상의 제도다. 재산의 주인이 생전에 예금·주식·채권·부동산 등을 금융회사에 맡겨 자산관리를 하다가 사후 고인의 뜻에 따라 상속을 집행하는 것이 특징으로 이는 유언장과 비슷한 부분도, 전혀 다른 부분도 있다. 우선 재산을 물려주는 입장에서는 죽을 때까지 재산의 통제권을 놓지 않는다는 점이 유언장과 비슷하고, 재산을 받는 입장에서는 재산을 남겨주는 자가 사망하기 전에 재산을 먼저 확보할 수 있는 증여의 기능이 있어서 매우 합리적이다. 실제로 증여를 받는다면 증여세가 나올 염려가 있지만, 유언대용신탁은 상속 시점까지 증여로 보지 않기 때문에 더더욱 유용하다고 볼 수 있다(세금은 상속세로 낸다).

유언장은 실제로 유언장을 작성하고 그대로 집행하기까지 매우 긴 시간이 소요된다. 그 긴 기간 동안 재산을 주는 사람과 받는 사람 모두 언제 불안정한 상황이 될지 모른다. 또한 유언장은 유연한 설계가 힘든데, 가령 본인 사망 시 재산을 누구에게 분배할지만 정할 수 있을 뿐 그 재산을 받는 사람이 사망했을 때 그다음 순번을 지정하기는 어렵다. 반면에 유언대용신탁은 상속인이 사망할 때를 대비해 제2차, 제3차 상속까지 설정해 계약할 수 있다. 예컨대 '나의 빌딩을 아내에게 넘겼다가 아내가 사망하면 장남, 장남이 사망하면 차남에게 넘겨라' 하는 식으로 여러 세대에 걸쳐 재산 분배가 가능하다. 또한 상속인이 미성년이거나 장애가 있는 등의 경우 종종 문제가 되는 후견인의 개입 우려에 대해서도 사전에 차단할 수 있다. 일정 연령에 도달하기 전까지 수탁자인 금융회사에서 재산관리 후견인 역할을 해주기 때문이다. 더불어 재산을 물려주는 본인이 살아있는 동안에는 해당 재산에서 발생하는 수익을 본인이 수령할 수 있다. 신탁 계약이므로 계약 주체들과 합의하여 계약을 파기하거나 재산을 주려고 했던 자녀를 바꿀 수도 있다.

고령화 시대에 유언대용신탁은 여러 질병을 겪으며 재산 관리가 어려워지는 사람들에게 가장 좋은 대안이 될 수 있다. 생전에 본인 재산을 금융회사 등의 수탁자에게 맡기고 이에 따라 발생한 수익을 본인이 수령하다가 '사후에는 아내에게 40%, 장남에게 30%, 차남에게 30%를 지급하라'는 등의 계약을 할 수 있기 때문이다. 본인 의료비, 간병비 등을 모두 충당한 이후 남은 재산을 물려주는 식으로 유연한 설계가 가능한 셈이다.

유언대용신탁은 아직 대중화되지 않아서 잘 모르는 이가 많다. 그런데 실제로는 작성 방식이 유언장보다 간단하고, 사후에 상속등기까지 걸리는 시간도 짧아서 이점이 많다. 단, 유언대용신탁은 유류분제도(특별부록③의 제4장에서 자세히 다룬다)와의 충돌이 발생할 수 있어서 반드시 전문가와 먼저 상담한 후에 금융회사 등과 계약해야 한다.

해외에서는 'LIVING TRUST'라고 명명되는 유언대용신탁은 효도계약서와 유언장의 장점을 모두 챙길 수 있는 제도로 재산을 물려주는 방식에 고민이 있는 사람이라면 꼭 한번 공부해보면 좋겠다.

끝으로 이 이야기를 꼭 하고 싶다. 상속은 죽기 직전에 해야 하는 일이 아니다. 가족과 함께 소중한 미래를 설계하기 위해 바로 지금부터 준비해야 할 문제다. 만약 아직까지 가족재산 설계를 하지 않았거나 자녀와 배우자와 터놓고 이야기를 해 본적이 없다면, 지금이야말로 진솔한 대화를 시작해야 할 때다.

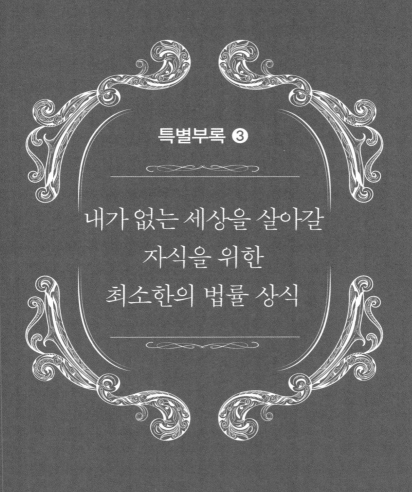

특별부록 ❸

내가 없는 세상을 살아갈
자식을 위한
최소한의 법률 상식

소설로 함께 배우는
법률 상식

가족재산의 아름다운 이전이 완성되려면 우리나라 상속법의 기본원칙을 공부하는 것이 필요하다. 재산의 소유자가 죽기 전에 가족들과 대화를 통해 재산 분배 내용을 합의했다고 해서 그 합의가 유효하지 않을 수도 있기 때문이다. 우리는 소설 1장에서처럼 할머니 진불비의 뜻(구두 유언)이 전혀 반영되지 않고 막돼 먹은 자녀들이 재산을 독식한 사례를 주변에서 어렵지 않게 접할 수 있다.

합의각서

장남은 부모가 원하지 않는 결혼을 할 때 모든 재산을 포기하기로 약속하였으니, 부모의 사망 시 상속재산은 모두 차남의 것이다. 이를 다시 한번 합의하기로 약속한다.

2024년 ×월 ×일

장남 을 ××× (인)

위의 각서는 전직 고위 관료의 부인이 자신의 장남과 며느리에게 재산이 이전되는 것이 싫다며 받아온 것을 나에게 보여준 실제 사례다.

그런데 위의 각서는 효력이 없다. 생전에 재산 분배에 대해 합의한 것은 법적 효력이 없기 때문이다. 그래서 상속재산을 분배하는 문제는 기본적인 상속법률을 반드시 알고 접근해야 한다. 내가 가족재산의 아름다운 승계를 주제로 소설을 쓰면서도 상속법률을 고려한 이유가 바로 이것이다. (다만 본 책의 의도는 법률보다 가족 사랑과 재산의 아름다운 승계라는 점을 다시 한번 알리고 싶다.) '이런 법률을 미리 알고 있었다면 가족 간 상속 다툼을 방지할 수 있었을 텐데' 하며 아쉬워한 적이 한두 번이 아니기 때문이다.

아래의 기초상속법률은 법률전문가인 차한나 변호사와 함께 공저하고 감수를 받았음을 알린다. 소설을 보면서 쉽게 이해하기 어려운 부분이 있었다면 아래의 법률 상식과 함께 보면서 소설의 재미와 더불어 법률도 쉽게 이해할 수 있으리라 생각한다.

• 1장 자식을 위한 마음에는 부자, 빈자가 따로 없다
소설 1장에서는 법정상속인은 누구인지, 유언상속우선의 원칙, 법정상속지분(상속인 순위, 상속비율), 특별수익(돌아가신 분으로부터 생전에 증여를 받은 부분들)과 기여분(돌아가신 분을 위해 상속인이 기여한 부분들), 대습상속 개념 등을 다뤘다.

며느리 박순영은 원칙적으로 민법에서 정한 상속을 받는 자, 즉 상속인에 해당하지 않는다. 그러나 진불비의 적법한 유언장이 있었다면 유언상속 우선의 원칙에 따라 며느리 순영이 유언장에 적힌 대로 집과 현금을 상속받을 수 있었다.

1. 주요 용어 이해하기
1) 상속인: 뒤를 잇는 사람. 즉 흔히 말하는 상속을 받는 사람을 의미한다.
2) 피상속인: 상속인과 반대로 뒤를 잇게 만드는 사람. 즉, 상속인에게 상속을 하는 사망자를 의미한다.
3) 상속의 개시: 사람이 사망한 때에 상속이 개시된다.

4) 유증: 유언으로 아무런 대가를 받지 않고 자신의 재산상 이익을 타인에게 주는 것을 의미한다.

2. 상속의 종류와 우선순위: 유언상속 우선의 원칙

민법에서 상속재산을 분배하는 것은 원칙적으로는 법이 간섭할 수 있는 대상이 아니며, 해당 상속재산의 당사자들인 피상속인(사망자)과 상속인들 간의 문제다. 그렇기 때문에 민법에서 정한 요건을 갖춘 유언이 있다면, 유언에서 지정한 대로 분배하는 것이 우선이며(지정분할상속: 유언상속 우선의 원칙), 유언이 없을 경우에는 유족 간의 협의를 통한 협의분할상속이 다음 순서이고, 협의가 이뤄지지 않을 경우 민법에서 정한 상속비율 대로 분배한다.

지정분할상속(유언에서 지정한 대로) 〉 협의분할상속 〉 법정분할상속

협의분할상속의 경우, 민법에서 정한 제1순위 상속인들 간에 논의하여 정한 내용을 "상속재산분할 협의서"에 기재하고 공동상속인들 전원이 서명 또는 날인한다. 협의가 이루어지지 않는 경우에는 민법이 정한 방법에 따라 상속분을 정하며, 이를 "법정상속분"이라 한다.

3. 법정상속 순위와 상속비율

법정상속의 경우 상속인은 친족만 가능하지만, 유언상속은 친족 이외 제3자와 법인(쉽게 생각해 회사나 재단법인 등)도 포함될 수 있다.

법정상속의 경우 아래 순서대로 상속인을 정한다.

1) 피상속인(사망자)의 직계비속: 사망자보다 아랫사람. 즉, 자식을 의미한다.
2) 피상속인(사망자)의 직계존속: 사망자보다 손윗사람. 즉, 부모님을 의미한다.
3) 피상속인(사망자)의 형제자매
4) 피상속인(사망자)의 4촌 이내의 방계혈족

그렇다면 사망자에게 혼인신고를 한 법률상 배우자가 있는 경우에는 어떻게 될까? (혼인신고를 하지 않은 사실혼 배우자는 상속권이 없다.)

배우자는 사망자와의 사이에 자식이 있는 경우 직계비속과 동일하게 1순위로 공동상속인이 되고, 사망자에게 자식인 직계비속이 없는 경우에는 2순위인 직계존속과 동순위로 공동상속인이 된다. 만약 사망자에게 직계비속과 직계존속 모두 없는 경우에는 배우자가 단독상속인이 된다.

소설의 상황을 예로 들면, 진불비가 사망하는 경우 아들 김대로가 1순위 직계비속으로서 단독상속인이 되고, 배우자인 며느리 박순영은 상속인에 해당하지 않는다. 그래서 법정상속으로 진행되지 않기 위해 유언장이 중요해지는 것이다.

법정상속인 간 상속비율은 사망자의 배우자가 직계비속 또는 직계존속과 공동으로 상속하는 경우, 배우자가 1.5, 직계비속 또는 직계존속이 1에 해당하는 비율로 상속재산이 배분된다. 예를 들어 상속인이 배우자(1.5지분)와 자녀 3명(1인당 1의 지분)이라면 배우자의 상속비율은 1.5/4.5가 되고 자녀의 1인당 상속비율은 1/4.5이 된다. 그러나 상속인이 피상속인에게 중대한 범죄행위나 부당한 대우를 한 경우에는 법적 절차에 따라 직계존속의 상속권이 상실될 수도 있다.

4. 특별수익과 기여분

가. 특별수익

"특별수익"이란 재산의 증여 또는 유증을 통해 공동상속인에게 증여 또는 유증으로 이전한 재산을 말하며, "특별수익자"란 공동상속인 중 피상속인으로부터 재산의 증여 또는 유증을 받은 사람을 말한다.

어떠한 생전 증여가 특별수익에 해당하는지 판단하기 위해서는 피상속인의 생전의 자산, 수입, 생활 수준, 가정상황 등을 참작하고 공동상속인들 사이의 형평을 고려해야 한다. 이를 기반으로 해당 생전 증여가 장차 상속인이 될 사람에게 돌아갈 상속재산 중 그의 몫의 일부를 미리 주는 것이라고 볼 수 있는지에 의거하여 판별해야 한다.

ex) 특별수익에 해당하는 유증 또는 증여의 예
- 상속인인 자녀에게 생전에 증여한 결혼 준비자금(주택자금, 혼수비용 등)
- 상속인인 자녀에게 생전에 증여한 독립자금
- 상속인인 자녀에게 생전에 지급한 학비, 유학자금 등(다만, 대학 이상의 고등교육비용으로 다른 자녀에게는 증여되지 않은 교육비용이어야 함)
- 특정 상속인에게만 유증한 재산

특별수익자가 증여 또는 유증 받은 재산이 자신의 법정상속분에 미달하게 되는 경우 특별수익자는 다른 공동상속인에게 그 미달한 부분만큼만 상속분으로 청구할 수 있다. 반대로 특별수익자가 받은 특별수익이 자신의 법정상속분보다 초과하더라도 그

초과분에 대해 반환의무를 정한 민법 규정이 없을뿐더러 다액의 특별수익자가 있는 경우에는 유류분제도(유류분에 대해서는 특별부록③의 제4장에서 살펴볼 예정이다)에 의해 다른 공동상속인들이 상속으로부터 배제되는 것을 보호하고 있으므로 이러한 경우 특별수익자는 그 초과분을 반환해야 할 의무가 없다.

특별수익이 있는 경우 아래와 같이 상속분을 계산한다.

{(상속재산의 가액+각 상속인의 특별수익의 가액)×각 상속인의
법정상속분율}-특별수익을 받은 경우 그 특별수익의 가액

이때 상속재산은 피상속인이 상속개시 당시에 가지고 있던 재산 가운데 적극재산의 전액을 의미합니다. 적극재산이란 자신에게 권리가 있어 금전적 가치가 있는 재산을 의미하며 세부적으로 보면 다음과 같다. 반대로 소극재산은 갚아야 할 돈을 의미하여, 상대방에 대한 채무 내지 국가에 대한 세금 등이 있을 수 있다.

1) 동산·부동산 등 물건
2) 물건에 대한 소유권이나 유치권 등 물권
3) 특정인이 다른 특정인에 대해 일정한 행위를 요구하는 권리인 채권

4) 특허권·실용신안권·상표권·저작물에 관한 권리 등의 무체재산권 등

구체적 사례를 통해 특별수익이 있는 경우의 상속분 계산을 해보자.

A에게는 부인 B, 첫째 아들 C와 막내딸 D가 있다. A는 생전에 아들 C가 결혼을 하게 되자 결혼 준비자금으로 1억 원 상당의 예금채권을 증여했다. A의 사망 시 상속재산이 6억 원(적극재산)인 경우 부인 B, 아들 C와 딸 D에게 각자 얼마만큼 상속재산이 분배될까?

먼저 부인 B는 법률상 배우자로 직계비속인 C와 D보다 5할이 가산된 상속분을 가진다. 즉, 직계비속인 C, D가 1만큼의 상속재산을 받으면 부인 B는 1.5만큼의 상속재산을 받게 된다는 의미다. 이에 따라 이들의 상속분은 B(1.5/3.5), C(1/3.5), D(1/3.5)가 된다. 상속재산 6억 원에 C에 대한 특별수익 1억 원을 더한 뒤 각각의 상속분을 곱하고, 특별수익자인 경우에 특별수익을 제하면 아래와 같다.

B: (6억 원+1억 원)×1.5/3.5−특별수익 0원=3억 원

C: (6억 원+1억 원)×1/3.5−특별수익 1억 원=1억 원

D: (6억 원+1억 원)×1/3.5−특별수익 0원=2억 원

나. 기여분

"기여자"란 공동상속인 중 상당한 기간 동거·간호 그 밖의 방법으로 피상속인을 특별히 부양하거나 피상속인의 재산의 유지 또는 증가에 특별히 기여한 사람을 말하며, "기여분"이란 기여자가 기여한 만큼의 재산을 가산하여 상속분을 인정하는 것을 말한다. 쉽게 말해 기여분의 취지는 공동상속인들 간 실질적인 공평을 기하고 각박한 요즘 시대에 부모님을 정성으로 부양한 자식에게 재산을 더 상속받게 하자는 것이다.

배우자의 가사노동은 부부의 동거·부양·협조의 의무 범위의 행위이므로 특별한 기여에 해당하지 않으며, ① 피상속인이 경영하는 사업체에서 무상으로 일하거나 자신의 재산을 제공하여 상속재산의 유지·형성에 기여하는 경우, ② 통상의 부양, 간호의 정도를 넘어 그러한 요양이나 간호로 상속재산이 유지되는 경우(예를 들어 요양이나 간호의 비용을 기여자가 부담하여 상속재산의 손실이 없었던 경우)에는 기여자에 해당될 수 있다.

기여분은 원칙적으로 공동상속인 간의 협의로 결정하나, 협의가 되지 않거나 협의할 수 없는 경우 기여자가 가정법원에 기여분을 정해줄 것을 청구할 수 있다. 가정법원은 기여의 시기·방법 및 정도와 상속재산 가액 기타의 사정을 참작하여 기여분을 정한다.

이때 주의할 점은 가정법원에 대한 기여자의 기여분 결정 청구는 법원에 상속재산 분할 청구를 하는 때에만 가능하다. 예외적으로 상속재산 분할이 끝난 뒤라도 피인지자(본인이 상속인에 해당한다는 사실을 상속개시 후에 알게 된 자를 의미함) 또는 재판의 확정에 의하여 공동상속인이 된 자의 상속분에 상당한 가액의 지급 청구가 있는 경우에도 할 수 있다. 그러나 법원에 단지 유류분 반환청구만 한 경우에는 법원이 기여분 결정은 할 수 없다는 것이 법원의 입장이다.

기여분은 상속이 개시된 때의 피상속인의 재산가액에서 특별수익(생전 증여 또는 유증)의 가액을 공제한 금액 범위 내에서 산정된다. 즉, 피상속인의 의사를 우선시하는 것으로서 기여분보다 피상속인의 생전 증여와 유증이 우선한다. 앞서 살펴본 유언상속 우선의 원칙 개념이 여기서도 등장한다.

공동상속인 중 기여자가 있는 경우 상속분은 다음과 같이 나눈다. 상속개시 당시의 피상속인의 재산가액에서 공동상속인의 협의로 정한 기여분을 공제한 것을 상속재산으로 보고 법정 상속분에 따라 공동상속인에게 배분한다. 이때 기여자의 경우에는 기여분을 가산하여 상속분을 산정한다. 계산식을 정리하면 다음과 같다.

$$\{(\text{상속재산의 가액}-\text{기여분})\times\text{각 상속인의 상속분율}\}$$
$$+(\text{기여자인 경우 기여분})$$

구체적인 사례를 통해서 확인해보자.

A는 부인 B와 자녀 C, D가 있는 사람으로 불치병을 선고받았다. 이에 자녀 C는 A의 치료를 자처하여 고액의 치료비를 부담하고, 사망할 때까지 A를 극진히 간병했다. A는 결국 사망했고, A가 남긴 상속재산은 총 5억 4천만 원이다. 이때 C가 받을 수 있는 상속재산은 얼마일까?

C는 아버지의 치료비를 부담하고 간병한 자신의 행위가 통상의 부양이나 간호의 수준을 넘어 이로 인해 상속재산이 유지되었음을 주장할 수 있다. 공동상속인인 B, C, D는 기여분에 관해 협의할 수 있고 협의가 이루어지지 않으면 C는 가정법원에 기여분청구에 관한 소송을 제기할 수 있다.

A의 법률상 배우자인 부인 B는 직계비속인 C와 D보다 5할을 가산한 상속분을 받게 된다. 따라서 이들의 상속분은 각각 B: 1.5/3.5, C: 1/3.5, D: 1/3.5이 된다. 이 때 C의 기여분이 5천만 원으로 합의되었다면, 이들에게 돌아갈 상속재산은 다음과 같다.

B: (5억 4천만 원－5천만 원)×1.5/3.5+0=2억 1천만 원

C: (5억 4천만 원−5천만 원)×1/3.5+5천만 원(기여분)
　=1억 9천만원

D: (5억 4천만 원−5천만 원)×1/3.5+0=1억 4천만 원

5. 대습상속

"대습상속인"이란 '상속인이 될 직계비속 또는 형제자매(피대습인)'가 상속개시 전에 사망하거나 결격자가 된 경우에 사망하거나 결격된 사람의 순위에 갈음하여 상속인이 되는 '피대습인의 직계비속 또는 배우자'를 말한다.

간단한 사례를 통해 확인해보자.

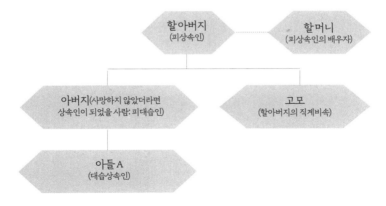

A의 부모님은 A가 어릴 때 이혼했으며 A의 아버지는 1년 전

사망했다. A의 할아버지는 A의 아버지 이외에도 자녀(A의 고모)를 한 명 더 두고 있고, 할머니도 생존해 있는 상황이다. 이러한 경우 상속인이 될 A의 아버지가 할아버지(피상속인)의 사망 전에 먼저 사망했으므로 아버지(피상속인의 직계비속)를 대신하여 A가 대습상속인으로서 할아버지의 재산을 상속받을 수 있다.

따라서 이 사례에서 공동상속인은 할머니, 고모, A가 되며 각 상속분비율은 할머니 1.5/3.5, 고모 1/3.5, A 1/3.5 와 같다.

또한 상속인이 될 직계비속이 피상속인과 동시에 사망한 경우에도 대습상속이 가능하다. 가령 아버지와 할아버지가 비행기 사고로 동시에 사망한 경우에도 아들이 대습상속인이 될 수 있다. 원칙적으로는 피대습인 아버지가 할아버지(피상속인)보다 먼저 사망했어야 하지만 우리나라 법원은 피상속인과 피대습인이 동시에 사망한 경우에도 대습상속을 인정하고 있다.

• 2장 돈이라는 그릇에 무엇을 담아줄 것인가

소설 2장에서는 상속포기와 한정승인에 대해 다뤘다.

1. 상속의 승인 · 포기 개요

상속인은 상속재산을 조사한 뒤 상속으로 인하여 물려받을 적극재산과 소극재산(채무)을 비교하여 상속을 승인할지 아니면 포

상속재산의 조사 결과	상속의 승인·포기의 결정
재산 > 채무	상속의 단순승인
무엇이 더 큰지 불분명할 때	상속의 한정승인
재산 < 채무	상속의 포기

기하는 것이 좋을지 결정해야 한다.

"상속의 단순승인"은 피상속인에게 속하던 재산상의 권리·의무 일체가 상속인에게 그대로 승계되는 상속의 효과를 거부하지 않는다는 의사표시를 말한다. 즉, 빚도 승계되므로 빚보다 재산이 더 많은 경우에 단순승인을 해야 한다.

"상속의 한정승인"은 상속인이 상속으로 취득하게 될 재산의 한도에서 피상속인의 채무와 유증을 변제할 것을 조건으로 상속을 승인하는 의사표시를 말한다. 즉, 한정승인을 하게 되면, 빚이 재산보다 많은 경우에도 상속인 본인의 재산으로 피상속인의 빚을 갚을 의무가 없다.

"상속의 포기"는 상속의 효과를 거부하는 것이므로 상속인이 상속포기를 하면 상속개시 시점부터 상속인이 아니었던 것이 된다. 상속인으로서의 자격을 포기하는 것이므로 상속재산 전부의 포기만이 인정되고 일부 또는 조건부 포기는 허용되지 않는다. 상속인이 여러 명인 경우 어느 상속인이 상속을 포기한 때 포기한

자의 상속분은 다른 상속인들에게 상속분의 비율대로 배분된다. 그리고 상속포기자는 포기로 인하여 상속인이 된 사람이 상속재산을 관리할 수 있을 때까지만 그 재산의 관리를 계속하면 된다.

그렇다면 상속의 한정승인과 포기의 차이는 무엇일까?

상속의 한정승인을 하면 자신이 받은 상속재산의 한도에서만 상속채무 또는 유증을 변제하면 되지만, 여전히 상속인에 해당하므로 단순승인을 한 상속인과 마찬가지로 상속세를 부담한다. 반면 상속을 포기하면 그는 더 이상 상속인이 아니므로 상속재산은 다음 순위의 상속인에게 넘어가게 된다. 여기서 반드시 주의할 점은 자신이 상속을 포기했다고 해서 피상속인의 채무가 모두 소멸하는 것은 아니고, 후순위의 상속인이 되는 자신의 어린 자녀가 이를 상속받을 수 있다는 것이다. 그래서 채무가 많아 상속을 포기하는 경우 후순위 상속인까지 모두 상속을 포기해야 한다.

2. 한정승인과 포기의 방식

상속인이 한정승인 또는 포기를 할 때에는 상속개시가 있음을 안 날로부터 3개월 이내에 상속개시지의 가정법원에 신고를 해야 한다. 단, 이해관계인 또는 검사의 청구에 의하여 가정법원이 3개월보다 그 기간을 연장할 수 있다. 기간을 짧게 정한 이유는 상속인을 보호함과 동시에 상속채권자 등 제3자의 권리를 빨리 안정시켜 상속관계가 빨리 확정되는 것을 도모하기 위함이다. 상속의 한정승인 또는 포기의 신고를 하려면 다음의 사항을 기재하고, 신고인 또는 대리인이 기명날인(이름이 적힌 도장을 날인) 또는 서명한 서면을 제출해야 한다.

- 당사자의 등록기준지·주소·성명·생년월일, 대리인이 청구할 때에는 대리인의 주소와 성명
- 청구의 취지와 원인
- 청구의 연월일
- 가정법원의 표시
- 피상속인의 성명과 최후주소
- 피상속인과의 관계
- 상속개시 있음을 알게 된 날
- 상속의 한정승인 또는 포기를 하는 뜻

3. 상속의 승인·포기 취소 불가 원칙

상속의 승인이나 포기는 상속개시 있음을 안 날로부터 3개월 내의 기간 중이라도 일단 승인 또는 포기 신고가 수리된 이후에는 이를 취소하지 못한다. 다만, 이러한 경우에도 상속인이 착오·사기·강박(강한 압박)을 이유로 상속의 승인 또는 포기를 한

경우에는 이를 이유로 상속의 승인·포기를 취소할 수 있다. 그러나 그 취소권은 추인(追認)할 수 있는 날(착오·사기·강박을 벗어난 시점)부터 3개월, 승인 또는 포기한 날부터 1년 내에 행사하지 않으면 시효로 인해 소멸된다. 상속의 한정승인 또는 포기의 취소를 하려면 상속의 한정승인·포기심판을 한 가정법원에 신고인 또는 대리인이 기명날인 또는 서명한 서면으로 신고해야 한다.

간단한 사례를 통해서 배운 내용을 되짚어 보자.

해남에서 작은 식당을 운영하는 55세 왕소금 씨는 동네에서 소문난 '짠순이'답게 악착같이 돈을 모으며 열심히 살고 있었다. 그런데 어느 날 섬에 홀로 계신 아버지가 노환으로 돌아가시게 됐다. 장례를 치르고 마음을 겨우 추스른 뒤 아버지의 유산을 정리해보니 물려받을 수 있는 재산보다는 갚아야 할 빚이 더 많은 상황이다. 다른 형제자매도 없어 아버지의 빚을 갚으려면 자신이 열심히 운영해 온 식당을 권리금 받고 팔아야 한다. 심각한 고민에 빠진 왕소금 씨는 언제까지 어떤 결정을 내려야 할까?

왕소금 씨는 '아버지의 사망'처럼 상속 개시의 원인이 되는 사실의 발생을 알고 또 이로써 자신이 상속인이 됐다는 사실을 안 날로부터 3개월 내에 가정법원에 상속포기 신고를 해야 한다.

• 3장 부모 마음 따로, 자식 마음 따로

소설 3장에서는 유언장을 어떻게 작성해야 하는지 제시하고, 자필증서 · 공정증서 방식에 대해 설명하고 협의분할제도, 상속분할심판(상속재산분배에 불만이 있을 때 소송을 하는 가정법원 제도) 등의 내용을 다뤘다.

진불비가 유언장을 제대로 마련해 두었다면 얼마나 좋았을까? 다음 내용을 통해 유언 관련 주요 법적 개념을 배우고, 민법에서 정한 다섯 가지의 유언 방식 중 자필증서유언과 공정증서유언 방식에 대해서 자세히 알아보겠다.

1. 유언능력과 유언 방식

유언을 하려면 유언능력이 있어야 하며, 여기서 유언능력은 만 17세 이상이며 의사능력이 있는 것을 의미한다. 따라서 만 17세 미만인 사람 또는 만 17세 이상이라도 유언 당시 반혼수 상태에 빠져 의사능력이 없는 사람의 유언은 법적 효력이 없다.

유언은 법에서 정한 방식에 따라 이루어져야 그 효력이 인정되는데, 우리 민법에서는 유언을 아래와 같은 다섯 가지 방식으로 정하고 있다.

1) 자필증서유언: 유언자가 직접 자필로 유언장을 작성하는

것을 말한다.

2) 녹음유언: 유언자가 유언의 취지, 그 성명과 연월일을 구술하고 이에 참여한 증인이 유언의 정확함과 그 성명을 구술하는 방식의 유언을 말한다.

3) 공정증서유언: 유언자가 증인 2명이 참여한 공증인의 면전에서 유언의 취지를 구두로 얘기하고 공증인이 이를 필기낭독하여 유언자와 증인이 그 정확함을 승인한 후 각자 서명 또는 기명날인하는 방식의 유언을 말한다.

4) 비밀증서유언: 유언자가 필자의 성명을 기입한 증서를 엄봉날인하고 이를 2명 이상의 증인의 면전에 제출하여 자기의 유언서임을 표시한 후 그 봉서표면에 제출 연월일을 기재하고 유언자와 증인이 각자 서명 또는 기명날인하는 방식의 유언을 말한다.

5) 구수증서유언: 질병이나 그 밖에 급박한 사유로 인하여 다른 방식에 따라 유언할 수 없는 경우에 유언자가 2명 이상의 증인의 참여로 그 1명에게 유언의 취지를 구두로 얘기하고, 그 유언을 받은 자가 이를 필기낭독하여. 유언자의 증인이 그 정확함을 승인한 후, 각자 서명 또는 기명날인하는 방식의 유언을 말한다.

2. 자필증서 유언

자필증서 유언장, 즉 유언자가 직접 손글씨로 쓴 유언장의 경우에도 민법에서 정한 요건을 갖추어 생전에 작성해 두어야 한다.

민법에서 정한 요건 대로 진불비가 아래와 같이 간단하게 자필로 유언장을 작성할 수 있다.

유 언 장

나 진불비는 며느리 박순영에게 진불비 소유의 주택과 XX은행OO통장에 들어있는 현금 전부를 주기로 한다.

19XX년 5월 8일 진불비 (인)

주소: 서울시 은평구 불광동 OO번지

유언장을 쓰는 일은 생각보다 간단하지만 민법에서 정한 형식 요건을 모두 빠트리지 않고 갖추어야 한다. 하나라도 빠트리면 유언장이 무효가 되니 주의하도록 하자.

민법에서 정하는 유언장의 형식 요건을 살펴보면 다음과 같다.

1) 유언장이 자필(손글씨)로 작성되어 있고,

2) 유언장이 작성된 날짜(연도, 월, 일자 표기),

3) 작성한 사람의 성명,

4) 작성한 사람의 주소가 모두(동호수, 번지수까지) 적혀 있고,

5) 유언장에 도장이 찍혀 있거나 자필 서명이 되어 있어야 한다.

3. 공정증서 유언

유언자가 증인 2명과 함께 공증인 앞에서 유언의 취지를 구두로 전하고 공증인이 유언자의 구술 내용을 필기해서 이를 유언자와 증인에게 낭독해야 한다. 유언자와 증인은 공증인의 필기가 정확함을 승인한 후 각자 서명 또는 기명날인해야 한다. 이때 "필기"란 공증인이 유언자가 입으로 말한 것을 그대로 기록하는 것을 뜻하는 것이 아니므로 유언자가 말한 것의 취지를 표시하고 있으면 된다. 마지막으로 공증인은 증서가 위와 같은 방식에 따라 작성되었다는 것을 유언서에 부기하고 서명 또는 기명날인한다.

증인의 경우 결격사유가 없어야 하며, 미성년자, 피성년후견인과 피한정후견인, 유언으로 인하여 이익을 얻을 이해관계인 및 그의 배우자와 직계혈족은 증인이 될 수 없다.

4. 자필증서 유언 및 공정증서 유언의 장단점 비교

자필증서 유언은 공증인 비용이 들지 않고 작성 방법이 간편하다는 장점이 있다. 대신 작성방법을 정확히 지켜야만 효력이

생기며 집행을 위해서는 법원에 검인(법원이 유언방식에 관한 모든 사실을 조사한 후 유언장의 존재를 확정하는 것을 말함) 신청을 해야 한다.

공정증서 유언은 공증인이 유언을 공정증서로 작성하면 이는 진정한 것으로 추정되므로 유언자의 사망 후 유언장의 존재를 입증하는 법원에의 검인절차를 밟지 않아도 된다. 따라서 사망 후 곧바로 유언 집행이 가능하여 유언장의 효력을 놓고 분쟁이 발생할 소지가 적다는 장점이 있다. 반면 공증인 수수료 등 비용이 들고 결격사유가 없는 증인 2명을 섭외해야 하는 어려움이 있다.

5. 상속재산의 협의분할

"상속재산의 협의분할"이란 피상속인의 분할금지의 유언이 없는 경우에 공동상속인 간 협의로 상속재산을 분할하는 것을 말한다. 협의분할을 할 때에는 당사자 전원의 합의가 있으면 되고, 그에 관한 특별한 방식이 필요 없다. 대금분할, 현물분할, 가격분할에 따를 수도 있고, 이를 절충하는 방법을 사용해도 좋다.

- 대금분할: 상속재산을 환가처분한 후에 그 가액을 공동상속인 사이에서 나누는 방법을 말한다.
- 현물분할: 개개의 재산을 있는 그대로의 상태로 공동상속인 사이에서 나누는 방법을 말한다.

- 가격분할: 공동상속인의 한 상속인이 다른 상속인의 지분을 매수하여 그 가액을 지급하고 단독소유자가 되는 것을 말한다.

상속재산의 협의분할은 일종의 계약으로 공동상속인 사이에 구두로 할 수도 있지만, 분쟁을 피하기 위해 협의분할서를 작성하는 것이 좋다. 만약 분할협의에 참가한 상속인이 무자격자이거나, 공동상속인 중 일부를 제외하고 분할협의를 한 경우에는 무효가 된다. 그리고 공동상속인 중 한 사람이 미성년자인 경우에는 미성년자의 보호를 위해 특별대리인이 선임되어야 한다. 또한 분할협의의 의사표시에 착오나 사기·강박이 있었던 경우에는 분할협의의 의사표시를 한 사람은 이를 취소할 수 있다.

6. 상속재산의 심판분할

"상속재산의 심판분할"이란 공동상속인 사이에 분할의 협의가 이루어지지 않는 경우 가정법원에 청구하는 분할방법을 말한다. 그런데 상속재산의 심판분할을 위해서는 반드시 법원의 조정절차를 거쳐야 하며, 조정이 성립하지 않은 경우에만 가정법원의 심판분할절차가 진행된다. 상속재산의 분할심판은 상속인 중 한 사람 또는 여러 사람이 나머지 상속인 전원을 상대로 하여 청구해야 하고, 청구기한의 제한이 없어 언제든지 청구 가능하다.

가정법원은 이러한 상속재산 분할 심판이 진행될 때 공동상속인 중 일부의 특별수익 또는 기여분을 고려하여 분할 결정을 하게 된다.

• 4장 가족의 행복을 지키는 아름다운 약속
소설 4장에서는 상속인임에도 상속을 받을 수 없는 결격사유와 유류분청구소송에 대해 다뤘다.

1. 상속결격자
　　'상속결격자'란 민법이 정한 상속순위에 해당하지만 도의적으로 상속을 받을 자격이 없는 행위를 하여 상속을 받지 못하는 사람을 말한다. 상속 결격 사유를 민법은 아래와 같이 정하고 있다.

　　- 고의로 직계존속, 피상속인, 그 배우자 또는 상속의 선순위
　　　나 동순위에 있는 사람을 살해하거나 살해하려고 한 사람
　　- 고의로 직계존속, 피상속인과 그 배우자에게 상해를 가하여
　　　사망에 이르게 한 사람
　　- 사기 또는 강박으로 피상속인의 상속에 관한 유언 또는 유
　　　언의 철회를 방해한 사람
　　- 사기 또는 강박으로 피상속인의 상속에 관한 유언을 하게

한 사람

- 피상속인의 상속에 관한 유언서를 위조·변조·파기 또는
  은닉한 사람

소설에서 막내아들 우진이 혼자 유언장을 찢어버린 후 수성이 사망한 경우 우진은 상속결격자에 해당하게 된다. 상속에 관한 유언서를 파기한 사람에 해당하기 때문이다. 이러한 상속결격자는 뒤에 살펴볼 유류분은 물론 기여분도 청구할 수 없다.

또한 2024년 8월 민법개정으로 상속인이 될 사람이 부양의무를 중대하게 해태하는 등 일정 요건에 해당하는 경우 그 직계존속의 상속권이 상실될 수 있게 됐다. 연예인 구 모 씨 등의 상속 시, 구 모 씨에 대한 부양의무를 다하지 않은 직계존속이 상속을 받게 되는 사회 이슈로 인해 민법개정요구가 빗발치다가 드디어 미성년자 자녀의 부양의무를 다하지 않던 부모가 그 자녀 사망 시 그 상속인의 재산, 보험금, 보상금 등을 가로채는 일을 방지하기 위함이다.

미혼 자녀는 자녀와 배우자가 없어 상속이 발생하게 되면 부모가 법정상속1순위가 되어 재산을 독식하게 된다. 미혼 자녀의 경우 미성년 시절 부양의무를 중대하게 위반한 부모마저도 상속재산을 합법적으로 가로챌 수 있었던 셈이다. (2019년 숨진 가수 구

모 씨 오빠는 "어린 구 씨를 버리고 가출한 친모가 상속재산 절반을 받아 가려 한다"며 관련 법을 고쳐달라는 입법 청원을 한 바 있다.) 개정 전에는 부모가 부양의무를 다하지 않았을 때 구 모 씨의 경우처럼 부모의 상속 자격을 제한할 수가 없었다. 하지만 이번에 민법 제1004조2 제1항, 3~6항 등이 개정되면서 부모, 조부모 등 직계존속에 대해 특정 사유가 있으면 상속권 상실 의사를 표시할 수 있고, 가정법원의 결정으로 그 직계존속의 상속권은 상실될 수 있다. 직계존속의 상속권이 상실되는 것으로 인정되는 사유로는 다음과 같은 경우가 있다.

1) 피상속인에 대한 부양의무를 중대하게 위반한 경우
   * 미성년자에 대한 부양의무로 한정(이후 피상속인이 성년이 되어도 청구 가능)
2) 피상속인 또는 그 배우자나 피상속인의 직계비속에게 중대한 범죄행위를 하거나 심히 부당한 대우를 한 경우
   * 민법 제1004조에서 규정하는 상속결격 사유(살인·살인미수·상해치사 등)는 제외

기존 민법은 피상속인 등에 대한 범죄행위 등의 경우에만 상속인 결격사유로 두어 상속인의 지위를 박탈하는 데 매우 소극

적이었지만, 이번 개정으로 위의 사유에 해당하는 경우 적극적인 상속권 박탈의 수단이 될 수 있을 것으로 보인다(상속권이 상실되는 경우 상속인으로 인정되는 유류분권 또한 박탈된다).

그런데 상속권 상실의 의사는 피상속인(사망하는 자녀) 본인이 공정증서에 따라 유언을 남겨야 효력이 생긴다. 만일 이러한 유언이 없이 사망했다면, 상속권 상실 사유가 있는 직계존속과 동순위에 있는 공동상속인이 그 직계존속이 상속인이 됐음을 안 날로부터 6개월 이내 가정법원에 해당 직계존속의 상속권 상실을 청구할 수 있다. 만약 이러한 공동상속인이 없거나 모든 공동상속인에게 상속권 상실 사유가 있는 경우, 상속권 상실 선고의 확정에 의해 상속인이 될 사람, 즉 후순위 상속인이 청구할 수 있다.

가정법원은 상속권 상실 사유의 경위와 정도, 상속인과 피상속인의 관계, 상속재산의 규모와 형성 과정, 그 밖의 사정을 종합적으로 고려해 청구를 인용하거나 기각할 수 있다. 가정법원이 상속권 상실을 인용하면 그 직계존속은 상속이 개시된 때부터 소급해서 상속권을 상실한다. 이러한 개정법률은 개정법은 2026년 1월 1일부터 시행되며, 헌법재판소가 직계 존·비속 유류분 조항에 대해 헌법불합치 결정을 내린 2024년 4월 25일 이후 상속이 개시되는 경우에도 소급 적용된다.

2. 유류분제도

"유류분(遺留分)"이란 상속재산 가운데 상속을 받은 사람이 마음대로 처리하지 못하고 일정한 상속인을 위하여 법률상 반드시 남겨 두어야 할 일정 부분을 말한다. 민법은 유언을 통한 재산처분의 자유를 인정하고 있으므로, 피상속인이 유언으로 타인이나 상속인 일부에게만 유증을 하면 상속권이 있는 법정상속인에게 상속재산이 이전되지 않을 수 있다. 과거 민법 제정 당시에는 남아선호사상과 맞물려 재산을 물려주는 사람(피상속인)의 유언에 따라 장남을 위시한 특정 상속인이 재산을 독식하고 딸은 한 푼도 받지 못한 채 생계를 이어가는 것도 어려워지는 문제가 발생했다. 이에 과거의 입법자들은 양성평등의 취지에서 유류분제도를 두었던 것이다. 헌법재판소는 "유류분제도가 재산처분의 자유·유언의 자유와 근친자의 상속권 확보에 의한 생활보장의 필요성과 타협의 산물"이라며 "피상속인의 재산처분 자유·유언의 자유를 보장하면서도 피상속인의 재산처분행위로부터 유족들의 생존권을 보호하고 상속재산형성에 대한 기여, 상속재산에 대한 기대를 보장하려는 데 그 입법 취지가 있다"라고 설명하고 있다.

유류분 권리자는 피상속인의 배우자, 피상속인의 직계비속, 피상속인의 직계존속이다. 2024년 4월 25일 헌법재판소의 위헌 판결로 피상속인의 형제자매는 더 이상 유류분 권리를 주장할 수 없다.

유류분은 피상속인의 상속개시시점의 적극재산가액에 증여재산의 가액을 가산하고 채무(상속세, 상속재산의 관리·보존을 위한 소송비용 등 상속재산에 관한 비용은 포함되지 않음)의 전액을 공제하여 산정한다. 이를 산식으로 표현하면 다음과 같다.

$$(적극상속재산액+증여액 - 상속채무액)$$
$$\times(각\ 상속인의\ 유류분율) - 특별수익액$$

유류분 권리자인 법정상속인별 유류분율은 아래의 표와 같다.

"유류분반환청구"란 유류분 권리자가 피상속인의 증여 및 유증으로 인하여 자신의 유류분에 부족이 생긴 경우 부족한 한도에서 그 재산의 반환을 청구하는 것을 말한다. 반환청구는 먼저 유증을 받은 사람을 상대로 하여야 하고 그 이후에도 여전히 유

순위	유류분 권리자	유류분율
1	피상속인의 직계비속	법정상속분×1/2
2	피상속인의 직계존속	법정상속분×1/3

※피상속인의 배우자가 1순위 또는 2순위 유류분 권리자와 함께 유류분 권리를 갖게 되며, 유류분율은 법정상속분의 1/2이다.

류분침해액이 남아 있는 경우에 한하여 증여를 받은 사람에 대하여 그 부족분을 청구할 수 있다. 이때 피상속인이 한 증여는 상속개시 전 1년 이내의 것이어야 하는 것이 원칙이나, 상속인에 대한 증여 또는 유류분이 침해되는 것을 알면서 행한 증여는 기간의 제한 없이 해당되며, 증여를 받은 사람이 여러 명인 때에는 각자가 얻은 증여가액의 비례로 반환해야 한다. 반환청구는 재판상 또는 재판 외의 방법으로 할 수 있으며, 재판상의 방법으로 하는 경우에는 민사소송절차에 따라 진행된다. 또한 유류분 반환청구권은 유류분 권리자가 유류분이 침해되었음을 안 때로부터 1년 이내 또는 상속이 개시된 때부터 10년이 경과되기 전까지 행사하지 않으면 시효에 의해 소멸한다.

이제 구체적 사례를 통해 유류분을 산정해보자.

A는 가족으로 부인 B와 자녀 C, D가 있는 사람으로 생전에 모든 재산(적극상속재산 3억 원, 채무 3천만 원)을 자신의 혼외자 아들 X(Y와의 혼외자)에게 모두 남긴다는 내용의 유언장을 작성하고 사망했다. 유언장의 내용을 확인하게 된 배우자 B와 자녀 C, D는 너무 억울하고 속이 상하여 변호사에게 상담을 받았다. 상담을 통해 유류분 반환청구를 할 수 있다는 사실을 알게 된 B, C, D는 유류분 반환청구소송을 진행하기로 마음먹었다.

A는 X(아버지 A의 인지로 인해 공동상속인에 해당함)에게만 모든 상

속재산을 유증했는데, 유증이 이행되면 부인 B와 자녀 C, D가 상속재산을 한 푼도 이전받을 수 없게 되므로 B, C, D는 그들의 유류분을 침해받은 상황이다. 따라서 B, C, D는 X에 대하여 침해받은 유류분을 반환할 것을 청구할 수 있다.

B, C, D의 법정상속분의 비율은 부인 B는 1.5, 자녀 C, D, X는 각 1에 해당하며, 유류분율은 법정상속분의 1/2, 1/2, 1/2이고, 유류분은 피상속인 A가 사망한 때 가진 적극재산의 가액에 증여재산을 가산하고 채무의 전액을 공제하여 산정한다. 만약 상속인 가운데 증여 또는 유증받은 사람이 있으면 그 사람에 한해서 그 액수(특별수익액)를 공제한다.

이러한 방식으로 B, C, D의 유류분을 산정하면 다음과 같다.

B: (3억 원-3천만 원)×(1.5/4.5 × 1/2)-0=4천 5백만 원

C: (3억 원-3천만 원)×(1/4.5 × 1/2)-0=3천만 원

D: (3억 원-3천만 원)×(1/4.5 × 1/2)-0=3천만 원

B, C, D는 위와 같은 자신의 유류분액만큼을 유류분의 침해자인 X에게 청구할 수 있다. 이때 유류분이 침해되었음을 안 때로부터 1년이 경과하거나 상속이 개시된 때부터 10년이 경과하기 전에 유류분 반환청구권을 행사해야 함을 주의해야 한다.

그런데 최근에는 장남 우선의 관행이 거의 없어졌고 평균수명이 높아져 피상속인의 사망 시점에는 상속인들이 이미 독립적인 경제활동을 하고 있는 경우가 많다. 그래서 상속에서 배제된 미성년자 자녀의 부양을 위해 유류분을 마련해 두어야 할 제도의 취지가 많이 퇴색된 상황이다. 또한 개인의 권리의식이 커지면서 유류분제도가 유언의 자유나 상속을 받는 사람의 재산권을 침해한다는 주장이 제기되고 있다. 또 유류분제도를 '불효자 상속권'이라 부르며 고인에게 소위 막돼 먹은 자식인 불효자가 당당히 재산을 요구할 수 있는 권리를 법적으로 보장하는 것은 타당하지 않다는 비판의 목소리가 크다. 유류분 제도의 위헌 여부를 판단해 달라며 헌법재판소 신청된 사건이 많았고, 마침내 2024년 4월 25일 헌법재판소는 유류분에 대해 일부 위헌 판결을 내리며 패륜이나 불효막심한 직계비속의 유류분 청구권을 박탈하는 규정이 곧 마련될 예정이다. 이로써 2024년 4월 시대적 흐름과 여론을 반영한 헌법재판소의 판결로 피상속인의 형제자매는 더 이상 유류분 청구가 불가능해졌고, 유기 또는 학대 등 잘못을 저지른 경우에도 유류분을 청구할 자격이 박탈됐다. 더불어 부양 기여도가 높은 경우 유류분을 더 많이 인정하도록 하는 법 개정 또한 추진될 예정이다.

상속의 지혜

초판   1쇄 발행 2009년 5월   1일
초판   6쇄 발행 2009년 5월 26일

개정 1판 1쇄 발행 2009년 11월 16일
개정 1판 7쇄 발행 2023년   8월 31일
개정 2판 1쇄 인쇄 2024년   9월 19일
개정 2판 1쇄 발행 2024년   9월 26일

지은이 고득성
펴낸이 김선식

부사장 김은영
콘텐츠사업본부장 임보윤
책임편집 조은서 **디자인** 윤유정 **책임마케터** 배한진
콘텐츠사업1팀장 성기병 **콘텐츠사업1팀** 윤유정, 한다혜, 정서린, 문주연, 조은서
마케팅본부장 권장규 **마케팅2팀** 이고은, 배한진, 양지환 **채널2팀** 권오권
미디어홍보본부장 정명찬 **브랜드관리팀** 오수미, 김은지, 이소영, 서가을
뉴미디어팀 김민정, 이지은, 홍수경, 변승주
지식교양팀 이수인, 염아라, 석찬미, 김혜원, 박장미, 박주현
편집관리팀 조세현, 김호주, 백설희 **저작권팀** 이슬, 윤제희
재무관리팀 하미선, 윤이경, 김재경, 이보람, 임혜정, 이슬기, 김주영, 오지수
인사총무팀 강미숙, 지석배, 김혜진, 황종원
제작관리팀 이소현, 김소영, 김진경, 최완규, 이지우, 박예찬
물류관리팀 김형기, 김선민, 주정훈, 김선진, 한유현, 전태연, 양문현, 이민운
외부스태프 본문 디자인 별을잡는그물

펴낸곳 다산북스 **출판등록** 2005년 12월 23일 제313-2005-00277호
주소 경기도 파주시 회동길 490
전화 02-704-1724 **팩스** 02-703-2219 **이메일** dasanbooks@dasanbooks.com
홈페이지 www.dasan.group **블로그** blog.naver.com/dasan_books
종이 한솔피엔에스 **출력** 민언프린텍 **후가공** 제이오엘앤피 **제본** 다온바인텍

ISBN 979-11-306-5272-6(03320)

다산북스(DASANBOOKS)는 책에 관한 독자 여러분의 아이디어와 원고를 기쁜 마음으로 기다리고 있습니다.
출간을 원하는 분은 다산북스 홈페이지 '원고 투고' 항목에 출간 기획서와 원고 샘플 등을 보내주세요.
머뭇거리지 말고 문을 두드리세요.